사고와 표현

– 작문 워크숍과 글쓰기 –

한철우
성낙수
박영민

(주)교학사

머 리 말

이 교재는 대학교에서의 작문 지도를 위해서 편찬된 책이다. 그래서 대학의 한 학기 강의 시간인 16주로 내용을 구성하였다. 거의 모든 대학에서 작문 지도가 이루어지고 있지만, 가르치기에 편리하고 체계적인 작문 교재는 많지 않다. 대학에서의 작문 지도는 교양 과목에 속해 있에 대강 이수하는 형편이고, 또한 작문의 체계적인 지도가 이루어지고 있는지 혹은 작문 학습의 효과가 얼마나 있는 것인지 의심을 받고 있다. 이러한 형편이기에 더욱 체계적이고 구체적인 작문 학습을 안내하는 훌륭한 작문 교재가 필요하다.

학교의 공부에서든, 학문의 연구에서든, 또는 사회생활에서든 작문이 중요하다는 것을 잘 알고는 있지만, 이에 대한 학습을 충분히 하기는 어려운 실정이다. 일반적으로 지금까지 이루어져 온 작문 교육은 이것저것 따지지 말고 많이 써 보라고 하거나, 실제 쓰는 것에는 큰 관심을 두지 않고 이론이나 논리를 가르쳐 왔기 때문이다. 예를 들어 감상문을 쓰는 방법이라든가 논술문을 작문하기 위한 논리 전개의 방법 등에 대한 학습만으로는 작문 능력을 기르기 어렵다. 작문은 글을 써 봄으로써 배우는, 수행성이 매우 강한 언어 활동이기 때문이다. 이는 자동차 운전에 대한 이론적 설명이 자동차의 실제적인 운전을 모두 다 해결해 줄 수 없는 것과 같다. 자동차 운전은 운전을 통해서만 배울 수 있는 것이다.

이 교재에서는 다양하게 전개되어 온 작문 이론과 작문 교육을 반영함으로써 이론과 교육이 통합적으로 전개될 수 있도록 작문 워크숍으로 구성하였다. 이 교재에서 취하고 있는 작문 워크숍의 특징을 정리하면 다음과 같다.

첫째, 작문의 장르를 중심으로 하여 작문 워크숍을 구성하였다.

둘째, 작문의 과정을 중심으로 하여 작문 워크숍을 구성하였다.

셋째, 학생 필자의 대화와 상호 작용을 강조하는 작문 워크숍을 구성하였다.

넷째, 원리와 방법의 안내를 강조하는 작문 워크숍을 구성하였다.

다섯째, 학생 필자들의 실제적인 실천을 강조하는 작문 워크숍을 구성하였다.

이 교재는 최근의 작문 이론과 작문 교육을 수용하여 작문 워크숍을 제공하고 있다. 원리와 방법에 대해서 안내하고 학생 필자들의 실천적인 활동을 요구함으로써 효율적인 작문 학습을 의도하고 있다. 따라서 이 교재를 바탕으로 하여 학습함으로써 다양한 상황에서 요구되는 장르를 능동적으로 선택하고 자신의 생각이나 느낌, 의견이나 주장을 효율적으로 표현할 수 있게 되기를 기대한다. 물론, 이 교재가 작문의 모든 것을 완성할 수는 없을 것이다. 작문 능력은 결코 단 시일 내에 완성될 수 없다는 점에서 더욱 그렇다. 조선 시대에 선비들이 작문 능력을 갖추고 연마하는 데에 평생을 보냈다는 점을 염두에 둔다면 이 점은 더욱 자명하다. 따라서 완숙한 작문 능력을 갖추기 위해서 학생 필자들의 계속적인 노력이 필요하다는 짐을 지찍해 두고자 ㄴ나.

끝으로 이 교재의 출판을 수락하여 준 교학사의 양철우 사장과, 어지러운 원고를 깔끔한 교재로 만들어 준 편집부의 여러 관계자들께도 감사를 드린다.

2003년 6월

저자 씀.

차
례

I. 사고와 표현의 실제

II. 작문 교육의 이론

Ⅰ. 사고와 표현의 실제

Ⅰ. 사고와 표현의 실제

제 1 강 활동 개관 및 원리

1. 활동의 개관

2. 활동의 원리 및 의의

- 사고와 표현의 과정
- 작문 워크숍의 구성
- 작문 워크숍의 운용

1. 활동의 개관

사고를 표현하는 작문은 수행성이 매우 강한 영역이기 때문에 학생이 실제 글을 써 보지 않고서는 효율적인 학습을 기대하기 어렵다. 작문에 관한 이론적 지식이 없는 것은 아니지만, 이에 대해 잘 아는 것만큼 글을 실제로 써보는 경험이 중요하다. 작문 학습에서, 명제적인 이론적 지식보다는 수행의 원리에 관한 방법적 지식이나 절차적 지식을 강조하고, 지식의 단순한 암기보다 작문의 실천적 경험을 강조하는 것이 바로 이러한 이유 때문이다. 주위에서 작문에 관한 이론에 대해서는 잘 알지 못하지만 글을 매우 잘 쓰는 사람들을 흔히 볼 수 있다. 이런 필자들은 유능한 필자들인데, 이들이 이러한 필자로 성장하기까지는 매우 많은 습작의 과정, 실천적인 작문의 과정 및 독서의 과정을 거쳤다. 곧 이들은 작문을 수행함으로써, 실제로 많은 글을 써 봄으로써, 또 자주 써 봄으로써 작문 능력을 습득하고 발달시킬 수 있었던 것이다.

수행성이 강한 독서의 경우에도 책을 읽음으로써 독서에 대한 학습이 가능하듯이, 작문도 작문을 함으로써 학습할 수 있는 것이다. 그래서 수행성이 강한 언어 영역에 대한 학습은 반드시 그 실천적 경험을 중시한다. 이러한 이유에서 이 교재에서는 작문의 학습을 위하여 실제 글을 써 보는 경험을 매우 중시한다. 이에 따라 효율적인 작문 학습을 위하여 작문 학습의 상황 맥락을 워크숍의 형태로 조직하여 제시하고자 한다.

작문 워크숍은 여러 형태로 그 내용이나 형식을 조직할 수 있다. 그 내용과 형식의 조직은 작문 학습이 어떠한 상황 맥락에서 이루어지는가에 따라 다를 수 있다. 이 교재에서는 작문을 지도하는 교수나 강사가 먼저 10~20분 정도의 간략한 개념 설명과 시범을 보이고, 학생들이 교재에서 제시한 방법이나 절차에 따라 교재에서 제시한 과제나 학생 자신이 스스로 선정한 과제에 대해 글을 쓰는 형태를 취하고 있다.

작문 지도 교수나 강사가 약 10~20분 정도 진행하는 수업은 체계적으로 조직하여 강의하는 형태가 아니고 작문을 하는 과정에서 반드시 요구되는 기본적인 지식(명제적 지식, 절차적 지식)을 간략히 익히고 시범을 보이는 과정이다. 체계적으로 이루어지는 강의가 아니라는 점에서, 이 교재에서는 이를 간이 수업(mini-lesson)이라고 부르기로 한다. 이 간이 수업은 작문의 과정에서 요구되는 지식과 방법에 대한 주요한 정보를 제공할 수 있고, 이를 바탕으로 하여 작문을 할 수 있다는 점에서 매우 유용하다. 전통적으로 이루어지던 작문 교육은 수사학적 이론에 대한 학습에 치중하거나, 방법이나 절차에 대한 안내 없이 무조건 쓰라고 요구하는 형식이 보편적이었는데, 간이 수업을 통해 이러한 작문 교육의 장점을 취하면서도 동시에 그 한계를 극복할 수 있다.

어떤 장르의 글을 쓰는 데에는 반드시 알고 있어야 할 핵심적인 정보나 지식이 있다. 이는 작문의 기능과 관련된 것일 수도 있고, 장르에 관한 지식이나 정보일 수도 있으며, 작문을 하는 과정에서 따라야 할 절차에 관한 지식일 수도 있다. 이러한 지식을 간략히 익히고, 이를 바탕으로 하여 작문을 수행할 수 있도록 도와주는 것이 바로 간이 수업이다. 그래서 이론적인 학습에 치중하는 것을 방지하면서도 동시에 작문 활동에 이론적 기초를 제공해 주는 유용한 교수적 장치인 것이다.

간이 수업을 진행한 다음에는, 여기에서 알게 된 지식이나 정보, 과정이나 절차를 바탕으로 하여 실제 작문을 하게 된다. 사실 대부분의 시간은 이 작문을 실천하는 단계에 집중된다. 작문은 작문을 통해서 학습이 이루어지는 만큼 글을 쓰는 데에 시간과 역량을 집중하는 것은 꼭 필요하다. 간이 수업의 내용을 근간으로 삼아 작문 과제를 해결하고, 이 해결 과정에서 요구되는 문제를 해결하기 위해 혼자 고심하기도 하며 동료 필자와 적극적인 협의를 하게 될 것이다. 필요에 따라서는 작문을 강의하는 교수나 강사와의 협의도 이루어질 수 있다. 그래서 작문 워크숍에서 학생들이 작문을 하는 이 과정은 가장 중요한 핵심적인 과정이라고 할 수 있다.

실제적인 작문은 과정 중심의 방법과 장르 중심의 방법을 통합한 형태로 진행될 것이다. 두 가지의 작문 교육 방법을 지향하는 것은 각각의 방법론이 가진 장점을 통합하기 위한 것이다. 과정 중심 작문 교육은 과정에 대해서 큰 관심을 쏟다보니 자연스럽게 작문의 결과나 작문의 사회적 의사 소통의 기능 부분에 대해서 소홀할 수밖에 없었다. 이러한 한계는 '장르' 중심의 접근법을 통해 극복할 수 있는 것으로 판단된다. 작문의 장르는 그 자체가 사회적 의사 소통의 기능을 수행하기 위해서 형성되고 규정된 것으로서, 작문의 결과를 자연스럽게 강조할 수 있기 때문이다. 이러한 이유에서 이 교재에서는 장르 중심의 작문을 과정 중심의 형태로 접근하는 통합적 방법을 취하기로 한다. 과정 중심의 작문 교육이든, 장르 중심 작문 교육이든 어느 한 쪽만을 취했을 때에는 본질적으로 일정한 한계에 놓일 수밖에 없다. 그래서 각각의 장점을 취하고, 사회적 의사 소통의 기능을 수행하는 장르를 작문 활동의 중심축으로 삼되, 그 장르의 텍스트를 산출하는 방법은 과정 중심의 원리를 따르는 것으로 계획한다.

장르는 학생이 써야 할 글의 유형이나 종류를, 과정은 그 장르의 글을 쓰기 위해서 밟아야 할 과정이나 절차로 보면 작문 워크숍에서 제시하는 작문 활동을 쉽게 이해할 수 있다. 이러한 통합적 작문 활동 전개를 통하여, 장르적 전통을 따르면서 한 편의 완결된 텍스트를 쓰고자 할 때 어떠한 과정과 절차를 밟아야 하는가, 장르 중심으로 글을 쓰는 과정에서 적극적으로 고려해야 할 점은 무엇인가, 글을 쓰는 과정에서 필자는 어떠한 일을 해야 하는가 등에 대해서 충분한 학습의 기회를 제공할 수 있을 것이다. 또한 어떠한 글을, 왜 써야 하는가에 대한 기본적인 물음에는 답하지도 않은 채 일반적인 과정과 절차와 전략을 제공하는 과정 중심에서 벗어나, 필자가 글을 쓰면서 지켜야 할 규범이나 규칙은 장르에 따라 어떻게 다른가, 그것은 일반화된 작문의 과정에 어떤 영향을 미치는가, 그리고 작문의 과정이 어떻게 달라지는가 등에 대한 적절한 답변을 제공할 수 있을 것이다. 이러한 형태의 워크숍이 장점을 지는 것은 바로 과정 중심 작문 교육의 방법과 장르 중심 작문 교육의 방법을 통합적으로 활용하고자 하였기 때문이다.

이 교재에서 작문 워크숍으로 제시하고자 하는 작문 장르에 대한 학습은 다음과 같은 것들을 중심으로 하여 전개될 것이다. 즉, 자기소개서 쓰기, 개인적 서사문 쓰기, 요약문 쓰기, 설명문 쓰기, 기사문 쓰기, 보고서 쓰기, 논평문 쓰기, 논술문 쓰기, 감상문 쓰기, 문학 비평문 쓰기, 서평문 쓰기, 영화 비평문 쓰기가 그것이다. 여기에 선정된 12가지의 작문 장르가 작문의 대표적인 성격을 보이기 때문에 선정된 것은 아니다. 작문의 기능이나 전략을 익히는 작문 학습(learning to write)은 학습 작문(writing to learn)으로 나아가야 하고, 궁극적으로는 생활 작문(writing to live)으로 나아가야 함을 고려한 것이다. 즉 작문의 기능이나 전략을 익히고, 이것을 바탕으로 하여 교과나 학문의 학습에서 요구되는 작문 능력을 향상시키고, 사회에서 기능인으로 생활하는 데 어려움이 없도록 하는 데 효율적인 것으로 판단되는 것들을 선정한 것이다. 장르를 중심으로 하여 실제적 작문 경험을 유도함으로써, 각각의 장르가 가지고 있는 개념과 의의 등을 작문 학습의 내용으로 포함하였다. 각각의 장르는 그 본질적인 특징과 의의를 지니고 있는 바 이에 대한 학습이 우선적으로 이루어져야 한다. 그렇게 해야 그 장르의 특징을 익히고 그 장르를 중심으로 하여 작문 학습을 하는 의의를 발견할 수 있기 때문이다.

이러한 장르를 중심으로 하여 글을 쓸 때에는 내용 생성 및 조직, 초고 쓰기, 평가 활동, 고쳐 쓰기, 편집 및 발표 활동의 단계를 수행하도록 하였다. 이러한 과정을 중심으로 하여 작문 활동을 전개하도록 함으로써, 한 편의 텍스트를 보다 용이하게 완성할 수 있도록 하며, 각 과정에서 다른 사람들과의 대화의 전략을 적극적으로 활용하도록 하며, 고쳐 쓰기의 의의를 이해하고 고쳐 쓰기가 지속적으로 이루어지도록 하였다. 특히, 평가 활동에서 모둠의 동료와 돌려 읽고 평가 반응을 듣는 활동을 강조하였는데, 이는 예상독자의 중요성을 강조하고 작문의 과정은 의사소통의 과정이며 대화의 과정이라는 점을 충분히 이해하도록 하기 위한 것이다. 각 활동의 의의와 절차에 대해서는 다음 절에서 보다 자세히 다루기로 한다.

2. 활동의 원리 및 의의

이상의 논의를 바탕으로 하여 작문 워크숍의 활동 원리와 의의를 다음과 같이 항목화하여 정리할 수 있다.

■ 사고와 표현의 과정

전통적인 작문 교육은 여러 가지 종류의 글을 제시하고 학생들에게 그 유형의 특징을 익히도록 하는 데 초점을 맞추었다. 이러한 방법이 이른바 형식주의에 바탕을 작문 교육의 방법이다. 이러한 작문 교육은 학생들이 여러 종류의 글의 특성을 이해하면, 모범 예시문의 특징을 모방하기만 하면 학생들이 그것을 잘 쓸 수 있을 것이라는 믿음에 바탕을 두었던 것이다.

그러나 앞에서 지적한 바와 같이, 작문은 이론적인 것이 아니고 실제적인 것이다. 그리고 작문은 결과만으로 된 것이 아니라 과정을 통해서 계속적으로 이루어져 가는 것이다. 완결된 작문은 존재하지 않으며 계속적인 고쳐 쓰기만 있을 뿐이라는 명제는 바로 이러한 작문의 특징을 드러낸 것이다. 이 점을 잊고 있는 결과 중심의 전통적 작문 교육은 실제적인 쓰기에 적절한 해결책을 제시하지 못했다.

작문은 다양하고 복잡한 사고 과정을 기능적 차원으로 수행함으로써 완성된다. 따라서 작문은 일정하게 단계로 구분되는 과정이 있다고 보고, 작문의 과정을 중시하는 수업을 전개하고자 하였다. 이는 결과 중심의 작문 교육을 보완하는 형태가 될 것이다.

인지주의 작문 이론에 따르면, 작문은 계획하기, 내용생성 및 조직하기, 초고 쓰기, 평가하기, 고쳐 쓰기, 편집 및 발표하기의 과정으로 구성된다. 이 과정은 다섯 단계로 구분하였지만, 사실은 단절되어 있는 단계가 아니라 그 틈새와 이음새를 발견하기 어려울 만큼 긴밀히 작용하는 사고의 과정이다. 또한 단선적이고 일방적으로 이 과정이 아니라, 인지 과정의 조절과 조정에 따라 순환적이면서도 회귀적으로 이루어지는 과정이다. 그래서 필자는 글을 쓰는 과정에서 각 단계를 넘나들기도 하며 반복적으로 되풀이기 하기도 한다. 이러한 이유에서 실제적으로 작문이 수행되는 과정을 보면 각 단계와 단계의 구별이 쉽지 않다.

작문 계획하기는 작문의 목적을 설정하거나 확인하고 예상독자가 누구인지를 확정하는 단계이다. 이는 작문의 첫 단계로서 작문 과정의 수행에 중요한 영향을 미친다. 그래서 유능한 필자의 경우 계획하기에 많은 시간을 보낸다.

내용 생성 및 조직하기는 작문의 실제적 수행이 이루어지는 첫 단계이다. 작문을 잘 하기 위해서는 쓸 내용을 풍부하게 마련해야 하는데, 이 단계가 바로 이와 관련된 활동을 수행하는 단계이다. 내용 생성 활동과 내용 조직 활동은 명확하게 구분하는 것이 쉽지 않은데, 이는 필자들이 내용 생성과 조직을 동시적으로 처리하는 경우가 많기 때문이다. 이에 따라 이 교재에서는 내용 생성 활동과 조직 활동을 통합하여 하나의 단계로 설정하였다. 물론, 능동성이 낮고 발달 단계가 낮은 필자들은 이 단계를 구분하여 수행하며, 그것도 계기적인 단계로 수행하기도 한다.

초고 쓰기는 생성하고 조직한 내용을 바탕으로 하여 작문을 실제적으로 수행하는 첫 과정이다. 초고를 쓰는 과정에서 글의 전개가 막히거나 내용이 적을 때에는 앞 단계로 되돌아가서 내용을 더 마련할 수도 있다. 초고 쓰기는 완벽한 텍스트를 생산해 내는 과정이 아니라, 말 그대로 텍스트의 초안을 만들어 내는 과정이다. 그러나 초고를 쓰는 단계일지라도 장르적 특성과 의의, 규범에 따라 내용을 전개할 필요가 있다. 장르적 특성이 전혀 고려하지 않고 글을 쓰면 초고 쓰기의 시행착오를 지속적으로 반복할 수 있기 때문이다. 초고를 쓰는 과정에서는 어문의 규범에 너무 얽매이지 않는 것이 좋다.

평가 활동은 초고로 씌어진 글을 필자 자신이 스스로 검토하거나, 동료들과 돌려 읽고 평가 반응을 하여 고쳐 써야 할 점을 발견하는 단계이다. 작문 능력의 신장에서 무엇보다 중요한 것은 예상독자를 능동적으로 의식하는 것인데, 이러한 능력을 기르고 예상독자를 예민하게 의식하는 데에 동료와 돌려 읽고 평가 반응을 교환하는 활동은 매우 유용하다. 동료에게 평가 반응을 들음으로써 고쳐 써야 할 점을 다소 분명하게 알 수 있으며, 자기 스스로 검토를 함으로써 자신의 생각과 의도대로 텍스트가 구성되었는지를 평가하여 고쳐 쓰기를 수행해 갈 수 있다.

고쳐쓰기는 평가 활동의 결과를 바탕으로 하여 수행한다. 고쳐 써야 할 점을 명료하게 의식할수록 고쳐 쓰기가 용이하므로, 동료의 평가 반응이나 자기 스스로 검토한 내용을 중심으로 하여 고쳐 쓰기를 한다. 고쳐 쓰기 단계에서 부족한 내용을 보완할 수도 있고 잘못된 내용을 바로잡을 수도 있다. 고쳐 쓰기 단계는 일회적이지 않다. 고쳐 쓰기는 필요에 따라 지속적이면서도 반복적으로 수행하는 것이 좋다.

편집 및 발표 활동의 단계는 완성된 텍스트를 마지막으로 다듬고 조정하는 단계이다. 편집은 발표 활동을 위한 과정이다. 워크숍 내에서의 발표라면 편집 활동은 특별한 격식을 취할 필요는 없을 수도 있지만, 공개적인 발표를 한다거나 어떤 기관에 투고를 한다면 편집 과정은 중요한 의미가 있다. 발표는 다른 사람과 작문을 공유하는 활동인데, 이는 작문이 사회적 의사 소통의 기능을 수행한다는 점을 이해할 수 있는 과정이다.

■ 작문 워크숍의 구성

작문 워크숍은 그것을 계획하고 조직하는 사람(작문 강의자)에 의해 특성이 결정된다. 그래서 작문을 강의하는 교수나 강사의 관심, 개성, 태도 등에 의해 영향을 받는다. 작문 워크숍이 누구에 의해 계획되었는가에 따라 그 구현의 양상이 다른 것은 이러한 이유 때문이다. 또한 작문 워크숍이 누구를 대상을 하는가, 그리고 무엇을 목적으로 하는가에 따라서도 구서의 방법과 구성의 내용이 달라질 수 있다. 그래서 작문 워크숍은 특정 목적적이라고 할 수 있다.

그러나 어떠한 작문 워크숍이든 작문 능력의 발달을 돕는 데 목적을 두어야 한다는 점, 교육 환경과 일정하게 부합해야 한다는 점은 공통적인 요구 사항이라고 할 수 있다. 이 교재도 특정 목적적인 구성의 형태와 내용을 취하고 있지만, 근본적으로는 학생들의 작문 능력의 발달을 돕는다는 목적을 지향하고 있다.

작문 워크숍은 작문 교수나 강사의 간이 수업으로부터 시작한다. 간이 수업의 시간은 약 10~20분 정도인데, 작문 교육의 대상과 내용에 따라 탄력적으로 운용할 수 있다. 이 작문 워크숍은 간이 수업을 통한 지식이나 원리, 방법이나 절차 등을 체계적으로 전달함으로써 맹목적이고 무조건적인 작문 교육을 극복할 수 있도록 해 준다. 작문 이론과 원리에 바탕을 두고 활동을 전개하도록 도와줌으로써 능동적이고 적극적인 작문 활동의 수행을 기대할 수 있다.

간이 수업의 과정에 이루어지는 교수의 내용을 간단히 정리하면 다음과 같다.

〈간이 수업 과정의 내용〉
- 작문 전략과 방법에 대한 설명
- 작문 전략의 활용 안내와 시범
- 장르에 대한 지식의 설명과 안내
- 작문 활동과 관련된 지시 및 안내

간이 수업을 끝나면, 학생들은 개별적으로 또는 모둠으로 작문의 과정에 따라 과제를 해결한다. 작문 과제는 제시된 것을 취할 수도 있고 스스로 혹은 토의를 통하여 선정할 수도 있다. 이 작문 워크숍에서는 학생들의 개별적인 활동보다 모둠 활동을 특히 더 강조하고 있는데, 이는 모둠을 근간으로 한 작문 교육이 지닌 유용성 때문이다. 모둠을 바탕으로 삼는 작문 교육은 협동적 작문 교육과 맥락을 공유함으로써 작문의 과정에 요구되는 예상독자에 대한 인식, 작문 과정에서 일어나는 대화 과정의 외현화 등등이 가능하기 때문이다. 또한 타자의 관점을 설정할 수 있어 사회적 의사 소통으로서의 작문의 기능을 이해하고 학습하는 데에도 매우 유용한 점이 있다.

학생들이 작문 활동을 하는 동안 작문 교수나 강사는 학생들의 활동을 관찰하고 필요한 경우 학생들과 개별적으로 협의하거나 집단(모둠)적으로 협의한다. 이 협의는 필요에 따라 그때그때 할 수도 있지만, 정례적으로 실시할 수도 있다. 정례적인 협의를 두면, 학생들의 작문에 대한 관심을 지속시킬 수 있고 학생들의 작문 과정을 효율적으로 관찰·관리할 수 있어 유용한 점이 있다.

작문 워크숍에서 토의·토론 활동과의 연계를 하는 경우, 또는 동료 평가 활동을 하는 경우 교실 전체가 매우 소란스럽고 다른 모둠의 학습에 방해가 되는 경우도 있을 수 있다. 이럴 때는 활동 과정과 목표를 명확히 한 다음, 장소를 옮기거나 분산하여 활동할 수도 있다.

■ 작문 워크숍의 운용

작문 워크숍이 성공하기 위해서는 효율적인 운영이 필요하다. 작문 워크숍의 진행은 전통적인 작문 교육의 방법과 다르기 때문이다. 작문 이론과 관련된 설명이나 강의가 적고, 학생 스스로 수행하고 능동적으로 참여해야 할 과정들이 더 많기 때문이다. 또한 작문 과정의 수행도 단독적으로 하기보다는 모둠의 형태로 집단적으로 이루어지기 때문에 효율적인 운영은 매우 중요하다. 작문 워크숍의 성공 여부는 바로 이를 얼마나 효율적으로 운영하는가에 달려 있다고 해도 과언이 아니다. 효율적인 운영에 실패하면, 오히려 작문 교육의 역효과가 나타날 수도 있다.

작문 워크숍의 효율적인 운영과 관련된 내용을 다음과 같이 정리할 수 있다.

〈작문 워크숍의 진행〉
- 과제의 성격에 따라 다소차이는 있으나, 대체로 개념 설명(간이 수업), 토의 활동, 작문 활동, 발표 활동의 순서를 따른다.
- 이 교재에 제시된 것을 기본으로 하여 활동을 전개하되, 필요에 따라 추가하거나 삭제할 수 있다. 형식이나 내용을 응용하여 사용할 수도 있다.
- 모든 활동은 이 교재 안에서 이루어질 수 있게 구성되었으므로 이 교재의 활동지를 이용하여 작문 활동을 한다.
- 장르적 성격에 따라, 또는 과제의 성격에 따라 작문 활동이 읽기와 통합될 수도 있고, 모둠원의 협조가 요구될 수도 있다.
- 평가 활동을 위한 평가 기준은 이 교재에서 제시한 것을 준용하되 교실의 상황에 따라 수정하거나 보완하여 활용한다.

〈작문 워크숍에서 학생들의 책임〉
- 작문 결과물(텍스트 등)을 모을 파일을 마련한다.
- 작문 워크숍에 참여할 때에는 작문 파일을 가져온다.
- 작문 활동의 참여에 필요한 기구나 물품을 준비한다.
- 모둠 토의 및 토론 활동과 쓰기 활동에 적극적으로 참여한다.
- 작문 과정에서 부딪히는 문제를 적극적, 전략적으로 해결하고자 한다.

- 장르 중심의 작문에 능동적으로 참여하여 새로운 장르의 쓰기를 익힌다.
- 언어 규범을 지켜 텍스트를 수정하거나 고쳐 쓴다.
- 새로운 전략을 시도하여 문제 해결 능력과 작문 능력을 기른다.
- 다른 사람이나 다른 모둠의 활동을 방해하지 않는다.
- 자신의 활동 결과에 대해서는 스스로 책무를 진다.
- 자신이 산출한 작문 결과물(텍스트)를 긍정적으로 이해하고 자부심을 갖는다.
- 동료 평가 활동에 적극적으로 참여하고, 동료의 글을 긍정적 시선으로 이해한다.

〈학생 준비〉
- 개성 있게 작문 파일을 유지할 수 있으나 대체적인 체제는 맞춘다.
- 초안이나 수정본, 최종본 등에는 특별한 표시를 통해 구별한다.
- 특별한 표시를 하기 위한 다양한 색깔의 펜을 준비한다.
- 필기의 느낌이 좋은 펜을 준비한다. 연필은 가급적 사용하지 않는다.
- 모둠을 정하고 작문 워크숍이 진행될 때에는 모둠 별로 모인다.

〈모둠의 구성〉
- 교과나 학과를 다르게 하여 이질집단으로 구성한다. 작문 워크숍의 특수한 목적이 있을 때, 예를 들면 과학계열의 작문 능력 향상을 위한 워크숍 등과 같은 경우에는 동질집단이 유리한 점이 있으므로, 이 점을 유의한다.
- 동료 평가 활동을 역동적으로 진행하는 데에는 서로 잘 모르는 학생들이 한 모둠을 이루는 것이 바람직하다.
- 모둠은 4~6명으로 구성하는 것이 바람직하다. 모둠 구원성의 숫자는 '발언의 기회가 균등할 수 있으며 창의적인 생각이 가능한 규모'가 바람직한데, 4~6명이 적절한 것으로 알려져 있다.

모둠 구성하기

- 4~6명이 한 모둠을 만들고, 모둠에 속한 사람들을 알아보자.
- 간단한 신상 명세와 연락처를 알아보자.
- 모둠의 이름도 정해보자.
- 작문 워크숍에 참여하는 목적과 계획을 적어보자.

모둠의 이름				
모둠 장				
모둠원	이름	소속(학과)	연락처	작문 워크숍 참여 계기와 목표

〈모둠 활동의 규칙〉

- 모든 학생들은 작문 활동에 참여하고 내용을 공유하는 데 협조한다.

- 말하는 사람은 말하기에 앞서 그들이 말하고자 하는 바를 정리해 둔다.

- 다른 사람에게도 말할 기회를 공평하게 주어야 한다.

- 모둠의 구성원들은 다른 사람의 말을 경청하고 협조적으로 듣는다.

- 토의 · 토론은 작문의 과제나 활동에서 벗어나지 않도록 한다.

- 토의 · 토론에 참여하는 다른 학생들을 방해하지 않는다.

- 새로운 대안을 마련하고 대안을 모색하기 위한 비판을 허용한다.

〈평가〉

- 작문 워크숍의 평가는 직접 평가, 수행 평가를 지향한다. 체크리스트를 활용한 관찰, 작문 파일, 제출 과제물에 대한 평가 등을 종합적으로 고려한다.

- 작문 파일을 통한 각 학생의 능동적인 참여도와 작문의 발달 과정을 고려한다. 이를 위해 체크리스트를 활용할 수 있다. 활용 가능한 체크리스를 예로 보이면 다음과 같다.

■ 체크리스트 (예시)

	학생	화제	날짜				
			5. 10	5. 17	5. 24	6. 2	
1	김 병 수	인정	초	동협의	미완		
2	김 형 우	대학 생활	내용생	초 1	초 2		
3	나 제 일	학문의 목적	초	동협의	고		
4							
5							
6							
7							
8							
9							
10							
11							
12							
13							
14							

예시　　초 : 초고,　　고 : 고쳐 쓰기,　　동평 : 동료 평가 활동,
　　　　동협의 : 동료 협의 활동　　미완 : 미완성 텍스트,
　　　　지연 : 지연 제출 ……

- 작품 파일에는 작문 활동 과정에서 산출된 모든 자료를 정리하여 평가 대상으로 삼는다. 이 때, 자기 평가를 병행한다.

체크리스트

번호	이름	화제	날짜				
1							
2							
3							
4							
5							
6							
7							
8							
9							
10							
11							
12							
13							
14							
15							
16							
17							
18							
19							
20							
21							
22							
23							
24							
25							
26							
27							
28							
29							
30							

제 2 강 계획하기, 내용 생성 및 조직

1. 작문 계획하기

2. 내용 생성 및 조직

■ 초점화된 자유롭게 쓰기

■ 자료 읽기

■ 나열하기

■ 브레인스토밍

■ 개인적 경험 떠올리기

■ 다발짓기

■ 개요 작성하기

1. 작문 계획하기

작문 워크숍은 작문을 계획하는 것으로부터 작문 활동이 이루어진다. 작문의 계획은 실제적 쓰기가 이루어지는 것은 아니지만, 작문의 목적을 설정하거나 확인하고 예상독자가 누구인지를 명확하게 설정하는 단계이기 때문에 중요한 의미가 있다.

작문의 목적과 예상독자는 작문 과정에 중요한 영향을 미치는 요인들이다. 작문의 목적을 무엇으로 설정하는가에 따라 작문의 형식과 내용, 담화의 관습 등이 달라진다. 또한 예상독자가 누구인가에 따라 내용 구성의 방법, 표현의 방법 등이 달라진다. 이런 점에서 목작과 예상독자를 결정하고 구체화하는 작문의 계획 단계는 중요하다고 할 수 있다. 유능한 필자일수록 작문을 계획하는 데 많은 시간을 보낸다는 것은 이의 중요성을 보여주는 것이라고 할 수 있다.

작문의 목적은 정보를 전달하기 위한 것인가, 독자를 설득하기 위한 것인가(또는 자신의 주장을 논리적으로 펼치기 위한 것인가), 필자 자신의 생각이나 느낌을 표현하기 위한 것인가, 친교를 위한 것인가로 구분된다. 이외에 관점에 따라 세분할 수도 있지만, 목적을 고려할 때에는 일반적으로 이와 같은 네 가지 목적을 상정한다. 그런데 이러한 작문의 목적은 단독적으로 결정되는 것이 아니다. 작문이 요구되는 상황과 밀접하게 관련되어 있어서, 어떠한 맥락에서 작문을 해야 하는가를 따져 봄으로써 작문의 목적을 분명하게 파악할 수 있다.

작문의 목적은 텍스트의 구성과 표현에 영향을 미친다. 정보를 전달하거나 독자에 대한 설득을 목적으로 하고 있다면, 표현은 객관적이어야 하며 정보 제공이나 주장과 관련된 타당성 있고 신뢰성 있는 근거가 충분하게 확보·제시되어야 한다. 또한 정보의 제공과 설득에 가장 적합한 내용 구성 방법을 취하게 된다. 미괄식 구성이나 두괄식 구성과 같은 구성의 방법은 바로 작문의 목적과 긴밀하게 관련되어 있는 것이다. 작문의 과정을 수행해 가기 전에 작문의 목적이 어디에 있는지를 확정하여 둠으로써 작문 과정 전체를 이에 적합하게 수행해 갈 수 있다.

예상독자는 작문의 목적과 마찬가지로 작문의 과정에 중요한 영향을 미치기 때문에, 작문의 계획하기 단계에서 꼭 점검하지 않으면 안 된다. 그런데 필자가 예상독자를 고려하는 것은 쉬운 일이 아니다. 작문의 상황은 대화의 상황과 달리 독자와 시간적, 공간적으로 분리되어 있기 때문이다. 필자가 예상독자를 고려하는 것이 쉽지 않았던 만큼 예상독자를 구체적인 층위로 분석하여 필자에게 유용한 정보를 제공하고자 하는 노력이 일찍부터 이루어져 왔던 것이다. 고등학교 작문 교과서에서 예상독자를 여러 가지 조건으로 분석하여 제시하는 것도 이러한 맥락과 관련된 것이다.

예상독자는 필자의 인식 범위에 따라 크게 가상적 예상독자와 실제적 예상독자로 나눌 수 있다. 가상적 예상독자는 추상적으로 존재하는 예상독자이며 일반적인 예상독자이다. 그런데 이러한 경우에는 추상성과 일반성 때문에 미숙한 필자의 경우는 예상독자를 고려한다는 것이 매우 어렵다. 그 구체적인 특질을 쉽게 파악할 수 없기 때문이다. 반면에, 실제독자는 가시적이며 구체적으로 존재하는 예상독자이다. 작문 교육의 상황을 염두에 둔다면 작문을 지도하는 교수나 강사, 동료, 자기 자신 등이 실제 독자에 속한다고 할 수 있다. 이러한 관점에 따른 예상독자의 층위는 다음과 같은 도식으로 표현할 수 있다.

〈예상독자의 층위〉

■ ················ ■ ················ ■ ················ ■ ················ ■				
일반적 독자	제한적 독자	자기 자신	학급 동료	작문 교수(강사)
← 추상성				구체성 →
비(非)평가적 상황				평가적 상황

위의 도식에서, '일반적 독자'는 어떤 독자를 특별히 의식하지 않는 경우이거나, 의식하더라도 폭넓은 계층으로 인식하는 경우의 독자이다. 각종 일간 신문에서 접하는 기사나 독자 투고 등이 이러한 예상독자를 설정하고 있는 글이다. '제한적 독자'는 일반적 독자에 비해 폭이 좁고 다소 구체화된 독자라고 할 수 있다. 특정한 전문 집단을 독자로 상정하는 경우가 이에 해당한다(로버트 스콜즈 · 칼 클라우스, 김창식 역 1995). '자기 자신'이 예상독자가 되는 경우는 일기나 비망록을 쓸 때, 또는 글을 써 가는 과정에서 자신이 쓴 글을 읽어보고 그것을 조정하는 역할을 할 때 자기 자신이 독자가 되는 경우라고 할 수 있다. '학급 동료'가 예상독자가 되는 경우에는 소집단 협동 학습 상황에서 작문을 할 때가 해당한다. '작문 교사'가 예상독자가 될 때는 작문 학습이라는 상황 속에서는 항시적으로 존재하는 경우라고 할 수 있다.

그런데 위의 도식에서 '자기 자신'이 예상독자가 되는 것은 예상독자의 층위를 분기하는 지점에 위치하고 있다는 사실을 발견할 수 있다. 이는 예상독자로서의 자기 자신이 새롭게 조명될 수 있는 근거가 된다. 전통적으로는 글을 쓰는 자기 자신을 독자로 인식하지 않은 것이 통례였다는 점에서, 이는 예상독자 요인에 관해 새로운 지평을 열어 주고 있다고 생각되기 때문이다. 특히, 작문 평가 활동에서 필자 자신이 자기가 쓴 글을 읽고 고쳐야 할 점을 발견하여 고쳐 쓰기 과정을 수행할 경우는 필자 자신이 예상독자가 되는 모습의 구체적인 예가 된다고 할 수 있다.

2. 내용 생성 및 조직

내용 생성 및 조직하기는 작문의 실제적 활동이 수행되는 첫 지점이다. 이는 작문의 계획에 따라 텍스트에 포함할 내용을 풍부하게 생성해 내고 그것을 일정한 구성 원리에 따라 조직하는 단계이다. 미숙한 필자들이 작문을 어려워하는 큰 이유 중의 하나는 작문 과제나 주제와 관련하여 무엇을 써야 할지 모른다는 것이다. '무엇을 써야할지'에 해당하는 것이 바로 '내용'이라고 할 때, 내용 생성 및 조직은 작문을 잘 하기 위한 토대가 된다. 작문 내용을 풍부하게 마련하면 할수록 그것의 조직과 표현이 쉬워지고 표현이 풍부해질 것이기 때문이다.

예를 들어 보자. 대학에서 어떤 주제에 대해 리포트를 써야 할 때, 그 과제를 부여받은 학생이 가장 먼저 하는 일은 도서관으로 달려가서 그와 관련된 자료(일반적으로 도서)를 우선적으로 확보하는 것이다. 과제와 관련된 자료가 풍부할수록 자연히 리포트를 쓰는 것이 용이하고 리포트의 질적 수준도 우수할 것이라는 기대를 한다. 그 이유는 바로, 리포트로 써야 할 내용을 충분히 확보(생성)하였기 때문이다. 이 예에서 자료의 확보는 곧 이 작문 워크숍에서 내용의 생성과 대응하는 것이다. 내용 생성은 작문의 효율적인 수행에 큰 영향을 미치는 것이다. 그래서 유능한 필자들은 내용 생성의 다양한 전략을 소유하고 있으면서 이를 시의 적절하게 활용한다.

내용을 생성하는 방법은 자유롭게 쓰기, 자료 읽기, 토의 토론하기(대화하기), 나열하기, 브레인스토밍, 개인적 경험 떠올리기 등이 있다.

자유롭게 쓰기는 작문의 내용과 관련된 생각을 발견하고 탐색하기 위해 '자유롭게' 쓰는 활동이다. 이는 어떤 규제에 얽매이지 않고 떠오르는 대로 기술하는 방식으로서 문장의 형태, 정서법 등의 요소를 고려하지 않는다. 당연히 문장의 의미적 연결 관계도 고려하지 않는다. 말 그대로 '자유롭게' 쓰는 것이다. 자유롭게 쓰기를 할 경우, 그 결과물은 주로 문장의 형태로 표현된다. 문장의 형태로 표현되지 않고 단어 중심으로 나열되는 것은 브레인스토밍의 방법이다. 자유롭게 쓰기나 브레인스토밍이나 모두 어떤 규제나 형식에 얽매이지 않고 떠오르는 생각을 자유롭게 기술한다는 점에서도 공통점이 있으나 결과물의 표현 형식에서 차이가 있다. 자유롭게 쓰기는 문장 형태로 표현되지만, 브레인스토밍은 단어 중심으로 표현되는 것이다.

그런데 자유롭게 쓰기를 진행하면 형식에 구애받지 않기 때문에, 생성한 많은 내용들이 조직의 과정 및 초고 쓰기 과정에서 버려지는 경우가 많다. 이러한 문제를 보완하기 위하여 도입된 방법이 작문 과제나 주제와 관련된 것에 집중해서 자유롭게 쓰는 '초점화된 자유롭게 쓰기(focused freewriting)'이다(Elbow & Belanoff, 2000:6~7). 자유롭게 쓴다는 점에서는 동일하지만, 자유롭게 쓰기 위하여 사고를 펼치는 범위에서는 차이가 있다. 초점화된 자유롭게 쓰기에서는 발산적인 사고의 전개를 제시된 과제나 주제에 제한적으로 활용하도록 함으로써, 목적 지향적인 활동을 할 수 있도록 해 준다. 이렇게 함으로써 자칫 방만한 결과물을 산출하기 쉬운 자유롭게 쓰기를 유용하게 활용할 수 있게 된다.

'초점화된 자유롭게 쓰기'는 '자유롭게 쓰기'보다 인지적 제약이 따른다는 점에서 미숙한 필자보다는 능숙한 필자에게 적합한 방법이다. 따라서 대학생 필자를 염두에 둔 이 작문 워크숍은 초점화된 자유롭게 쓰기가 적절하게 활용될 수 있을 것이다. 사실, 자유롭게 쓰기는 전문적으로 글을 쓰는 작가들도 내용을 생성하기 위해서 곧잘 활용하는 방법이기도 하다.

자료 읽기의 방법은 책이나 신문, 잡지 등 인쇄 매체를 읽고 이것으로부터 내용을 생성하는 전략이다. 인쇄 매체를 읽고 내용을 생성하는 방법이라는 점에서 이 방법은 능숙한 읽기 능력이 요구된다. 능동적으로 정보를 찾으면서 읽어야 하기 때문이다. 따라서 읽기 능력이 부족하거나 쓰기 능력이 부족한 학생에게는 적절한 방법이 아니다. 대학생이 리포트를 쓰기 위해서 자료를 확보하고 읽는 것은 바로 읽기를 내용 생성의 방법으로 활용하는 예라고 할 수 있다. 리포트뿐만 아니라 논문과 같이 고등 사고의 전개, 사변적이고 추상적인 논리의 전개에서는 읽기를 바탕으로 한 내용 생성 방법을 흔히 사용한다. 이 작문 워크숍은 대학생 필자를 대상으로 하고 있으므로, 읽기를 내용 생성의 방법으로 활용하는 것이 충분히 가능하고, 오히려 권장할 만 하다. 이 방법은 분과 학문의 학습에서도 매우 빈번하게 활용된다.

토의 · 토론 또는 대화의 방법으로 내용을 생성할 수도 있다. 토의나 토론은 논쟁적인 문제와 관련된 주제의 경우에 활용이 가능하고, 대화하기는 보편적인 주제 전반에 걸쳐 활용이 가능하다. 글을 써야 할 주제와 관련하여 다른 사람과 대화를 하면, 자신이 생각하지 못했던 새로운 관점을 발견할 수도 있고 다른 사람의 관점으로 자신의 생각을 비판적으로 검토할 수도 있어 매우 유용하다. 작문에 이러한 말하기를 내용 생성의 방법으로 활용하는 것은 구술 작문(oral composition)과 관련된다. 구술 작문은 작문으로 표현해야 할 것을 먼저 말로 기술하고 그것을 문자로 옮겨 쓰도록 하는 것인데, 내용 생성의 방법으로서도 매우 효과적이다. 토의 · 토론이나 대화를 내용 생성의 방법으로 활용한다면, 구술 작문의 한 형식으로 활용하는 것이 될 것이다.

나열하기(listing)는 브레인스토밍처럼 떠오르는 내용을 그대로 옮겨 내용을 생성하는 방법이다. 나열하기는 브레인스토밍처럼 단어를 중심으로 생성해 내는 것이지만, 브레인스토밍과 차이가 있다. 즉, 브레인스토밍은 떠오르는 단어를 모두 적는 발산적인 방법이지만, 나열하기는 어떤 범주에 따라, 또는 관련 주제에 따라 의도적으로 단어를 떠올리는 방법이다. 따라서 나열하기의 단어는 핵심어에 가깝다. 물론 브레인스토밍을 할 때 핵심어를 중심으로 하여 떠올리지만, 구의 형태를 취할 수도 있다. 나열하기가 일정한 범주의 제약이 있다는 점에서, 초점화된 자유롭게 쓰기와 대응된다고 할 수 있다.

개인적 경험(personal experience) 떠올리기는 작문 내용과 관련된 개인의 경험을 떠올려 내용을 생성하는 방법이다. 내용을 생성하는 효율적인 방법 중의 하나가 개인적 경험을 떠올리는 것인데, 이는 자기의 경험을 내용으로 삼고 있다는 점에서 구체화하기가 쉽고 생생하게 전달하는 데에 유용하다. 이 개인적인 경험은 직접 경험이 일반적이나, 상황에 따라서는 간접 경험, 특히 다른 사람에게서 들었던 경험도 부분적으로 활용할 수 있다.

위에서 설명한 내용 생성의 방법의 예를 들어보고 실제적 활동을 통해 연습을 해 보기로 한다. 여기에서는 초점화된 자유롭게 쓰기, 자료 읽기, 나열하기, 브레인스토밍, 개인적 경험 떠올리기 등을 중심으로 제시하고자 한다.

■ 초점화된 자유롭게 쓰기

〈활동의 특징〉

• 멈추지 않고 일정한 시간(10~15) 동안 지속적으로 쓴다. 팔이 아프더라도 멈추지 않고 계속 쓴다. 멈추지 않고 쓰는 것이 이 방법의 특징이다.

• 제시된 과제나 주제에 한정한 생각을 전개하고 떠오르는 내용을 가감 없이 적는다.

• 문장의 형태를 이루나 완결되거나 적격한 문장을 쓰지 않을 수도 있다. 주성분이 생략될 수도 있고 문장을 완전히 종결짓지 못하는 경우도 많다.

• 문법이나 정서법에 얽매이지 않는다.

▶ 예시

자유롭게 쓰기 : 친일

'친일' 하면 떠오르는 사람은 우선 이광수, 서정주가 있다. 솔직히 이광수 소설은 별로 읽어 본 게 없어서 잘 모르겠지만 처음에 서정주가 친일 작가였다는 사실을 들었을 때 상당히 충격이었다. 지금 이번 학기 '즈올아이'의 커리는 일제 시대 작품을 읽고 토론하는 것이다. 현진건 채만식 조명희 이광수 등등…… 이 중 친일을 한 사람도 있고, 아닌 사람도 있다. 솔직히 친일친 사람들의 작품에 더 관심이 간다. 소위 당시의 지식인이었다는 사람이 자기 한 목숨 구원해 보자고 일제에 친일하는 작품을 쓰고, 강연을 하고, 그랬다는 사실이 나로서는 이해가 안 된다. 하지만 어떤 일에든 이유가 있고, 그럴 수밖에 없었던 상황이 있긴 하겠지. 좀더 그 사람들에 대해 알아보고, 소설도 읽어보고 하는 게 좋을 것 같다. 그리고 지금 생각해 보면 '친

일'이라는 개념부터 다시 생각해 보는 게 좋지 않을까… 흠 어쨌든 나에겐 좀 더 생각해 봐야할 문제인 것 같다. 우리나라가 가장 힘들 때, 그 권력에 빌붙어 살던 사람… 친일파들은 아무리 생각해도 역사적 심판을 받아보아야 할 사람들이 아닐까… '서정주' 그도 친일파 중 한 사람이었다… '이광수'(대동아, 군인이 될 수 있다…) 그도 또한 친일파 중 한 사람이었다.

초점화된 자유롭게 쓰기 : 이광수

'이광수' 하면 떠오르는 건 우리 나라 근대 소설가 중 한 사람, 그리고 더 크게 떠오르는 건 친일 작가 중 한 사람이라는 것이다. 고등학교 때까지 이광수에 대해서 아는 거라곤 근대 소설 '무정'의 작가라는 것밖에 없었다. 고등학교 언어 영역 시간 때 잠깐 배운 것밖에 없고, '무정'을 끝까지 읽어본 적도 없기 때문에 어떤 내용이 었었는지 잘 생각나진 않지만, 세 남녀의 삼각관계가 축을 이루고 결국은 뭐… 개화를 해야 한다는 아주~ 계몽적인 주제로 끝을 맺었던 것 같다. 이광수에 대해서 조금이나마 알게 된 건 대학에 와서이다. 지금 문학 동아리 'ㅈ올아이'를 하고 있는데, 이번 학기 커리를 일제시대의 작품으로 하기로 했다. 일제시대에 활동한 작가라. 채만식, 이광수, 김동인, 조명희, 이효석, 현진건 등등… 여러 작가가 있지만 처음 우리가 일제시대 작품으로 이번 학기 토론을 하기로 했을 때 가장 화두에 오른 인물은 '이광수'와 '서정주'였다. 뭐… 서정주야 고등학교 때부터 친일 작가로 알고 있었기 때문에 그닥 놀랍거나 한 건 아니었지만, 처음에 '이광수'가 친일작가라는 걸 알고나서는 굉장히 충격을 먹었었다. 당대 근대화와 계몽을 외치던 가장 지식인 중 지식인이었을 사람이 친일에 앞장서다니. 뭔가 잘못되[sic]도 한참 잘못된 것 아닌가… 하는 생각이 들었다. 이번 학기 동아리에서 다루게 될 작품은 이광수의 '대동아'랑 '군인이 될 수 있다'이다. 아직 소설을 읽어보진 않았지만 제목만 봐도 소설의 내용은 대충 짐작이 간다. 이광수… 지금까지 우리나라 근대소설의 대표적 작가로 알고 있었지만 이번 학기를 시작으로 그에 대한 생각이 많이 바뀔 것 같다.

〈활동지〉

※ 다음 주제 중 하나를 대상으로 하여 '초점화된 자유롭게 쓰기'를 해 보자.

• 인간다움의 기준	• 청출어람(靑出於藍)
• 고통과 행복	• 생활관

■ 자료 읽기

〈활동의 특징〉

• 관련된 정보가 어떤 종류의 자료에 있을지를 판단하고 검색한다. 인터넷을 이용할 수도 있고 도서관을 이용할 수도 있다.

• 관련 있을 듯한 자료를 충분하게 확보하고 필요한 정보를 찾으며 읽는다. 찾아읽기나 훑어읽기 등의 방법을 활용한다. 찾아읽기는 필요한 정보를 텍스트의 특정 부분에서 신속하게 찾아내는 방법이고, 훑어읽기는 텍스트에서 중요한 정보를 신속히 찾아내기 위해 텍스트 전체를 빠른 속도로 읽는 방법이다.

• 관련 정보를 찾았을 때에는 메모를 하거나 복사를 한다. 노트 정리를 할 수도 있으며, 독서 카드를 만들 수도 있다. 작문의 목적과 과정에 가장 효율적인 방법을 선택하여 활용한다.

• 자료 읽기를 통하여 얻는 내용이 신뢰성이 있는지, 그리고 타당성이 있는지를 판단해 본다. 공신력 있는 출처, 믿을 만한 출처의 자료를 활용하여 내용을 마련하는 방법을 택할 수도 있다.

• 자료로부터 내용을 생성했을 때에는 정보의 신뢰성을 따져 보고 출처를 꼭 밝힌다.

• 한쪽을 지지하는 편향된 정보보다는 양쪽을 모두 판단해 볼 수 있는 자료를 충분하게 확보한다.

▶ 예시

자료 읽기(신문 자료 읽기) : 양심적 병역 거부

자신의 사상이나 종교적 신념에 의해 군 복무를 거부할 수 있게 하자는 운동이 사회 일각에서 논쟁의 화두가 되고 있다. 여호와의 증인이라는 종교 단체의 교리와 연관되어 지금 까지 1만여명이 병역 거부를 했고 이들은 입영기피자로 분류돼 형사 고발되고 감옥에서 1년 6개월~2년 혹은 3년에 달하는 기간을 복역해 전과자의 기록을 갖게 되었다. 민·형사적 범죄를 저지른 것이 아니라 자신의 양심과 판단에 의한 행동으로 이렇게 많은 젊은이들이 범법자가 되는 법률상 문제점으로 인해 이 사안이 사회 쟁점으로 떠오른 것이다. 아울러, 이 단체의 집총 거부 교리에 의해 현재 수감된 인원이 1594명, 매년 500~600여명에 해당하는 새로운 병역 거부자가 감옥에 투옥되고 이들의 수용에 일인당 대략 650만원이 소요되어 한해에 몇 백억에 해당하는 국민 혈세가 교화 및 교정이 필요없는 이들에게 사용되어지고 있다. 이런 법률적, 경제적 이유 뿐 아니라 병역 집행의 형평성 면에 있어서도 각종 병역특례나 공익근무요원 등으로 현역복무를 면제받는 사람들의 숫자가 20만명에 육박, 현역 입대자수를 상회한다는 통계가 뒷받침하고 있듯이 심각하게 고려되어져야 할 문제이다. 과학기술과 첨단무기가 고도로 발전한 현대에 60만 대군을 유지하는 것이 과연 강력한 국방을 위한 효율적인 자원관리인가 하는 문제는 장기적 검토가 필요하지만, 매년 600여명의 젊은이들이 징역을 살아야하는 현실에 대해 근본적인 해결방안은 없다는 입장도 있다.

〈활동지〉

※ 다음 주제에 대해 자료를 찾아 오려 붙이고, 필요한 내용을 정리(메모)해 보자.

- NGO의 개념과 역할
- 양심적 병역 거부
- 유전공학 기술 어디까지 왔나
- 자료 공유 사이트(예: 소리바다)의 순기능과 역기능

〈오려 붙이기〉

〈메모하기〉

제목 : _____

■ 나열하기

〈활동의 특징〉

• 제시된 주제나 범주화된 항목에 따라 떠오르는 핵심적인 단어를 나열한다.

• 주제와 관련하여 떠오르는 단어는 모두 적는다. 필요에 따라 주의를 집중하여 단어를 생각해 낼 필요도 있다.

• 가능하면 많은 단어를 찾아 나열한다. 나열할 때 범주가 정해져 있으면, 이에 따라 분류하면서 핵심어를 나열한다.

• 잘 떠오르지 않을 때에는 브레인스토밍을 해서 내용을 선별적으로 수용하는 방법을 병용할 수 있으며, 책이나 기타 자료의 도움을 받아 핵심어를 나열할 수도 있다.

▶ 예시

공교육의 장·단점

공교육의 장점	공교육의 단점
− 비영리적인 운영 − 국가의 의무 − 국민의 권리 − 모든 학생이 같은 내용을 배움	− 비효율적임 − 세금 부담이 문제 − 강제적 − 개인교육, 전인교육의 불가

인터넷이 좋은 이유

• 정보의 공유
  − 다양한 정보의 공유   − 정보 생산의 편리함
  − 정보의 검색과 활용의 편리   − 정보와 정보의 비교가 가능

• 개인 권익의 신장
  − 개인 의견의 표현 기회 확대   − 각종 문의 등에 인터넷 활용
  − 사이버 시위   − 각종 상품 구매 가능 / 가격 저렴.

• 세계화의 촉진
  − 세계 각국의 연결   − 통신비용이 저렴
  − 이메일을 통한 자유로운 의사 소통   − 물류비용이 저렴

〈활동지〉

※ 다음 주제를 대상으로 하여 '나열하기'를 해 보자.

• 강의 평가의 허와 실	• 사교육의 장점과 단점
• 우리 학교의 좋은 점	• 이성(異性) 친구

■ 브레인스토밍

〈활동의 특징〉

• 생각을 멈추지 않고 일정한 시간 동안 지속적으로 전개하며 떠오르는 내용을 단어의 형태로 적는다.

• 떠오른 내용을 비판하거나 어떤 격식에 맞는지 점검하지 않는다. 특히, 문법적인 규범이나 정서법 등은 고려하지 않는다.

• 효과적인 브레인스토밍의 세 가지 규칙

① 떠오르는 모든 생각을 기록한다.

② 떠올린 생각들은 판단되거나 비판되지 않는다.

③ 모든 구성원들이 참가해야 한다.

• 다음과 같은 질문에 대해 생각해 봄으로써 아이디어 제공에 도움을 얻을 수 있다.

– 써야할 주제는 무엇인가?

– 주제와 관련된 사람은 누구인가?

– 주제를 어디에서 발견하였는가?

– 주제는 어디에서 유래하였는가?

– 주제에 대한 특별한 것은 무엇인가?

– 주제에 대한 중요한 것은 무엇인가?

▶ 예시

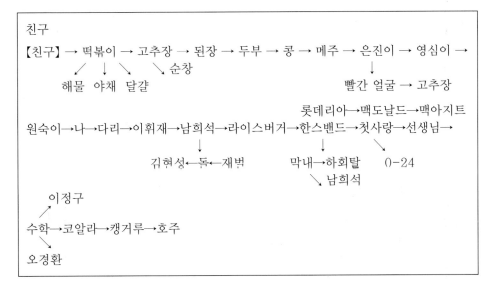

2002. 3. 20

제목 ; 세종대왕 과 성령탕
(세종대왕 하면 떠오르는 단어).

1) 세종에 대한 나의 느낌과 아는 사실

* — 나의 느낌 — *

초등학교 때 나의 우상이었다. 이는 세종에 관한 전기를 읽고나서부터였는데, TV에서 '용의눈물'이라는 드라마때문에 밤을 새면서까지 한권으로 읽는 조선왕조실록을 읽어보고, 더욱더 좋아하게 됐다. 세종하면 떠오르는 것이 여러 전설들이 있지만 그것들과 관련된 것을 '좀, 성령탕과 관련된 것이 있다. 이는 내가 좋아하는 음식인 동시에 내가 멋있어 하는 아시, 멋진분으로 때로는 세종과 관련되어 있어서 더욱더 생각이 많이 나는 부분이다.

추가내용 ; 그(성령탕관련) 전설의 내용과 성령탕과 세종의 관련 내용을 자세히 조사 및 보탬 / 책을 읽고 느낀점과생각.

* — 아는 사실 — *

세종은 시대를 앞서 사신, 여러 업적을 남기신 분이다. 과학, 농업, 생활 등 모든 면에서 뛰어난 자신과 그 자신 밑에 따르는 여러 출신들의 앞선 시대감각을 우리에게 보여주셨다. 훈민정음을 창제케 하셨다. 세종의 신동아를 알수있는 어린시절의 모습들이 전기에 실려있었다.

추가) 세종에 대한 분석, 사상을 저술, 업적들 자세히 읽기. 사건과 인물 중심으로 탐구.

2) 세종에 관한 나의 궁금증

세종도 다른 유명한 위인들과 비슷하게, 청년 시절 그자신의 사생활 모습은 전기에서는 전혀 찾아볼 수가 없었다. 그래서, 고등학교 때 선생님께서 잠시 들려 주신 야사에 관한 세종의 성장모습이나 여자와의 관계 등의 내용을 더 자세히 알고 싶다.

추가) 야사집을 한 번 읽거나.

성장 배경 및 뒷얘기, 전설 등을 조사.

3) 훈민정음 창제 관련 문제

예로부터 한글 창제에는 밝은 빛이 쬐여지지 않았던 것 같다. 천한 문자로서 천대 받고, 핍박(?)을 받았었다. 그러나, 그러한 한글이 지금 현재에 내가 바로 이 순간 사용하고 있는, 한국 우리 나라의 언어가 되었다는 것이, 발전, 성장, 다듬어짐이 과정들이, 너무나도 신기하다. 요즘, 다시 인터넷 사용과 더불어 우리말, 글 살리기 운동, 즉, 바른 말 쓰기 바람이 불고 있다.

추가내용) 훈민정음에 대한 자료조사.
· 창제 시기, 집현전 학자들에 대하여 사전조사.

4) 훈민정음을 알게 되고, 접하게 된 배경.

훈민정음을 처음 접하게 된 건 부끄럽게도 고등학교 국어 교과서에 실린 '훈민정음'을 보고 숙제 (뜻풀이)를 하면서이다. 훈민정음이 바로 수능 시험에 뜻풀이라 관련된 문제로 출제되곤 했기 때문이다. 뜻풀이가 의외로 어려웠던 기억이 난다. 또, 요즘은, '훈민워드' 라는 컴퓨터 program 이 나왔는데. 그것에 한글 97도. 이상하게 훈민정음하면 떠오르는 program이다. 이라 관련하여 인터넷 사용과의 바로 한글 —우리말, 우리 어의 사용 문제로 연결되고 있음을 볼수 있다.

〈활동지〉

※ 다음 주제 중 하나를 골라 '브레인스토밍'을 해 보자.

• 교사의 길	• 라디오와 휴대전화
• 참교육이란	• 학교의 오후 2시의 풍경

■ 개인적 경험 떠올리기

〈활동의 특징〉

- 제시된 과제나 주제와 관련된 경험을 생각해 본다. 특별히 관련되는 경험이 없을 때에는 경험에서 교훈을 이끌어 내거나 일반화를 통해 적용한다.
- 경험이 떠올랐을 때, 그것을 육하원칙에 따라 내용을 정리해 본다.
- 다른 사람에게 들었던(또는 다른 매체를 통해서 들었거나 읽었던) 개인적 경험을 떠올려 내용을 정리한다.
- 다음과 같은 질문에 답하여 아이디어를 생성하는 데 도움을 얻는다.
    - 내가 흥미 있어 하는 것은?
    - 나는 특별히 어떤 것을 좋아할까? 내가 싫어하는 것은?
    - 나는 왜 다른 사람과 다를까?
    - 나는 나 자신에 대해 어떤 점이 좋을까? 또는 싫은 점이 있다면?
    - 나는 자신에 대해서 무엇을 변화시켜야 하나?
    - 나의 가장 큰 고민은?
    - 내가 가장 알고 싶어하는 것은?
    - 내가 하고 싶어하는 일은?
    - 내가 겪은 가장 재미있었던 일은?
    - 내가 흥미 있어하는 사람은 누구일까? 나는 왜 그들에게 흥미 있어 할까?
    - 나와 다른 사람의 공통점은?
    - 내가 세상에서 달라져야 한다고 생각하는 것은?
    - 나를 기쁘게 하는 것은?
    - 나를 슬프게 하는 것은?
    - 나를 화나게 하는 것은?
    - 나를 걱정스럽게 만드는 것은?

▶ 예시

> 영월댐(동강댐)
>
> 영월댐의 찬·반 논쟁 때문에… 그 사이에 죽어가는 사람들.
> 생태계가 죽어가는 일보다 인간의 삶이 지금으로서는 더 중요하지 않을까?
> 환경을 지키자고 주장하는 사람들이 만약 그 마을 주민의 입장이었더라도

그런말을 쉽게 할 수 있을지...

아름다운 자연환경과 대비되는 마을 주민들의 비참한 생활. 그런 생활이 계속된다면 결국 모두 살 수 없다. 수천을 빚을 지고 그 빚을 갚아나갈 능력이 없는데, 노동만 죽도록 하면서 살아간다면 인간으로서 삶에 무슨 의미가 있을까? 주민의 입장이되어보자.

환경을 지키자고 하면서 버리고간 쓰레기들. 결국 동강은 몸살을 앓다가 죽어가게 될 것이다.

나 또한 그랬었다. 마을주민의 입장에 서지 않았을 때는 누구보다도 환경보호론자가 되어 하나뿐인 지구를 운운하면서 댐 건설을 반대했고 다른 한편으로는 동강에서 래프팅을 즐기는 생각을 했다.

어느쪽의 생각이 옳고 그른지를 따지지는 것은 아니다. 서로의 입장이 되어보기전까진 자기 생각이 옳기 때문에 주장하는건 당연한 이치기이기 때문이다.

〈활동지〉

※ 다음 주제 중 하나를 대상으로 하여 '개인적 경험 떠올리기'를 해 보자.

• 목숨이 위태로웠던 때	• 가장 즐거웠던 일
• 인생의 회의(허무감)를 느꼈을 때	• 가장 슬펐던 일

앞에서는 내용을 생성하는 방법에 대해서 알아보았다. 내용 생성이 끝나면, 그 내용을 일정한 기준에 따라 조직하는 단계를 거쳐야 한다. 내용을 생성한 것은 많은 양의 내용을 단순히 생성해서 늘어놓은 것에 불과하기 때문에, 이를 일정한 원리에 따라 조직하지 않으면 작문의 과정에 실제적인 효용을 주기 어렵다.

일정한 원리에 따라 생성한 내용을 조직함으로써 그 뒤에 완성될 초고는 통사적 긴밀성(cohesion)과 의미적 통일성(coherence)을 확보할 수 있다. 통사적 긴밀성과 의미적 통일성은 하위 내용들이 유기적으로 이어질 때 확보될 수 있는데, 이는 바로 조직하기에 의해 가능한 것이다.

사실 능숙한 필자들은 내용의 생성과 조직은 잘 구별되지 않는 경향이 있다. 내용 생성에서도 이미 언급하였지만, 유능한 필자들은 내용 생성이 방만하게 전개되는 것을 회피하기 위해 '초점화' 되거나 특정한 목적에 '집중하' 는 전략들을 구사하는 경향이 많은 바, 이는 곧 내용의 조직과 밀접하게 관련되어 있기 때문이다. 능숙한 필자들은 집중적이고 초점화된 형태로 내용을 생성하면서 바로 내용의 조직을 결정하여 버린다. 그래서 내용의 생성과 조직이 잘 구별되어 드러나지 않는 것이다.

그러나 일반적인 차원에서 활용되는 내용 조직의 방법을 정리하면, 다발짓기(clustering)와 개요작성하기(outlining)를 들 수 있다.

다발짓기는 내용 생성 활동을 통해 나열되어 있는 내용들을 일정한 범주로 묶는 활동으로서 생성된 내용을 조직하는 대표적인 방법이다. 생성된 내용을 보고 기준을 세워 그 범주로 모으는 이 활동은 분류하기와 대립적인 성격을 지닌 방법이다. 즉, 하위 항목을 기준에 따라 상위 항목으로 묶는 구분하기와 매우 유사하다.

다발짓기의 수행은 내용 생성으로 확보된 항목을 설정한 기준에 따라 재배열해야 하는데, 컴퓨터와 같이 자유로운 편집이 어려운 지필 형태의 작문에서는 내용 생성과는 구분되는 별도의 단계로 진행된다. 생성한 내용을 다시 쓰면서 조직하는 활동을 수행해야 하기 때문이다. 생성한 내용을 다시 옮겨 쓰면서 재배열하는 과정을 거쳐야 하므로 이 활동은 자칫 지루한 활동이 되기 쉽다.

개요 작성하기는 전통식인 작문 교육에서 작문의 기초를 십는, 중요한 과정으로 간주되어 왔던 것이다. 개요는 글 전체의 흐름을 일목요연하게 정리하여 놓은 것으로 논리적인 글의 내용 전개에 매우 유용하다. 현재에도 유능한 필자들 중에는 개요 작성하기의 방법으로 글의 전반적인 계획을 세우고 유지하는 경우가 많다.

내용 조직 방법으로서의 개요는 서론, 본론, 결론으로 나누고, 각 부분에 들어갈 내용을 결정하여 작성한다. 글의 첫 부분인 서론에서는 글을 쓰는 목적이나 동기, 주제와 본론에서 다룰 중심 내용을 간략히 소개하는 내용을 중심으로 하여 작성한다. 글을 중간 부분인 본론에서는 글의 주제를 뒷받침하는 하는 내용을 중심 내용으로 하여 작성하며, 글의 마지막 부분은 주요 내용을 요약하고 필자의 의견 등을 중심으로 하여 작성한다.

■ 다발짓기

〈활동의 특징〉

- 다양하게 생성된 내용들을 유사한 속성을 지닌 것끼리 묶는다.
- 일정하게 묶인 내용들을 범주화할 수 있는 일반적인 낱말을 선정한다.
- 어디에도 속하지 못하는 내용들은 삭제하고, 더 필요한 내용이 있을 때에는 추가한다.
- 어떠한 순서로 구성하는 것이 글의 내용 전개에 적당한지를 판단한다.

▶ 예시

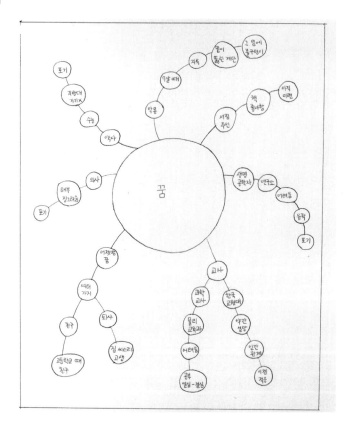

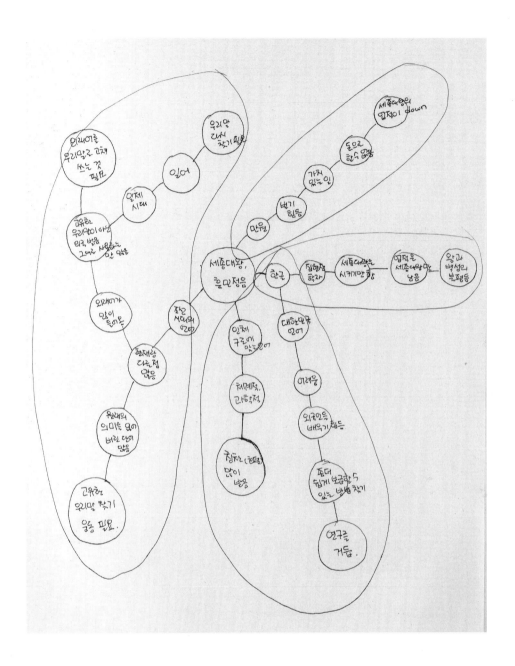

〈활동지〉

※ 다음 주제 중 하나를 선택하여 '브레인스토밍'의 방법으로 내용을 생성한 후,
   '다발짓기'를 해 보자.

• 진정한 아름다움	• 공부(학문)의 목적
• 나를 화나게 하는 것들	• 내가 즐겨 찾는 곳

■ 개요 작성하기

〈활동의 특징〉

- 서론, 본론, 결론에 들어갈 내용을 대략적으로 결정한다. 특히, 서론에서 밝힐 글의 목적과 주제는 전체적인 개요 작성에 중요한 영향을 미치므로, 이를 우선적으로 결정한다.
- 서론에서 밝힌 글을 목적과 주제를 고려하여, 생성된 내용을 본론에 적합한 것, 결론에 적합한 것으로 구분짓는다.
- 본론에 적합한 것으로 구분된 내용들을 더 세분하여 본론의 내용 구성을 결정한다. 이 때 불필요한 것이 발견되면 삭제하거나 수정할 수 있고, 필요한 것이 발견되면 더 추가할 수 있다.
- 개요을 작성할 때에는 다음과 같은 점에 유의한다(성낙수, 1996:101~102)
  - 전체적으로나 부분적으로 순서에 이상은 없는가?
  - 불필요한 부분, 부족한 부분은 없는가?
  - 간단하게 할 부분은 없는가?
  - 내용에 잘못된 곳은 없는가?
  - 전체와 부분들이 조화를 이루고 있는가?

▶ 예시

개요 작성하기 : 주제, 주제문, 목적 정하기

주 제 : 문학에서의 해학
주제문 : 문학에서는 여러 가지 양상으로 해학이 나타난다.
목 적 : 문학에서 나타나는 해학의 의미를 밝히고, 문학과 해학과의 관계를 구체적으로 살피며, 동·서양 문학의 해학을 비교하여, 해학이 문학에 기여하는 가치를 규명한다.
제 목 : 문학에서 나타나는 해학에 관한 연구

개요 작성하기 : 구체화하기

주 제 : 문학에서 나타나는 해학에 관한 연구
본 문 : 1. 서론

  1.1. 해학이란 무엇인가?

  1.2. 해학과 풍자와 재치의 차이

 2. 본론

  2.1. 문학과 해학과의 관계

  2.2. 문학에 나타난 해학

  2.3. 동 서양 문학의 해학 비교

 3. 결론

〈활동지〉

※ 다음 주제 중 하나를 골라 '초점화된 자유롭게 쓰기'를 한 후, 개요를 작성해 보
  자.

• 대학생으로서 해야 할 일	• 대학 교양 교육의 문제
• 우리 학교에서 쓰이는 방언의 종류	• 대학 작문 교육의 필요성

〈개요 작성하기 : 주제, 주제문, 목적 정하기〉

〈개요 작성하기 : 구체화하기〉

제 3 강 초고 쓰기 및 평가 활동

1. 초고 쓰기
2. 평가 활동

1. 초고 쓰기

초고 쓰기는 앞의 내용 생성 및 조직 단계의 활동 내용을 바탕으로 하여 이루어진다. 앞의 단계에서 수행했던 활동들은 사실 초고 쓰기를 효율적으로 수행하는 데 필요한 기초와 토대를 마련하는 과정이었던 셈이다. 그만큼 초고로 표현하여 내는 것은 작문의 과정에서 중요한 의미가 있다. 작문이란, 문자로 필자가 전달하고자 하는 의미를 구성하여 내는 과정이자 활동이기 때문이다. 문자를 중심으로 한 표현이 이루어질 때 진정한 의미에서의 작문이 이루어지는 것이라고 할 수 있다.

초고를 쓰는 단계에서 필자는 초고 쓰기 단계에만 머물러 있는 것이 아니다. 초고를 쓰는 과정에서 생성한 내용이 불필요한 것으로 판단되면 삭제해 버리고, 더 구체적인 내용들이 필요하면 내용을 구체화하는 전략을 구사하기도 한다. 필요에 따라서는 초고 쓰기 활동을 잠시 접어두고, 내용 생성 및 조직의 단계로 되돌아가기도 한다. 또는 더 심화되거나 확장된 내용을 마련하기 위해서 초고 쓰기의 과정을 잠시 멈추어서 반성적 사고를 전개하기도 하고, 지금까지 써온 텍스트를 다시 읽으면서 평가하기도 한다. 초고 쓰기 단계에서만 보더라도 작문의 과정은 직선적이고 계기적인 과정이 아니라 비선형적이고 회귀적인 과정임을 알 수 있다.

작문 워크숍에서 학생들이 초고를 쓸 때, 다음과 같은 점에 주의할 필요가 있다.

첫째, 학생들이 초고를 쓰는 속도는 서로 다를 수 있다는 점이다. 이는 초고를 실제로 쓰는 학생 필자이든 작문 워크숍을 지도하는 작문 교수나 강사이든 동일하게 인식할 필요가 있는 내용이다. 인지 구조에 표상된 내용을 문자 언어로 번역하여 표현하는 것은 그리 쉬운 일이 아니다. 그런 만큼 학생들 사이에는 인지적 능력의 차이에서 비롯되는 쓰기 수행의 차이가 있다. 또한 운필(運筆)하여 초고로 표현하는 속도에서도 차이가 있을 수 있다. 현대 사회를 사는 학생 필자들은 육필(hand writing)로 텍스트를 쓰는 속도가 상대적으로 느리다. 평소 연필을 직접 운필하여 텍스틀 생산해 내는 경우가 이제는 거의 없기 때문이다. 그래서 작문 워크숍에서 육필로 써서 활동하도록 하면 학생 필자들은 큰 편차를 드러낸다. 그리고 학생들 사이에서도 개인간의 편차가 확인된다. 이미 다 쓰고 다른 할 일을 찾는 학생이 있는가 하면, 자신이 생각하고 있는 양의 반도 채우지 못한 학생도 있다. 모둠을 중심으로 한 협동 작문 학습을 지향하는 이 워크숍을 효율적으로 운영하기 위해서는 학생들이 초고를 마련하는 속도를 평균화할 수 있도록 하는 노력이 요구된다. 초고가 마련되지 않으면 후속적인 활동을 전개할 수 없기 때문이다. 그래서 컴퓨터의 워드프로세서를 활용하는 방법이나 다 못한 것을 써서 제출하도록 함으로써 일부 보완할 수 있다.

둘째, 학생 필자들이 초고를 완성하는 동안 이에 집중할 수 있도록 해주어야 한다는 점이다. 대학생 필자들은 여러 외적 요인들로부터 방해를 크게 받지 않지만, 작문과 관련된 인지적 능력이 부족한 경우에는 부득이하게 영향을 받을 수밖에 없다. 미숙한 필자들은 초고를 쓸 때에는 여러 요인에 의해 인지적 과정이 부정적인 영향을 받기도 한다. 발표를 시킬지도 모른다는 부담감, 나쁜 평가를 받지 않을까 하는 걱정, 자기는 글을 못 쓴다는 부정적 자기 인식 등등으로부터 영향을 받곤 한다. 따라서 작문 워크숍을 진행할 때 이러한 부담을 경감시켜 줄 수 있는 교수적 배려가 필요하다.

셋째, 초고를 쓰는 과정에서는 수시적인 수정하기가 일어난다. 내용을 생성하고 조직했다고 하더라도 어떠한 오류도 없이 일필휘지(一筆揮之)로 초고를 작성하는 사람은 거의 없다. 표현을 하는 과정에서 의도대로 표현되지 않거나 내용의 전개가 의도 또는 주제에서 벗어날 때 필자는 그것을 능동적으로 수정하면서 글을 써간다. 이 때 이루어지는 수정은 하나의 구분된 단계로 수행되는 것이 아니라, 초고를 쓰는 단계에 혼융되어 수행되는 것이다. 글을 쓰면서 동시에 수정을 하는 것이다. 글의 작성과 수정이 동시적으로 일어나기 때문에, 초고를 쓴 결과물은 첨가, 삭제, 이동의 흔적을 남기는 것이 일반적이다. 생성한 내용을 근간으로 삼더라도 표현의 과정에서의 수정은 불가피한 것이다.

넷째, 초고를 쓰는 과정에서 학생 필자들은 여러 가지 인지적 문제에 부딪히게 된다. 이 때 스스로 해결할 수 있는 것도 있지만, 혼자 힘으로는 해결하기 어려운 문제도 있다. 이럴 때에는 다른 학생 필자와의 협의나 워크숍 지도 교수나 강사와의 협의를 적극적으로 활용하여 문제를 해결해야 한다. 다른 학생 필자와의 협의는 인지적 단절이나 방해를 적게 주는 범위에서 이루어져야 할 것이다. 그 학생 필자도 문제를 해결하면서 글을 써야하는 상황은 동일하기 때문이다.

다섯째, 초고를 쓰면서 정서법과 같은 규범에 얽매이지 않는 것이 좋다. 언어 규범이 자동화되어 있고 내면화되어 있다면, 초고를 쓰는 과정에서 의미 구성의 과정을 방해하지 않을 것이다. 그러나 이를 너무 강하게 의식하면 의미 구성의 과정이 방해를 받을 수 있다. 미세한 언어 규범에 집중함으로써 의미 구성에 활용되어야 할 인지적 능력이 분산되어 버리기 때문이다. 고쳐 쓰기 단계나 편집 단계에서도 이를 검토하고 수정할 수 있으므로 초고 쓰기 단계에서는 크게 신경을 쓰지 않는 것이 바람직하다.

학생 필자들이 내용 생성 및 조직하기를 수행하고 초고를 쓰는 단계에 이르면 처음에 세웠던 작문의 목적이나 예상독자 등과 관련된 내용을 충분히 고려하지 못하는 경향이 있다. 작문의 첫 단계에서 초고 쓰기에 이르는 과정이 긴 여로와 같이 느껴져서 학생 필자는 작문 계획이나 내용의 생성과 초고 쓰기에서 단절감을 흔히 경험한다. 이러한 문제를 해결하기 위하여 다음과 같은 질문을 던지면서 사고의 초점을 유지할 수 있다. 또한 일반적으로 알려진 좋은 글의 특성을 확인해 둠으로써 좀 더 나은 초고를 쓸 수 있다.

〈초고 쓰기에서 사고의 초점을 유지하기 위한 질문〉
• 글을 쓰는 목적은 무엇인가.
• 내가 말하고자 하는 바는 무엇인가.
• 어떻게 하면 정보를 가장 잘 배열(구성)할 수 있을까.
• 이 글의 중심 내용은 무엇인가.
• 중심 내용을 뒷받침 할 수 있는 세부 내용은 무엇인가.
• 첫 부분을 어떻게 시작할 것인가
• 어떻게 하면 결론에서 강한 인상을 심어줄 수 있을까.

〈좋은 글의 특성〉
• 좋은 글은 구체적인 독자를 겨냥한다.
• 좋은 글은 재미가 있으며, 쉽고 간결하다.
• 좋은 필자의 뚜렷한 생각을 드러낸다
• 좋은 글은 참신하며, 강한 인상을 준다.
• 좋은 글은 구두점, 맞춤법, 단어 사용이 정확하다.

■ 초고 쓰기

〈활동의 특징〉

- 내용 생성 및 조직 단계의 활동 내용을 바탕으로 하여 초고를 쓴다.
- 초고를 쓰는 과정에서 자유롭게 쓰기의 방법을 활용할 수 있다.
- 더 필요한 내용이 있을 때에는 내용 생성의 단계로 되돌아갈 수 있다.
- 정서법 등과 같은 규범에 너무 얽매이지 않는다.

▶ 예시

「올 여름 무더위를 강타할 초대형 액션 블록버스터」
GLADIATOR

약 15명정도의 가벼운 무장을 한(투구와 나무 방패, 가죽 갑옷) 보병차림의 검투사가 콜롯세움의 한 가운데, 5만명의 함성에 짓눌려 서 있다. 황제의 명령과 함께 사방에서 쏟아져 나오는 전차 부대는 검투사들에게로 돌진한다. 칼과 화살에 몇몇의 검투사들이 쓰러진다. 긴박감 속의 검투는 계속되며, 주인공의 지략에 의해 막강하리라 믿었던 전차부대는 몰살당한다.

올여름 극장가를 강타할 만한 액션작 GLADIATOR는 요즘 한창 영화가의 단골 소재인 역사영화이다. 로마제국 말기의 사회에서 부활한 검투 경기에 참가하는 검투사의 일생을 다뤘다. 장군이었던 주인공 막시무스는 아레니우스 황제가 죽고, 새로운 황제의 교체 과정의 암투에서 장군직을 박탈당한 후 검투사로 전락한다.

영화전반에 흐르는 주인공의 검투장면은 고도의 컴퓨터그래픽을 사용해 상대 검투사의 죽는 장면이 아주 사실적으로 묘사되어 있다. 또한 약 1500년전 경 번성한 로마제국의 수도 전경과 콜롯세움의 원형을 재현하여 그 웅장함을 느끼게 해 주었다. 마치 로마시대의 콜롯세움 경기장에서 검투 시합을 관람하는 느낌을 받는니.

극적 반전보다는 시간 순서에 따른 전개가 보는 이를 쉽게 하는 반면 조금 단순하다. 또한 헐리우드의 일반적 경향대로 이 영화 역시 Happy ending이다. 막강한 영웅을 제시한것 역시 헐리우드 영화의 영웅주의를 그대로 잇는다.

"동감"

영화 "동감"은 그 동안의 상투적인 멜로 영화의 틀을 벗어난 새로운 형식의 사랑 이야기이다. 영화 "동감" 속에 등장하는 인물들은 비련의 주인공도 아니며 성공과 야망을 그리는 남자 주인공의 모습도 찾아볼 수 없다. 1979년을 살고 있는 순수하고 맑은 영문과 학생은 "소은" 그리고 2000년의 같은 학교 광고 창작과에 다니고 있는 "인"은 무선기의 교신을 통해 시공을 초월하여 교감하게 되고 이들의 이야기가 영화를 이끌어간다.

연일이어지는 데모... "소은"은 체루탄 가스로 자욱한 미완공된 시계탑 앞에서 인을 기다리고, 장대비가 쏟아지는 2000년의 '인'은 완공된 시계탑앞에서 그녀를 기다린다. 그들은 서로 다른 시간에 살고 있기에 만날 수 없으며 그제서야 그들에게 믿을 수 없는 일이 발생하고 있음을 느끼게 된다.

"소은"과 "인"은 신비스런 힘에 의해 시공을 초월하여 교신하게 되지만 그들은 보이지 않는 인연의 고리로 연결되어 있다. 소은이 짝사랑하는 선배와 그의 친구 선미... 그는 뜻하지 않은 '교신'으로 '인'을 통해 자신의 사랑의 결말을 듣게 되고 '인' 또한 자신의 삶 속에서 어쩌면 가깝게 존재하고 있는 '소은'의 존재에 대해 혼란스러워 한다.

2000년 '인'은 '소은'이 살고 있는 곳을 알아내고 그녀를 만난다. 그녀와 그는 아무말도 하지 않고 그냥 스쳐지나가지만 서로가 서로에 대해 느낄 수 있으며 그 전율은 관객에게까지 전해졌다.

영화 '동감'은 이처럼 "다른 시간 같은 느낌"이라는 참신한 모티브를 통해 사랑의 의미를 전해준다. 자신의 운명을 수용하고 짝사랑을 아름답게 성숙시키는 "소은"과 밝고 건강한 이 시대를 살아가는 젊은 청년 '인'이 현실에서 느끼는 사랑 그리고 이들이 교신을 통해 느끼는 새로운 사람을 통해 시간과 공간 속에서 그리고 그것을 초월한 사랑의 이야기를 잔잔하고 아름답게 아름다운 여운이 남는 그런 영화이다.

〈활동지〉

※ 이전의 단계에서 활동했던 내용을 바탕으로 하여 초고를 써 보자.

- 주제 :
- 제목 :

2. 평가 활동

작문 워크숍에서 설정하고 있는 평가 활동 단계는 점수를 매기는 '등급화 (grading)'를 의미하는 것이 아니다. 여기에서의 '평가'는 학생 필자들이 완성한 초고에 대해 비평적 활동을 전개함으로써 그것을 고쳐쓰는 데 도움을 제공하기 위한 피드백이라고 할 수 있다. 작문이란 사회적 의사 소통의 기능을 수행하므로, 작문을 하는 과정에서 필자는 예상독자를 끊임없이 의식하지 않으면 안 된다. 유능한 필자일수록 예상독자의 성격을 분명하게 파악하며 글을 쓰는 내내 이를 명료하게 의식한다.

그런데 필자는 예상독자와 시간적, 공간적으로 분리되어 있어서 이를 지속적으로 명료히 의식한다는 것은 쉬운 일이 아니다. 그래서 예상독자를 실제화할 필요가 있는데, 바로 동료가 초고를 읽고 이에 대해 평가 반응을 해 줌으로써 이를 가능하게 해 준다. 비가시적으로 존재하며, 따라서 적극적으로 예상독자를 의식하는 것이 힘들었던 학생 필자들에게 동료가 읽고 평가를 해 줄 것이라는 상황을 설정해 줌으로써 예상독자를 적극적으로 고려할 수 있도록 해 준다. 예상독자가 현실에 존재하고, 이 독자가 자신의 글에 대해서 반응을 한다는 것은 예상독자를 적극적으로 고려하지 않을 수 없는 상황을 제공해 준다. 이러한 효과를 다음과 같은 자기 평가에서 확인할 수 있다.

김현민

초고를 쓸 때는 내가 사용하는 자료가 얼마나 타당한지 내 글의 논리성 등에 대해 객관적이지 못하는 경우가 많았다. 머리 속의 내용들을 써 내려 가는 경우가 많아서 비약적으로 글이 나아갈 때도 많았는데, 다른 사람들이 그 부분이 어디인지, 그리고 어떻게 고치는 게 좋을지 지적해 주어서 재고나 삼고를 쓸 때 글의 흐름을 잡기 편했다.

또한 어휘의 사용이나 연결어의 사용에 대해서도 꼼꼼히 지적받았다. 이제까지의 감탄사나 연결어를 과다 사용하는 버릇도 조금 고쳐진 것 같다. (글을 쓰면서 다른 사람들이 평가한다는 것에 신경을 쓰다보니 조금씩 괜찮아진 것 같다.)

내가 지적받는 것보다 내가 다른 사람의 글을 지적해 주면서 더 많이 배운 것 같기도 하다. 친구들의 글을 읽으면서 어떻게 쓴 글이 잘 쓴 글인지,

어떻게 문단을 배열하는 게 주장을 강조할 수 있는지에 대해 생각하게 되었다.

재고를 쓸 때 그래서 처음에 쓴 글과 때로는 주장하는 내용도 달라지고, 배열이나 나의 주장을 뒷받침해 주는 자료들을 첨가 혹은 삭제하기도 하였다. 그래서인지 초고에서 재고로, 재고에서 삼고로 글이 넘어갈수록 간결하면서도 주장이 확실하게 드러나는 글이 되어간 것 같다.

이건 지적 받는 것과는 약간 별개의 문제이기도 한데, 그냥 제출하고 거기서 끝나는 것이 아니라 내가 아는 사람들이 나의 글을 읽고 평가한다는 생각이 들어 보통 때보다 더 많은 정성을 들여 글을 썼다. 또 재고를 쓸 때 초고 때보다 더 발전했다는 느낌을 주기 위해 열심히 쓴 것 같기도 하고…….

동료는 학생 필자의 초고를 읽고 일정한 기준에 따라 평가 반응을 해 줌으로써, 어떤 점을 어떻게 고쳐 써야 할지, 어떤 내용을 더 보완하거나 삭제해야 할지 등에 대한 정보를 제공해 줄 수 있다. 필자 혼자서 자신의 글을 읽으면서 고치고자 할 때에는 잘 드러나지 않던 문제들이 동료가 읽고 평가 반응을 함으로써 보다 분명하게 드러나게 된다. 학생 필자는 이 점을 고려하여 초고를 고쳐 쓰고, 동료를 설득하기 위하여 글을 수정함으로써 텍스트의 완성도는 훨씬 높아지게 된다.

또한 동료 평가 활동은 학생 필자 자신에게도 도움이 된다. 초고를 쓴 학생 필자들은 자신이 동료 평가의 독자로 활동을 같이 하는 바, 다른 동료의 글을 읽으면서 자신의 글을 다른 관점에서 보는 안목을 터득하게 된다. 같은 문제에 대해서 다른 동료들이 어떻게 내용을 전개했는지, 구성을 어떠한 방식으로 취했는지, 표현 전략을 어떻게 활용하였는지를 평가 활동 과정에서 확인함으로써 텍스트를 보는 안목도 높아지고 자신의 글을 고쳐 쓰는 데에도 긍정적인 영향을 미치게 된다. 다음과 같은 자기 평가는 이러한 동료 평가의 장점을 잘 보여 준다.

차면수

내용

내용 면에서 자칫 착각하고 있었던 것을 알려주고 미처 생각하지 못한 것을 알려준다. 그리고 비평 글을 쓸 때 이것도 저것도 모두 반대하는 모순을 많이 저질렀[sic]는데 나의 글을 다시 비판적으로 보니까 그런 면들이 많이 드러났다. 그리고 글에서 독자들이 어디 설명이 부족하다 하는 것을 채워 넣으니까 글의 이해 면에서 발전이 있고 접속어 등도 많이 지적해 주어서 글이 매끄럽게 달라진다.

구성

글을 처음 쓰니까 구성이 참 힘들었다. 가령 뒤쪽에 있었으면 좋았을 글을 앞에 넣기도 하고 주저리주저리 쓰다 보니까 문단이 안 나누어져서 이해가 힘들기도 하고 서론 본론 결론의 전체적인 흐름이 왔다 갔다 하는 경향도 있었고 하지만 다른 사람들이 거의 다 지적해 주었다. 그래서 같은 내용이지만 이해가 쉽고 글의 요지를 파악하기도 쉬웠다.

다른 사람이 나의 글을 보고 지적해 주는 것도 글이 변하는 데 많은 도움이 되었지만 내가 다른 사람의 글을 보는 것도 많은 도움이 된 것 같다. 다른 사람의 어색한 글을 보면 내 글도 고칠 것이 보이고 잘 쓴 글을 보면 글의 구성, 논점 등을 배울 수 있었다. 자기의 글은 객관적으로 볼 수 있고 다시 나의 글을 보면 좀 더 객관적으로 보게 되어 글이 여러 사람들이 읽기에 부담 없는 객관적인 글로 변하는 것 같다.

동료 평가의 효율을 높이기 위해서는 참여자들이 모두 능동적이면서도 적극적으로 활동에 임해야 한다. 서로가 능동적 협조자가 되지 않으면 동료 평가의 긍정적 기능을 기대하기 어렵다. 또한 학생 필자가 쓴 초고에 대해 건설적인 비판을 제시함으로써 발전의 기초가 될 수 있도록 해주어야 한다. 비난에 가까운 혹평을 한다거나 인신 공격을 하는 것은 동료 평가의 목적에 부합하지 않을 뿐만 아니라, 협동적 작문 학습의 기본 취지를 크게 훼손할 우려가 있으므로 주의해야 한다. 가능하면 긍정적인 면을 찾아 격려하고 그것을 더 발전시켜 더 나은 글을 쓸 수 있도록 협조하는 것이 좋다. 따라서 동료 평가에 임할 때에는 서로가 긍정적이고 능동적인 협조자가 될 수 있도록 노력해야 한다.

동료 평가 활동을 할 때, 평가 반응을 하기 위해서는 일정한 기준이 필요하다. 그 기준은 내재적 기준을 적용할 수도 있고 외재적 기준을 적용할 수도 있다. 내재적 기준이란, 작문 워크숍에 참여하는 학생 필자들이 모둠에서 협의하여 선정하고 결정한 기준을 말한다. 다른 외부적 의견을 참조할 수 있으나, 동료 평가를 할 때 어떤 점을 고려 대상으로 할 것인가를 학생 필자들이 스스로 모둠에서 정할 수 있는데, 이렇게 동료 협의를 통해 선정·결정된 기준이 내재적 기준이다. 외재적 기준이란 작문 워크숍을 지도하는 교수나 강사가 제시한 기준을 말한다. 워크숍의 진행 정도와 상황에 따라 교수나 강사가 평가 반응을 위한 기준을 제시해 줄 수도 있는데, 학생들이 이를 염두에 두고 평가 반응을 한다면 이는 외재적 기준을 적용한 동료 평가 활동이라고 할 수 있다.

평가 활동을 하고 초고에 대한 평가 반응을 진술할 때 대화의 방법으로 할 수도 있고 평가 반응지의 활용하는 방법으로 할 수도 있다. 대화의 방법을 활용할 때에는 한 편의 초고에 대해 모둠원들이 모두 평가 반응을 보여야 하는데, 비판적인 내용을 당사자 앞에서 말로 표현해야 한다는 부담과 중요한 내용은 별도로 메모를 해야 한다는 불편이 따른다. 평가 반응지를 활용할 경우에는 학생 필자가 오래 검토하면서 고쳐 쓸 수 있는 자료를 제공한다는 장점이 있지만, 시간이 많이 걸리고 즉시적인 의사 소통이 불가능한 단점이 있다. 어떠한 방법을 활용할 것인가는 작문 워크숍에 참여하는 학생들의 상황에 달라질 수 있다.

이상에서 동료 평가 활동과 관련하여 논의한 내용을 정리한 다음과 같다.

〈동료 평가 활동 시 주의할 점〉
• 능동적 참여자, 능동적 협조자로서 적극적으로 활동에 참여한다.
• 초고를 고쳐 쓰는 데 도움이 되는 건설적 비판을 지향한다.

〈평가 반응의 기준〉
• 동료 협의를 통하여 설정한 내재적 기준을 적용하는 방법
• 지도 교수나 강사가 제시한 외재적 기준을 적용하는 방법

〈평가 반응의 진술〉
• 대화를 통한 즉시적인 비판 및 의사 소통
• 평가 반응지(rolling paper)를 통한 체계적인 반응

위에서 동료 평가 활동에 대해서 설명하고 소개하였는데, 전통적으로 유지되어 온 고쳐 쓰기의 방법은 필자가 스스로 자신의 글을 읽고 고쳐 쓰는 '퇴고'이다. 그런데 필자가 자신의 글을 읽고 스스로 평가하여 고쳐 쓰는 것은 쉬운 일이 아니다. 타자(他者)의 관점에서 바라보는 비판적 관점이 형성되어 있지 않으면 이는 불가

능한 일이기 때문이다. 다른 사람의 관점이나 안목에서 자신의 글을 비판적으로 읽을 수 있을 때, 자기 스스로 평가하고 판단을 내릴 수 있다. '퇴고'의 유래를 밝혀주는 고사(故事)도 다른 사람에게 자문을 구하는 장면을 보여주고 있다는 점은 이러한 판단의 근거가 될 것이다.

　이러한 이유에서 작문 연구자들은 필자 자신이 독자가 되는 것은 필연적으로 '자아'의 분리가 수반된다는 점을 지적하였다(김정자, 2001:44). 자아가 분리됨으로써, 표현된 내용, 자신이 펼쳐 놓은 주장이나 사고, 정서 등을 객관적 시각, 타인의 시각으로 볼 수 있게 되는 것이다. 이런 점에서 보면, 동료 평가 활동의 경험은 학생 필자에게 타자 의식을 심어주고 이를 평가 활동에 응용할 수 있도록 해준다는 점에서 매우 유용한 것이다. 동료 평가 활동 과정에 참여한 다음에는 자신의 글을 보는 관점과 안목이 달라지는 것이 일반적인데, 이는 바로 동료 평가의 경험이 내면화되어 타자의 관점과 의식을 형성하였기 때문이다.

■ 동료 평가 활동

〈활동의 특징〉

• 능동적이고 적극적인 자세로 참여하며, 건설적인 비판을 지향한다.
• 평가 반응 기준을 적용하여 평가하고 평가 반응을 대화하거나 기술한다.
• 평가 반응의 내용은 가능한 한 구체적으로 한다. 추상적인 평가는 하지 않는다.

▶ 예시

평가 반응의 예 : 대화의 방법을 적용한 사례

A: 우리 합시다, 빨리.
－…
A: 야－(웃음) 돌아가면서(…)
C: 우선(…)
B: 처음에 대선이, 먼저 대선이 꺼를 먼저 하겠습니다.
－…
A: 지금 하는 거야?
B: 어, 하는 거야.
C: 빨리 하자.

B: 야, 우리는 이거를, 검토할 내용을, 장르면 장르, 주제 및 내용을 한 명씩, 요 주제별로 한 명씩 그렇게 하면 되잖아?

C: 응.

B: 그렇지? 그러면 영림이부터.

A: 그러니까, 지금 이게 논설문, 논설문인데, 내가 보기에는 이게 자료는 많은데 니 주장이 그렇게 뚜렷하게 나오지 않고 거의 뒷부분에만 나오잖아? 특히 서론을 봐봐. 논설문에서 서론은 뒤에 이어지는 내용을 포괄하면서 문제제기를 해야하는데, 그렇지 못해.

B: 어, 그래.

C: 영림이가 얘기 했듯이, 네 글 서두는 뭔가 이상해. 무슨 보고문의 앞 부분 같애. 앞에서는 니 주장이 좀 많이 들어가야 된다고(…) 좀 그런 점을 좀 고쳤으면 좋겠다고 이야기를 하겠습(…)

B: 근데 원래 논설문이 주장이(…)

A: 니가 지금 말하는 거가?

B: 아니야 이건 따로 있어. 논설문의(…)

A: 응.

B: 논설문이 어떻게 되지? 어, 서론, 본론, 결론으로 나가지?

A: 응.

평가 반응의 예 : 평가 반응지를 활용한 예

이 글을 쓰신 분은 너무 비디오 자료에만 의존한 것 같아요... 자기 주장이나 의견은 없고, 비디오의 내용을 거의... 그대로 옮겨 놓고 있어서... 이렇게 하면 표절 아닌가요? 아무튼 제가 보기에는 자기가 생각하는 내용도 들어 있으면 좋겠다는 생각이 듭니다. 물론 그것이 주장이라면 근거도 있어야 할 것이고... 다른 자료를 더 찾아 보시면 내용을 보충하실 수 있을 겁니다. 그리고 한 가지 더... 서론이 꼭 결론 같아요. 두괄식도 있다고는 하지만, 이미 결론을 내려버리고... 좀 맥이 풀리는 것 같은 느낌도 들구요.. 그냥 참고하세요.

〈활동지〉

※ 이전의 단계에서 썼던 초고를 바탕으로 하여 동료 평가 활동을 해 보자. 또
는 다음 글을 활용하여 동료 평가 활동을 해 보자.

▶ 자료 글(학생글)

월드컵, 대한민국 그리고 나

우현정

2002년 월드컵은 여러 측면에서 많은 의미를 가진다고 볼 수 있다. 21세기에 가장 먼저 열린 월드컵이며, 아시아에서는 처음으로 개최되는 것과 동시에 한국과 일본의 사상 유례없는 공동 개최라는 월드컵의 새 역사를 쓴 이번 월드컵이 한 달간의 장정을 마치고 그 막을 내렸다. 연일 보도되는 월드컵 소식은 우리에게, 그리고 나에게 많은 것을 생각해 볼 수 있는 기회를 제공했다고 생각한다.

월드컵이 시작되면서 총학생회에서는 대운동장에 큰 영상막을 설치하여 학우들로 하여금 문화 생활을 할 수 있도록 배려하는 일을 하였다. 첫 경기였던 폴란드전은 1승에 목말라 있던 국민들과 함께 여러 모로 관심을 끄는 경기였다. 그 덕분인지 운동장에는 스크린을 설치하여 볼 수 있는 모든 곳에 사람들로 가득 차 있었고 이러한 광경은 나로 하여금 회의감을 불러일으키기에 충분했다. 학생회 일로 많이 지쳐있었던 나는 내가 이렇게 힘들어하는 이유가 무엇일까하는 생각을 자주 해왔었다. 그 해답은 바로 학우들의 무관심이 큰 부분을 차지하고 있었다. ○○○ ○○ 퇴진 운동을 벌일 때에도 리플렛을 나누어주는 학생회 간부들에게 관심은커녕 곱지 않은 시선으로 어깨를 움츠리게 하는 학우들도 있었다. 봄 농활을 준비하면서도 학우들의 냉담한 시선은 피할 수 없었다. 신청서를 나누어주는 간부들을 피해가는 학우들과 신청서를 바로 앞의 쓰레기통에 버리는 학우들까지 보았다. 이러한 학생회일에는 피하는 학우들이 어찌하여 이 월드컵 상영에는 전체 청람학우 중의 절반 가량이 참여할 수 있단 말인가? 정작 옳은 일이라고, 함께 생각해보자는 일에는 무관심으로 일관하던 학우들이 지금 1000명 가량 운동장에 모여있다고 생각하자 회의감이 물밀 듯 밀려왔다. 흥미 위주로 자신이 하고 싶은 것, 쉬운 것만 좇아가는 학우들이 걱정되기까지 하였다. 물론 나 자신도 거기서 완전히 예외가 아니었다는 점에서 더욱 많은 것을 생각하게 되었다.

이번 월드컵은 공교롭게도 지방 총선거와 날짜가 겹쳐져 있었다. 지방 총선거는 우리나라를 이끌고 갈 대표자를 뽑는 중요한 행사라고 할 수 있다. 민주주의의 꽃이 바로 선거라고들 하지 않는가. 그러한 중요한 행사와 월드컵이 겹치면서 문제가 생긴 것이다. 연일 뉴스의 첫 머리를 장식한 것은 한국 대표팀의 선전과 연이은 월드컵 소식이었다. 선거 당일에만 각 지역별 선거 개표 현황을 알리는 방송을 했을 따름이다. 물론 선거 유세 방송이라든지 그러한 것을 하지 않은 것은 아니다. 그러나 국민들은 선거보다는 월드컵에 관심이 쏠려 선거에 관심을 두지 않았다. 나 또한 월드컵 이전에는 처음으로 행사하는 선거권에 대해 무척 기대하고 있었다. 그러나 월드컵이 시작되면서 정치적 유세나 방송에는 관심을 두지 않았고 결국 선거권을 포기하기에까지 이르렀다. 이러한 현상은 과거에 군사 정권에서 의도적으로 정치적인 관심을 돌리기 위해 사용했던 3S 정책의 결과와 유사하다. 과거 군사 정권은 자신들의 정치적 정당성이 그 기반 자체부터 흔들림을 간파하고 여론의 관심을 다른 곳으로 돌릴 방안을 찾고 있었다. 그 방안으로 나온 것이 바로 3S(Sport, Screen, Sex)정책인 것이다. 이러한 정책으로 프로야구 등의 스포츠 분야가 생기게 되는 것은 이미 주지된 사실이다. 이번 월드컵이 과거의 3S 정책처럼 의도적으로 정치적 관심을 돌린 것은 아니더라도 결과적으로 같은 현상을 초래하였다고 할 수 있다. 월드컵 또한 전세계가 함께 즐기는 성대한 행사인 만큼 그 시기를 고려하여 선거의 시기를 조정하였더라면 하는 아쉬움이 남는다.

  총선거 시기와 겹쳐서 문제가 생긴 것과 마찬가지로 4강 경기가 과거 6·25 전쟁의 발발 시기와 겹쳐 6·25전쟁의 의미를 기리는데 어려움이 있었다. 이러한 것은 내가 알고 있는 95학번 선배의 글을 통해 아주 직접적으로 다가왔다.

  "故 박종철 열사의 고문 사건을 주제로 한 드라마가 ○○○에서 방송이 되는 걸 보았습니다... 온 국민이 월드컵에 빠져 오늘이 어떤 날인지를.. 지난 미국과의 경기가 있던 날이 어떤 날이었는지도 까맣게 잊은 채 지나고 말았던 기억이 납니다.. 그래서 오늘은 지난 밤 봤던 故 박종철 열사의 이야기를 아침 특기 적성 시간부터 아이들에게 해 주었습니다... 그리고.. 오늘이 한국전쟁에 대한 이야기를 해 주었습니다.. 오늘은 서울에서 경기가 있다고 아이들이 난리였습니다.. 그래서 오늘은 30분씩 4시간으로 단축수업을 한답니다.. 수업을 제대로 하기는 어려울 것 같네요.. 한국전쟁과 양민 학살에 대한 이야기를.. 故 박종철 열사로부터 시작된 87년 6월 민중들의 이야기를 오늘은 그 30분 동안 아이들과 함께 해야겠습니다... 비록 내가 알고 있는 것은 너무도 부족하지만... 마냥 월드컵에만 빠져 있는 아이들에게 불과 몇 년 전, 몇 십년 전에 일어났던 일들을 이야기하렵니다…"

이러한 선배의 이야기는 나조차도 고개를 들 수 없게 하였다. 나뿐만 아니라 대한민국의 국민들은 대다수가 6·25보다는 월드컵에 관심을 가지고 있었을 것이다. 방송 캐스터나 해설 위원들이라도 지각이 있었다면 한번쯤 말할 법도 한데 그들도 아니었던 모양이다. 역시나 우리들은 과거의 의미 있는 시간들을 현재의 즐거움에 묻어버린 것이다. 물론 전쟁 이야기가 즐거운 이야기가 아니기 때문에 피하려는 심리가 작용했을 수도 있다. 그러나 우리가 겪었던 전쟁은 없어질 수 없는 과거의 사실이며, 또한 후대에 다시 일어나서는 안 되는 것이다. 이러한 역사에 대한 조망은 어느 시대에나 필요한 일이며 가치 있는 일이다. 그 일이 비록 어려운 일이고 즐길 수 있는 일이 아니더라도 선행되어야 함이 마땅하다. 언론과 국민 개개인의 반성이 필요한 시기이다.

위에서 살펴본 바와 같이 이번 월드컵이 부작용만을 일으켰다고 생각하는 것은 성급한 일반화의 오류를 범하는 것이다. 어떤 프로그램에서 월드컵 기간 중의 해외동포들의 모습을 방영한 적이 있었다. 해외 동포들은 한결같이 한국인임이 자랑스럽다고들 했다. 재미 교포는 이민 1세대와 1.5세대, 2·3세대간에 많은 불화와 세대 차이가 있었는데, 이번 월드컵 응원을 계기로 다시 뭉치고, 서로 이해하는 분위기가 조성되었다고 말했다. 또한 이민을 와서 처음으로 한국이라는 나라가 자랑스럽게 여겨졌다고도 했다. 이 두 마디만 보아도 이번 월드컵이 해외 동포 사회에서 어떠한 영향을 끼쳤는지 짐작할 수 있다. 이번 월드컵은 한 민족이라는 자부심을, 대한민국이라는 자긍심을 심어준 계기가 되기에 충분하다. 그 이유야 어찌됐건 해외동포들 사이에서 어려울 때 의지할 수 있고, 서로 도울 수 있는 그러한 공동체적인 분위기를 조성했다는 데서 이번 월드컵은 높이 평가되어야 한다. 개인주의가 난무하고 신자유주의 이데올로기가 세계를 제패한 것이 현대의 모습이다. 그럴 때일수록 다소 역설적으로 보이는 공동체 의식은 없어서는 안될 중요한 핵심요소이다.

이번 월드컵의 가장 큰 이슈는 누가 뭐라 해도 단연 붉은 악마라고 할 수 있을 것이다. 한국 대표팀의 경기가 있는 날이면 붉은 옷을 입은 사람들로 가득찬 경기장, 붉은 물결로 가득찬 거리… 이러한 광경은 보는 이로 하여금 감탄사를 자아내기에 충분했다. 외신기자들은 이러한 모습을 앞다투어 보도하기에 이르렀고, 외국의 언론들은 놀라운 일이라며 크게 보도하였다. 하나된 목소리로 응원가를 부르며 대표 선수들의 경기를 보는 붉은 악마들, 그들은 응원의 새 문화를 열었다는 찬사를 얻기에 이르렀다. 하나로 뭉치는 힘, 그 속에 숨어있는 힘이 한국인들에게 있다는 것이다. 이러한 것은 경기 관람에서만 그쳐서는 안 된다. 어려울 때, 뭉쳐야 할 때 뭉치는 이러한 힘이 사회 전반으로 확산되어 정치·경제적, 문화적인 부분으로 확산되어 나아갈 때 우리나라는 또 한번 세계를 놀라게 할 수 있다. 또 한가지 괄목할 만한 사실은 붉은 악마들이 경기 관람 이후 질서정연한 태도를 보여 휴지를 줍는 등 성숙된 시민 의식을 보여주었다는 것이다. 이러한 의식변화는 앞으로 사회 전반에 걸쳐 이루어지고, 확산될 때 더 큰 의미를 부여받을 수 있을 것이다. 단지 외국에 보여주는 행동이 아닌 가슴에서 우러나와서 행하는 행동일 때 긍정적인 평가를 받을 수 있다.

성황리에 막을 내린 2002 월드컵. 세계인의 축제는 이제 역사로 남게 되었다. 그러한 역사에 대한 고찰과 반성은 앞으로 한국의 미래상 정립에 꼭 필요한 사안이라 생각된다. 잘된 점은 발전시키고 고쳐야할 점은 바로 고치는 것이 필요하다. 우리는 이번 월드컵을 선진사회, 선진국가로 나아가는데 밑거름으로 삼아야할 것이다.

〈평가 활동〉

제 4 강 고쳐쓰기, 편집 및 발표하기

1. 고쳐쓰기
2. 편집 및 발표 활동

1. 고쳐쓰기

고쳐쓰기는 초고를 평가 반응을 고려하여 수정하여 다시 쓰는 단계이다. 고쳐쓰기의 단계를 거침으로써 초고는 좀더 체계적이고 목적에 맞게 다듬어질 수 있다. 이 단계에서는 평가 활동에서 지적된 내용을 고려하여 초고에서 부족한 부분을 보충하고 보완하여, 불필요한 내용은 삭제하고 수정하여 재고를 작성한다.

학생 필자들은 초고를 고쳐 쓰는 것을 매우 귀찮아하는 경향이 있다. 초고를 완성하면 작문의 과정이 끝났다고 생각하는 경향이 많기 때문이다. 그러나 작문에서 완결되는 과정이란 존재하지 않는다. 끊임없는 고쳐쓰기의 과정이 있을 뿐이다. 사실, 우리에게 명문장으로 알려진 것도 끊임없는 고쳐쓰기에 의해 탄생한 것이 대부분이다. 그런 만큼 고쳐쓰기 단계는 결코 무시하거나 생략할 수 없는 중요한 단계라고 할 수 있다.

작문 워크숍에서 단계로 설정하고 있는 고쳐쓰기는 수정하기와 다른 의미를 지닌다. 수정하기는 각 단계에서 즉각적으로 일어나는 표현이나 내용의 변경을 뜻한다. 그래서 지우기 어려운 펜으로 작성하는 과정에 있다면, 수정하기는 첨가, 변경, 삭제 등의 교정 부호를 이용하여 표기되는 것이 일반적이다. 따라서, 고쳐쓰기가 이루어지는 동안에도 수정하기는 일어난다. 더 적절한 단어나 문장을 쓰기 위해서, 더 정확하고 효과적인 표현을 구사하기 위해서 수정은 지속적으로 일어나는 것이다. 그래서 수정하기를 탐구해 가면, 필자의 인지과정이 어떤 영향을 받아 표현을 어떻게 바꾸어 갔는지를 파악할 수 있다.

이에 비해, 고쳐쓰기는 하나의 작문 과정의 단계로 설정된 것이다. 평가 반응을 기초로 하여 초고를 고치는, 종합적인 과정으로서의 단계인 것이다. 고쳐쓰기는 작문 과정의 한 단계인 만큼, 고쳐쓰기를 효율적으로 하기 위하여 이 단계 안에서 필요에 따라 내용 생성이나 조직의 방법이 더 활용할 수도 있고 협의하기와 같은 활동을 더 수행할 수도 있다.

초고를 고쳐 쓸 때에는 거시적 관점으로부터 시작해서 미시적인 관점으로 옮겨 가면서 초고를 세밀하게 검토한다. 이 때 동료들이 지적하여 준 평가 반응을 꼼꼼하게 대조하고 검토한다. 이를 바탕으로 하여, 먼저 글의 목적과 예상 독자에게 맞게 구성이 이루어졌는지를 판단해 보고, 이에 따라 적절하게 고쳐 쓴다. 이러한 거시적인 고쳐쓰기가 완성되면 문단, 문장, 단어의 구성과 표현을 검토하고 수정하는 단계를 거친다.

작문 워크숍에서 초고를 효율적으로 수정하기 위하여 다음과 같은 질문을 능동적으로 활용할 수 있을 것이다(박영목, 1997:278~281).

〈글 수준에서 고쳐 쓸 때의 기준〉
- 글의 서론
  - 글의 서론이 적합한가? 그 서론이 흥미롭고 적절한가?
  - 명료하게 진술된 주제문을 포함하고 있는가?
  - 글의 서론이 글 전체의 전개 계획을 명백하게 제시하고 있는가?
- 글의 본론
  - 글의 본론이 일정한 단계로 배열되어 있는가? 독자가 그 단계를 쉽게 알 수 있는가?
  - 글의 본론에서 세부 내용은 중심 내용을 잘 뒷받침하는가?
  - 글의 논리는 타당하고 근거가 충분한가? 주장에 대한 대안을 담고 있는가?
- 글의 결론
  - 본론의 논리나 내용과 일치하는가?
  - 글의 결론은 예상독자에게 적절한가?
  - 글의 결론은 타당한가?
- 글 전체
  - 글 전체가 긴밀하게 구성되었는가? 필요한 세부 내용을 적절히 제시하였는가?
  - 주제, 관점, 태도, 표현 등의 일관성이 유지되고 있는가?
  - 적절한 제목을 사용하였는가?
  - 글의 도입은 독자의 흥미를 끄는 표현인가?

〈문단 수준에서 고쳐 쓸 때의 기준〉
- 각 문단들은 논리적으로 전개되었는가?
- 각 문단들은 글 전체에 적절히 기여하는가?
- 각 문단은 하나의 중심 생각을 담고 있는가?

• 각 문단은 통사적 긴밀성과 의미적 통일성을 보이는가?

〈문장 수준에서 고쳐 쓸 때의 기준〉

• 다양한 문장 형식이 사용되었는가?

• 문장의 길이는 적절한가?

• 문장은 간결하게 표현되었는가?

• 문장은 의미를 명확하게 표현하고 있는가?

• 수식어와 피수식어는 바르게 연결되었는가?

• 주어와 서술어의 호응은 적절한가?

• 문장과 문장이 논리적으로 연결되었는가?

〈단어 수준에서 고쳐 쓸 때의 기준〉

• 단어의 사용은 명료하고 정확한가?

• 글의 문맥과 관련하여 단어 사용이 적절한가?

• 지나치게 추상적인 단어를 사용하였는가?

〈표기의 적절성을 확인하는 기준〉

• 국어 맞춤법에 따라 표기하였는가?

• 적절한 문장 부호를 사용하였는가?

■ 고쳐쓰기

〈활동의 특징〉

• 평가 반응을 참고하여 고쳐쓰기의 계획을 설정한다.

• 거시적인 관점으로부터 미시적인 관점으로 초고를 읽는다.

• 고쳐쓰기에 도움을 주는 질문들에 답하면서 고쳐 써야 할 점을 확인한다.

• 고쳐 쓰는 과정에서도 수정하기, 내용 생성 및 조직의 방법 등을 적극 활용한다.

무책임한 정책.. 반성해야....

강연숙

한 나라의 정치는 국민의 목소리가 모여 이루어져야 한다. 그리고 그것은 국민의 삶의 질을 높여 주는 것이어야 한다. 정책이 한번 결정되고 직접 시행되고 나면, 그것은 다시 돌이키기 어려우므로 정책의 결정에는 신중에 신중을 거듭하여야 한다.

동강댐 예정지 고시에서부터 백지화까지, 가수리엔 어떠한 일들이 있었는가? 사이좋던 씨족 마을이었던 가수리에서 점차 서로간에 거리가 생기고, 인심도 나빠졌으며, 친구나 친척들간에도 서로 이해를 달리하면서 멀어졌다. 찬성과 반대로 나뉜 주민들간의 갈등의 골은 돌이킬 수 없이 깊어갔다. 각종 규제에 묶여 영농 기반 시설 확충이나 주택의 증·개축이 불가능해졌다. 또 수몰 예정지역이란 이유로, 중앙, 지방 정부로부터 각종 정책에서 제외되어야만 했다. 땅을 소작하여 간간히 생계를 유지하던 농민들은 그 땅마저 주인에게 돌려주어야 했다. 농촌 부채는 늘어만 갔고, 530여 농가 2000여명의 주민들이 파산 직전에 놓이게 되었다. 댐건설 백지화 이후 가수리 주민들의 피해에 대한 정부의 보상은 무엇하나 찾아 볼 수 없다.

성급했던 정책의 추진으로 인해 정부는 환경 단체와 줄다리기를 하고, 결국은 지고 만다. 그리고 결국 댐건설 백지화 표명. 그야말로 권력의 횡포가 아닐 수 없다. 그 아래 군림하는 백성들은 그 횡포에 휘둘릴 뿐 아무런 힘이 없다. 무책임한 행정이 아닐 수 없다. 정부는 정책을 결정하기 전 주민들의 이야기에 좀 더 귀를 기울였어야 했고, 당장 눈앞에 보이는 이득만이 아닌 그 배후에 있는 것들까지도 고려하는 신중함을 보였어야 한다.

결국 정책은 백지화로 인해 아무 일 없었던 듯 모두 무산되어 버리고 그 전의 상태로 되돌아갔다. 하지만 가수리엔 너무나 큰 상처들이 남았다. 되돌리고 싶지만 되돌려지지 않는다. 친구를 잃고, 친척을 잃고, 심지어는 아내를 잃었다. 경제적으로 궁핍해진 것은 말할 것도 없다. 고래 싸움에 새우등 터진다고 하더니, 정부와 환경 단체와의 오락가락 하는 싸움에 힘없는 주민들만 농락당한 샘이다.

정부는 국민이 있기에 존재의 의미가 있다. 국민을 위한 정책이 이루어져야 하고, 그에 마땅히 책임을 져야 한다. 지금 가수리의 모습은 어떠한가? 무책임한 정부는 반성하여야 한다.

▶▶ 예시문 2 : 고쳐쓰기(재고)

공공 정책은 공익 실현이다.

강연숙

국내 최대 환경 쟁점 중 하나로 꼽히는 동강댐 건설 계획이 10년 만에 사실상 백지화되었다.

공공 정책의 일환으로 이루어지던 동강댐 건설이 사회 문제의 일환으로 왜 그렇게 큰 논쟁 문제로 부각되었다 백지화되었을까? 필자는 이런 의아심을 갖고, 영월의 동강댐 건설이 정부의 실패로 백지화되었다는 입장에서 고찰해 보고자 한다.

아래 글을 통해서 동강 댐 건설에 따른 문제점과 논쟁 문제에 대하여 알아보자.

영월의 동강댐이 건설되면 상류 지역 영월 정선 평창 일대 660만평이 수몰된다. 이 수몰 지역에는 래프팅의 명소인 어라연 계곡, 백룡 동굴, 연포 동굴, 능암 덕산 동굴 등 50여 개의 동굴이 포함되는데 희귀 동물들의 서식지가 파괴된다. 많은 자연 친화론자들은 댐이 건설되면 생태계에 미치는 영향은 치명적이며, 우리 나라의 유일한 비오리 번식처가 훼손된다고 평가했다. 또 지질 시대 화석종들이 동강 동굴 내에서 출토되고 있으나 댐 건설로 한반도 생물 역사의 큰 공백을 가져온다고 주장하였다.

이에 대해 정부는 자연 친화론자들의 생각이 지나치게 감상적이라는 잣대를 든다. 환경을 위해 사회간접 자본을 건설하지 말아야 하느냐는 것, 2011년 이후 수도권에 필요한 물이 부족하다는 것이다. 정부 관계는 갈수기에 충분히 하천 유지 용수를 공급해 하천 경관 및 생태계를 보호하고 수몰지 내의 이식 가능한 희귀 수종 및 향토 자생 수목을 댐 주변에 이식해 자연 학습 공간을 조성하는 대안도 내놓았다.

윗 글을 통해서 우리는 자연 친화적 입장과 자연 개발·이용 가치의 입장이 팽팽한 논쟁으로 부각되고 있음을 쉽게 알 수 있다. 이러한 문제의 보편적인 대안과 해결 방안은 이익 형량의 법칙과 규범 조화적 해석에서 찾을 수 있다. 즉, 개발을 하면서 최대한의 자연을 훼손하지 않는 방법, 자연을 훼손하지 않고도 문제의 해결점을 찾는 대안을 의미한다.

그렇다면, 정책 결정자는 어떠한 부분에 성급한 오류와 모순을 남겼는가?

첫째, 정책을 통하여 이루고자 하는 바람직한 목표가 명확하고 구체적이며, 상호모순이나 충돌이 없었나 하는 것이다. 동강댐 건설의 목표로 위정자들은 용수 문제 해결을 손꼽을 것이다. 하지만, 공익은 용수 문제 해결만이 아니라 자연으로부터 얻을 수 있는 이점과 영월 동강댐 주민들의 보금자리와 일터 문제도 고려되어야 한다는 것이다. 하지만 정부는 동강댐 주변의 생태 문화적 가치와 주민의 생존권을 소홀히하였다. 만약 동강 댐 주민의 생존권을 중시하였다면, 보상 대책이 명확하게 이행되어져야 했을 것이다. 10년이라는 동강 댐 건설 계획이 추진되는 동안 동강댐 주민들에게는 아무런 보상이 이루어지지 않았다. 수몰 예정지역이란 이유로 여러 불이익을 받았던 가수리 주민들은 결국 파산위기에 놓여 있지만, 결국 그것은 주민들 스스로가 짊어져야 할 과제로 남겨졌다.

둘째, 이러한 정책 목표를 설정함에 있어서 국민적 동의와 지지를 얻을 수 있는 과정이 선행되었는가 하는 것이다. 동강댐 주변은 생태 문화적 가치가 높은 지역이므로 쉽게 사회 문제로 제기될 수 있었다. 이와 같이 대다수 사람들과 해결 가능한 문제로 상정된 사회 문제의 일환인 '동강댐' 건설에 있어 정책 결정과정 상의 문제 중 국민적 동의와 지지를 간과한 것이다. 어떤 문제가 중요한 정책으로 제기된다면, 전문가들과 그 지역 주민들의 정서, 경제적 비용, 효과성, 능률성을 타진한 후 자연 보호와 개발의 형평성을 고려하는 것이 급선무일 것이다. 하지만, 신문과 언론 기사의 대체적인 입장의 사설이 지역 주민의 지지와 동의를 받지 못한 채, 편 나누기식 정책을 일삼았다는 것이다. 이것은 민주주의에서 가장 중요한 국민의 동의 즉, 국민에 의한, 국민을 위한 정책을 간과한 것이다.

셋째, 동강댐은 사실상 아무런 대책 없이 백지화가 되었다. 동강댐의 백지화 이후의 새로운 대안이나 새로운 특정 지역이 선정되지 않았는데도 불구하고 동강 댐 건설을 백지화한 것을 보면, 동강댐 건설이 그렇게 시급한 문제였고, 또 꼭 동강댐을 건설해야 했었나 하는 의아심을 갖게 한다.

이런 세 가지 범주에 입각하여 정부의 정책적 실패에 따른 동강댐 건설 계획의 문제점에 대하여 살펴보았다. 공공 정책은 국민에게 큰 영향력을 행사하기 때문에 결정 과정 상에서 국민의 동의와 지지를 바탕으로 신중성을 기해야 한다.

이러한 문제를 통해서 정책 결정에 대한 새로운 인식과 논쟁 문제 해결 방법에 대한 해결 빙인을 인식하게 되었다. 국민이 정치에 대하여 무관심올 표할 때 소수 정치인에 의하여 모든 정책과 대안이 강행한다는 사실은 동강 댐 건설 문제에서 보듯이 자명한 것이다. 우리는 민주주의 사회에 살고 있다. 우리가 바로 나라의 주인인 국민이라는 것이다. 국민의 의사와 여론을 무시하는 정책은 날카롭게 비판받아야 한다.

〈활동지〉

※ 이전의 단계에서 썼던 초고를 바탕으로 하여 고쳐쓰기를 해 보자.

- 주제 :
- 제목 :
- 고쳐 써야 할 내용
  - 글 수준 :
  - 문단 수준 :
  - 문장 수준 :
  - 표기 수준 :

동료 평가 활동지

모둠 _____   이름 _____

※ 필자의 글을 읽을 때, 마음 속으로 다음 질문들을 해 본다. 아래쪽에 그 내용을
   적을 수 있다.

• 이 글에서 마음에 드는 것은 무엇인가?

• 더 알고 싶은 것은 무엇인가?

• 필자의 중심 논지는 무엇인가?

• 세부 내용들에는 무엇이 있는가?

• 어떤 조언을 해줄 수 있을까?

• 글의 흐름을 방해하는 부분은 어디인가?

• 필자의 의도를 살리면서 삭제할 요소는 무엇인가? (단어, 구, 문장, 단락등)

총평 :

〈참고 자료 2〉

동료 평가 활동 지침

동료 평가 활동의 목적은 좀 더 좋은 글을 쓰기 위해서 구성원이 서로서로를 돕는 데 있다. 다음에 제시한 것들은 필자가 자신의 글을 읽을 때, 또는 다른 사람이 쓴 글에 반응을 보일 때 염두에 두어야 할 것들이다. 이 점에 주의하면서 동료 평가 활동에 능동적이면서도 적극적으로 참여해 보자.

1. 협조적인 독자가 된다. 다른 사람이 쓴 글을 읽을 때는 충실하고 꼼꼼하게 읽는다.

2. 대화와 비판의 예의를 지키고 친절하게 대한다.

3. 글에만 주의를 기울이며 신경을 쓴다.

4. 모든 글에서 긍정적인 무엇인가를 찾도록 항상 노력한다.

5. 글을 보다 낫게 할 수 있는 요소를 발견토록 한다.

6. 평가 반응을 구체적으로 한다. 추상적인 평가와 진술은 피한다.
   • 중심 생각이라고 생각한 바를 말한다.
   • 글에서 가장 좋다고 여겨지는 부분을 이유를 들어 말한다.
   • 특히 흥미롭다고 여겨지는 내용을 말해준다.
   • 좀더 써야 할 부분에 대해서 말한다.
   • 혼동되는 내용, 따분한 부분을 말한다.
   • 직문성의 문세를 해결힐 수 있는, 누구나 직용가능한 구체직인 소인을 한다.

〈참고 자료 3〉

고쳐쓰기 점검표

모둠 : _____   이름 : _____

1. 내가 말하고자 한 바를 썼는가?

2. 나의 글은 초점을 유지하고 있는가?

3. 내가 말한 바를 독자들은 이해할까?

4. 글의 주제나 중심 내용은 뚜렷한가?

5. 서두는 힘이 있는가? 독자를 사로잡을 수 있겠는가?

6. 세부내용이 중심생각을 뒷받침하고 있는가? 예는 제시하였는가?

7. 결론에는 최종 논지와 요약이 포함되어 있는가?

8. 제시된 정보는 모두 필요한 것들인가? 삭제해야 할 단어, 구, 문장, 단락은 없는가? 군더더기가 없는가?

9. 좀더 생각을 진전시켜야 할 부분이 있는가?

10. 글에 단일성이 있는가? 부분이 모여 하나를 구성하는가?

11. 단락에 응집성과 통일성이 있는가? 각 단락은 하나의 중심 생각을 담고 있는가?

12. 문체는 주제에 어울리는가? 문체는 일관성이 있는가?

13. 이 글에서 가장 좋다고 생각하는 부분은 어디인가? 그 이유는?

14. 가장 못마땅한 부분은 어디인가? 그 이유는?

15. 좀 더 낫게 고쳐야 할 부분은 어디인가? 어떻게 고칠 수 있을까?

2. 편집 및 발표 활동

편집은 재고로 작성된 텍스트를 한글 맞춤법과 같은 규범에 비추어 조정하고 수정하는 활동이다. 고쳐쓰기 단계에서도 규범을 반영한 수정은 이루어질 수 있으나, 고쳐쓰기 단계도 의미 구성에 초점을 두는 만큼 규범을 적용하여 점검하는 것에 얽매이지 않는 것이 좋다 따라서 맞춤법과 같은 기계적인 요소(mechanics)들은 편집과 같은 활동에서 별도로 다룰 수도 있다.

편집 활동에서는 맞춤법 등과 관련된 요소를 주로 고려하고 의미 구성과 관련된 부분은 잘 고려하지 않는다. 의미와 관련된 문제들은 이전 단계에서 적절히 완성된 것으로 간주한다. 물론 이 단계에서 문제가 발견된다면 수정은 가능하지만, 이것이 이 활동의 본질은 아니다. 표기와 띄어쓰기, 문장 부호 등의 사용이 규범에 맞는지를 신속히 판단하는 단계인 것이다.

편집하기는 맞춤법과 관련된 내용을 주로 다르기 때문에 활동 과정에서 각종 사전을 효율적으로 활용할 필요가 있다. 맞춤법과 관련된 각종 규범을 모두 기억하는 것은 매우 어렵기 때문이다. 그리고 정확한 단어 사용 여부를 판단하고, 표기가 바른지를 판단하는 데에도 사전을 활용해야 한다. 표준어를 써야 하는 경우라면, 표준어인지 비표준어인지를 사전을 통해서 확인할 수 있기 때문이다. 물론 사전은 단어의 정확한 개념적 의미를 알려주므로, 단어의 적확한 사용 여부도 판단할 수 있게 해 준다.

발표하기는 고쳐쓰기를 통하여 완성된 텍스트를 독자와 공유하는 활동이다. 초등이나 중등 단계에서는 학급내의 게시물이나 수업 시간을 활용하여 발표할 수 있다. 그러나 작문 워크숍에서는 이러한 발표 이외에 공적인 지면을 통한 발표를 권장한다. 인터넷 사이이트에 게시하는 방법도 있고, 각 학과의 소식지나 학회지 등에 게시하는 방법도 있으며, 더 공적으로 신문이나 다른 인쇄 매체에 투고하는 방법도 있다. 발표를 하는 적절한 형식은 텍스트의 성격 등에 따라 다르게 선택하는 것이 좋다.

공적이고 사회적인 발표를 권상하지만, 발표하기를 꼭 이러한 방법에만 의존할 이유는 없다. 발표를 통해서 하나의 텍스트가 어떻게 기능하며 의사 소통에 기여하는지를 확인할 수 있다는 점에 더 무게를 둘 필요가 있다. 따라서 상황에 따라서는 작문 워크숍에 참여한 학생 필자들만의 문집을 운영할 수도 있고 인쇄하여 문집을 발간할 수도 있을 것이다.

발표하기는 다른 사람과 글을 공유하는 것인데, 이는 동료 평가에서 읽었던 경험과는 또 다른 차원의 경험을 제공한다. 동료 평가 반응을 적극적으로 고려하여 초고를 수정하였지만, 그대로만 수정한 것이 아니라 필요한 내용은 더 추가하고 조정하여 고쳐쓰기를 하였기 때문에 새로운 텍스트가 된다. 그래서 동료 평가에 참여했던 학생이라 할지라도 발표하기에 충분히 참여할 수 있다. 텍스트의 장르에 따라서는 발표하기가 새로운 작문의 과정을 유발하는 장치로 기능하기도 한다. 예를 들면, 비평문 쓰기와 같은 경우라면, 발표된 필자의 견해와 다를 때, 발표된 텍스트의 문제를 지적하지 않으면 안 될 때, 반박문(반비평문)이 씌어질 수 있다. 바로 이러한 반박문(반비평문)은 발표하기로부터 비롯되는 바, 발표하기가 새로운 작문 과정의 시작을 유도하고 상황을 조성해 준다.

■ 편집 및 발표 활동

〈활동의 특징〉
• 텍스트를 꼼꼼하게 읽고 규범에서 벗어난 표기 오류를 찾는다.
• 사전과 같이 명확한 전거에 비추어 수정하거나 바로잡는다.
  – 사전의 종류 : 백과사전, 국어사전, 분류사전, 상징어 사전, 시어사전 등
  – 사전이 주는 이점
    ① 사전에는 단어들이 자모순으로 수록되어 있다. 페이지의 상단에 있는 머리말이 단어 찾기를 쉽게 해 준다.
    ② 사전은 단어의 표준 발음을 제공한다.
    ③ 사전은 단어의 올바른 철자, 뜻을 제공한다. 어떤 사전은 단어의 어원을 제공하기도 한다.
    ④ 사전은 다양한 관용어를 제공한다.
    ⑤ 사전은 단어가 문장에서 사용되는 용례를 보여 준다.
    ⑥ 사전은 동의어를 보여 준다.
• 편집과 발표 활동에 적극적으로 참여한다.
• 편집 활동을 할 때에 다음과 같은 편집자 체크 리스트를 활용할 수 있다.

〈편집자 체크리스트〉

제목 :

	예	아니오
1. 문장이 올바른 마침표가 있다.	_____	_____
2. 문장이 완결되었다.	_____	_____
3. 단락이 들여쓰기가 되었다.	_____	_____
4. 쉼표가 복문 및 일련의 항목 열거에 쓰였다.	_____	_____
5. (필요한 곳에) 인용 부호가 올바르게 쓰였다.	_____	_____
6. 철자가 맞다.	_____	_____
10. 불필요한 단어, 구, 문장이 제거되었다.	_____	_____
11. 동음이의어 사용이 올바르다.	_____	_____
12. 주어와 서술어가 일치한다.	_____	_____
13. 괄호가 올바르게 쓰였다.	_____	_____
14. 줄표가 올바르게 쓰였다.	_____	_____

〈참고 자료〉: 교정 부호

교정 부호

부호	뜻	예
∨	붙여 쓴 곳을 띄우기	과일의향기
⌒	띄어 쓴 곳을 붙이기	장미 의 향기
⟀	필요 없는 곳을 지우기	은근한 청역좌 사상
ⓛ	지운 것을 살리기	ⓛ 숭고한 아름다움
∧	빠진 문장 부호를 넣기	학교, 학생 선생님
∿	필요 없는 글자를 빼기	학습과하여
∽	글자의 순서를 바꾸기	분지생면하여
	두 줄을 한 줄로 잇기	우리의 앞날에← 서광을 비춰 줄
⌐	한 줄을 두 줄로 바꾸기	지나치다. 그러나

〈활동지〉

> ※ 이전의 단계에서 활동했던 텍스트를 아래에 오려 붙이고, 이를 바탕으로 하여 편집하기 활동을 해 보자. 또는 다음 예시문을 활용하여 편집 활동을 해 보자. 그리고 그것을 발표하여 보자.

• 주제 :
• 제목 :

〈오려 붙이기〉

세종과 훈민정음

조선의 제 4대왕 세종은 정치, 경제, 문화면에 훌륭한 치적을 쌓아 수준 높은 민족 문화의 창달과 조선 왕조의 기틀을 튼튼히 하였다. 특히, 글에 대한 관심과 재능이 많아 다수의 책을 편찬하였다. 이러한 정성과 뛰어난 자질은 몸소 훈민정음 곧 한글은 만들어냄으로써 유감없이 빛을 내었다.

오늘날 이 지구상에는 여러 종류의 글자가 쓰이고 있지만, 이러한 여러 글자 가운데에서 한글은 만든 목적이 뚜렷하고 만든 사람이 분명한 글자의 하나이다. 이러한 한글의 독보적(獨步的)인 특성은 사실은 한글이 만들어졌던 시대적, 역사적, 사회적 배경이 한글 창제를 요구하고 있었다는 것을 의미한다.

이러한 배경 하에 한글은 그 우수성을 세계적으로 인정받아 왔다. 그 중에서 내가 강조하고자 하는 것은 백성이 쓸 수 있는 글은 창제하기로 마음먹은 세종의 심적인 동기이다. 한글 창제의 동시는 훈민정음 서문에 간결하게 나타나 있다. '우리나라 말은 중국 글과 서로 맞지 않다'는 자주 정신, '그래서 백성들이 말하고자 하는 바가 있어도 제 뜻을 펴지 못하기 때문에 글자를 만들었다.'는 민주적인 의식은 당시로서는 무척 진보적인 것임에 틀림없다.

즉, 한글의 자주성과 민주성은 민족 불굴의 의지를 상징하는 우리의 정신적인 지주라고 할 수 있다. 실제로, 일제 36년간의 혹심한 탄압에도 불구하고 많은 선각자들과 독립투사들의 희생을 감수하면서까지 우리의 글은 민족의 얼과 더불어 강인하게 지켜져 오늘날에 이르고 있는 것이다.

그러나 우리 주변에는 아직도 4천 년에 걸쳐 맥맥히 이어온 한민족의 긍지와 조상들의 빛나는 위업을 올바로 이해하기조차 거부하고 심지어는 민족의 역사를 부인하면서 이단적인 주체성만을 외치는 부류들이 있다. 이들이 이처럼 민족의 정통성에 거역하면서 스스로를 민족의 연면성에서 단절해 놓은 채 말로만 주체성을 부르짖고 있는 것은 오늘날 우리 민족에게 부여된 시대적 사명을 망각한 처사라고 보지 않을 수 없다.

우리 민족의 문자 한글 속에서 우리의 재질, 창조력, 자주성, 그리고 불굴의 의지를 찾아 볼 수 있으며 이 모든 것이 다름 아닌 우리 민족의 저력임을 다시 한 번 자랑스럽게 생각해야 한다. 또한 한글을 창제하여 빛나는 문화 전통을 수립한 우리 민족의 슬기와 예지, 그리고 민족의 주체성을 커다란 긍지로 자부하여야 한다.

제 5 강 자기 소개서 쓰기

1. 개념 및 필요성

자기 소개는 다른 사람에게 자기 자신을 알리는 것이다. 자기를 소개하는 방법에는 여러 가지가 있지만, 글을 써서 자기를 소개해야 하는 경우도 있다. 학교 내의 동아리나, 사회의 어떤 기관이나 단체 등에서 사람을 채용하고자 할 때 자기를 소개한 자기 소개서를 요구하는 경우가 많기 때문이다. 외국에서는 대학 신입생을 선발할 때 자기 소개서를 제출하는 것이 관례화되어 있고, 평가의 중요한 항목으로 간주된다.

대학, 회사 등 사회 기관이나 단체에 들어갈 때 이러한 자기 소개를 요구하는 이유는 자기 소개서의 내용을 바탕으로 하여 지원한 그 사람이 적합한 인물인지를 효율적으로 판단할 수 있기 때문이다. 아울러 일정한 형식에 맞게 내용을 선정하고 배열하여 수준 높은 자기 소개서를 쓸 수 있는 '작문 능력'은 곧 그 사람의 인지적 능력을 드러내어 주는 것으로 판단할 수 있기 때문이다. 작문이 곧 문제 해결의 과정이라고 한다면, 자기 소개서를 요구하는 기관이나 단체의 조건에 맞게 쓸 수 있다는 것은 곧 높은 수준의 문제 해결 능력을 지니고 있음을 보여주는 것이다.

따라서 자기 소개서에 대한 학습은 사회에서의 기능적인 역할을 대비하는 중요한 수단을 익히는 과정일 뿐만 아니라, 다음과 같은 이유에서 작문 능력을 효율적으로 기르기 위한 방법이기도 하다.

첫째, 자기 소개서는 작문의 주요 요인인 작문의 목적과 예상독자를 인식하면서 써야한다. 자기 소개서는 그것을 요구하는 기관이나 단체에 따라 형식, 내용 등이 크게 달라진다. 자기 소개서를 읽을 독자가 다르고 자기 소개서를 요구하는 목적이 다르기 때문이다. 그래서 자기 소개서를 쓸 때에는 누가, 어떠한 목적으로 읽는가를 염두에 두지 않으면 안 된다. 이를 분명하게 인식해야 자기 소개서에 포함될 내용을 적절하면서도 효율적으로 선정하고 배열할 수 있다. 이처럼, 자기 소개서는 작문의 주요 요인인 예상독자를 구체적으로 인식하면서 쓰는 장르라는 점에서 작문 학습의 중요한 방법이 된다고 할 수 있다.

둘째, 자기 소개서 쓰기는 특별한 내용 생성의 전략이 요구되지 않는다. 작문의 과정에서 필자들이 겪는 큰 어려움 중의 하나는 '쓸거리'를 올바로 마련하지 못하는 것이다. 그래서 미숙한 필자는 쓸 내용이 떨어지면 작문을 멈추게 되고, 특별한 전략을 알고 있지 못한 경우에는 작문을 포기하게 된다. 이러한 이유에서 인지주의 작문 이론에서는 '내용 생성 전략'에 깊은 관심을 기울여 왔던 것이다. 그런데 자기 소개서는 자신의 이야기를 쓰는 것이므로 특별한 전략이 없이도 쓸 내용을 다양하게 마련할 수 있다. 미숙한 필자에 대한 작문 학습일 경우, 필자 자기 자신과 관련된 내용을 '쓸거리'로 삼도록 하는 것은 바로 이러한 이유 때문인 것이다. 자기 소개서는 이와 같은 장점이 있다.

2. 활동의 절차

- 간이 수업에서 자기 소개서의 개념과 중요성, 그리고 이에 대한 학습의 필요성을 충분히 이해한다.
- 자기 소개서와 관련된 자신의 경험이나, 알고 있는 다른 사람의 경험을 발표한다. 이를 바탕으로 하여 자기 소개서 쓰기의 동기를 형성하고 이에 대한 학습의 중요성을 깊이 이해한다.
- 예시문을 읽고 자기 소개서의 일반적인 형식과 내용, 목적을 이해한다. 그리고 이에 대한 필자의 인식이 자기 소개서를 쓰는 과정에 어떻게 영향을 미칠지를 생각해 보고 토의한다.
- 작문 과제에서 요구하는 자기 소개서를 쓰고, 돌려 읽는다. 그런 다음, 다른 사람의 평가 반응을 듣고 자기 소개서를 수정한다.

3. 활동의 응용

자기 소개서 쓰기는 다양한 형태로 응용할 수 있다. 근래에 들어 사람을 뽑거나 채용할 때 자기 소개서를 요구하는 곳이 크게 늘었을 뿐만 아니라, 자기 소개서만으로 선발을 하는 경우도 많아졌기 때문이다. 이러한 상황을 이용하여 자기 소개서의 중요성과 의의를 찾아볼 수 있을 것이다.

우선, 자기 소개서를 요구하는 사회 기관이나 단체는 어떠한 곳이 있는지를 찾아보고, 그곳에서 자기 소개서를 요구하는 이유가 무엇인지를 조사하여 발표할 수 있다. 사람을 평가할 수 있는 방법이 여러 가지가 있음에도 불구하고 굳이 자기 소개서를 요구하는 이유가 무엇인지를 확인해 봄으로써 자기 소개서가 지닌 의의를 발견할 수 있다. 자기 소개서를 요구하는 사회 기관이나 단체에 학생 필자들이 직접 방문하여 그 이유나 목적이 무엇인지를 조사하면, 자기 소개서의 특징이나 이것이 지닌 장점을 더 쉽게 이해할 수 있다. 이는 자기 소개서의 중요성과 필요성을 잘 보여줄 것이다. 특히, 자기 소개서의 제출이 일반화되어 있는 외국의 사례를 조사하여 발표하는 것도 자기 소개서의 특징과 의의를 이해하는 데 도움을 제공할 수 있다. 선진 외국에서는 자기 소개서가 매우 중요한 자료로 쓰이는 경우가 많은데, 이러한 사례들을 조사하여 발표할 수 있다. 이 과정에서 현재 우리 나라에서 통용되고 요구되는 자기 소개서와 선진 외국에서 활용되고 있는 자기 소개서의 형식적 차이, 내용적 차이 등을 같이 검토할 수 있어 유용한 점이 있다.

자기 소개서 쓰기는 자서전 쓰기와 일정한 관련성이 있기 때문에 활동의 확장으로서 서로 넘나들 수 있다. 자기 소개서 쓰기는 목적 지향성이 강하게 드러나고, 이에 따라 내용과 형식이 제약을 받는 특징이 있지만, 자서전을 이러한 목적성이 적고 내용과 형식에서 비교적 자유롭다. 그러나 글을 쓰는 대상을 모두 필자 자기 자신으로 삼고 있다는 점에서 공통점이 있으며 모두 필자 자신을 되돌아보는 반성성(reflectivity)을 바탕으로 삼고 있다는 점에서도 공통점이 있다. 외국의 한 유수한 대학에서는 입학 작문 시험으로 자서전 쓰기를 요구하는 경우도 있는 것으로 알려져 있는데, 이는 자기 소개서 쓰기와 자서전 쓰기가 동일한 맥락을 공유하고 있음을 보여주는 것이다. 자기 소개서와 관련하여 자서전 쓰기를 할 때, 그냥 자서전을 쓰라고 하는 것이 아니라 일정한 제한을 두어 적극적인 인지적 활동을 요구하기도 한다. 예를 들면, '자기 자서전의 205쪽을 서술하라.'와 같이 제한함으로써 인지적 전략을 통한 적극적인 문제 해결을 요구하게 되는 것이다. 자서전의 205쪽을 서술하라는 과제에는 여러 제한이 따른다. 자서전 전체의 구성을 따져 보아야 하고, 그 부분에 배치될 내용을 생각해야 하며, 앞뒤로 어떤 내용이 연결될 것인지도 검토해 보아야 한다. 이와 같이 '제한된 자서전' 쓰기는 자기 소개서 쓰기와 일정한 맥락을 공유하면서 작문의 적극적인 전략을 요구한다는 점에서 유용한 응용 활동이라고 할 수 있을 것이다.

자기소개를 확장하여 다른 인물에 대한 조사와 소개를 하는 활동으로 응용할 수도 있다. 이는 '기사문 쓰기'에서 인물에 대한 인터뷰 기사를 쓰는 활동과 일정한 관련을 맺을 수도 있는데, 여기에서는 기사문에서 요구하는 형식을 따르지 않는다는 점에서 차이가 있다. 처음에는 잘 아는 주변의 인물을 대상으로 할 수 있고, 이것이 익숙해지면 대상을 더 넓힐 수 있다. 이 때 대상이 되는 사람은 소개의 의미가 있는 인물이 좋을 것이다.

활동의 응용을 간략히 정리하면 다음과 같다.

〈활동 응용의 예〉
• 자기 소개서를 요구하는 사회의 기관이나 단체의 예를 조사하여 발표한다.
• 자기 소개서를 요구하는 기관이나 단체로부터 그 이유를 조사하여 발표한다.
• 자기 자신 이외의 주변 인물에 대해서 소개하는 글을 쓴다.
• 자기 소개서를 '제한된 자서전' 쓰기로 응용하여 활동한다.
  – 자기 자서전의 198쪽을 서술하시오.
  – 자기 자서전의 머리말을 서술하시오.
• 소개의 필요성이 있는 새로운 대상을 선정하여 소개하는 글을 쓴다.

자기 소개서의 초고를 완성하면 다른 사람과 돌려 읽고 평가 반응을 듣는 것이 좋다. 자신의 글이 다른 사람에게 어떻게 읽히는지를 알 수 있고, 필자 자신도 다른 사람이 글을 읽으면서 문제를 어떻게 해결하면서 글을 써야 할지, 어떻게 쓰는 것이 잘 쓴 글인지를 이해할 수 있기 때문이다. 이를 통해서 재구성된 경험들은 초고의 자기 소개서를 수정하는 데 중요한 영향을 미친다. 평가 반응을 위해 사용할 수 있는 평가기준은 다음과 같은 것을 활용할 수 있다.

〈평기 활동의 기준〉
• 글쓴이는 자기 소개서의 목적을 잘 인식하고 있는가.
• 글쓴이는 요구되는 형식에 따라 내용을 구성하였는가.
• 글쓴이는 예상독자를 충분히 고려하여 썼는가.
• 글쓴이를 잘 알 수 있도록 내용이 충실하게 구성되었는가.

▣ 활동의 아이디어

- 인물 소개는 평범한 진술을 하면 필자도 쉽게 지루해지기 쉽고 읽는 사람도 금방 싫증을 내기 쉽다. 엄격한 형식이 요구되는 상황이 아니라면, '인물의 비유 전략'을 활용하여 이러한 문제를 해결할 수 있다. 인물의 비유 전략이란, 대상 인물을 역사 속의 유명한 인물이나, 문학 작품, 영화 등에 등장했던 인물에 비유하여 소개하는 것이다. 이를 활용하면 필자는 다채로운 표현의 방법으로 대상 인물을 소개할 수 있고, 독자는 대상 인물의 특징을 더욱 생동감 있게 파악할 수 있다. 문학 작품의 인물과 비유는 것은 상상력을 더욱 자극한다는 점에서 유용한 점이 있고, 영화 속의 인물과 비유는 것은 영화 인물과의 비유, 그 인물을 분장한 배우와의 비유가 모두 가능하다는 점에서 장점이 있다.

- 자기 소개서는 객관적으로 자신을 드러내는 글이라기보다 자신의 장점과 특징을 최대한 부각해야 하는 글이다. 그래서 미숙한 필자들은 자기 소개서 쓰기를 오해하여 '자기 자랑'을 장황하게 늘어놓기도 한다. 언제 무슨 상을 받았고, 무엇을 특히 잘 하고, 무엇이 남보다 낫고 등등을 장황하게 설명하는 것은 자기 소개서의 목적에 부합하지 못하는 경우가 많다. 자신의 장점이나 특징을 간명하게 드러내되, 자기 소개서의 목적에 부합하도록, 문화적인 겸양의 수준에 부합하도록 써야 한다. 그래서 자기 소개서는 자신의 장점과 특징을 표현하되 문화적 겸양의 수준을 벗어나지 않도록 적절히 조절하면서 써야 하는 어려운 장르라고 할 수 있다.

- 자기 소개서를 쓰는 데에 특히 어려움을 겪는다면 인터뷰의 형식을 활용할 수도 있다. 우선 물음을 제시해 놓고 그에 대한 답변을 마련하는 형식으로 내용을 구성하는 것이다. 예를 들면, "과업을 추진하는 스타일은 어떤가요?"라는 질문을 스스로 제시하고, "협동적인 과제의 해결을 중시하는 편입니다. 백지장도 맞들면 낫다는 속담처럼 다른 사람과의 협조적인 관계 속에서 ～"와 같이 답을 하는 형식으로 구성하는 것이다. 이러한 형식은 외적으로는 인터뷰의 틀을 빌려온 듯 하지만, 내적으로는 작문의 이론에도 부합하는 면이 있다. 최근의 작문 이론에서는 작문 과정을 대화의 과정으로 이해하는데, 인터뷰 형식의 자문자답의 틀은 이 대화의 과정이 외적으로 실현된 것으로 이해되는 것이다. 대화의 형식을 겉으로 드러내는 이러한 방법에 익숙해지면, 그러한 질문을 머릿속으로 제기하면서 내용을 구성하는 방법을 따른다. 질문은 겉으로 드러내지 않으면서 답변만 겉으로 드러내는 형식을 따르는 것이다.

4. 예시문

▶ 예시문 1 (학생 글)

자기 소개서

서인선

저는 봄을 좋아합니다. 여름의 거대한 녹빛 바람이 하얀 구름 위로 찰랑거릴 때 그 안에 숨쉬고 있을 담록빛 추억을 떠올립니다. 온 세상의 아픔과 상처를 조용히 감싸줄 겨울의 하얀 신비에 경외를 보내지만 그것은 그 안에서 꿈틀거리고 있을 어린 생명들에 대한 기대 때문일 것입니다. 다른 계절의 질투를 무릅쓰고도 봄이 좋다고 말하는 것은 막 태어난 어린 생명들이 하늘의 높이를 재며 재잘재잘 손을 흔들 때 저 또한 태어났기 때문입니다.

동네에서 착하다고 소문난 이씨 집안 셋째딸과 십여살 때 그 동네로 이사온 서씨 집안 장남이 만나 신혼의 단꿈을 꾸며 새 해 맞이를 할 때, 저 역시 엄마 배를 똑똑 두드리며 고개를 빼꼼이 내밀었습니다. 그리 여유롭지 못한 신혼 생활을 하셔야 했던 부모님은 아들, 딸 구별 말고 하나 낳아 잘 기르자는 80년대 구호에 충실히 저 하나만을 낳아 아쉬웠던 어린 시절 꿈들을 제게 담아 주셨습니다. 그러나 어린 시절부터 아래, 위로 한 집에 살았던 이모댁의 사촌 동생들 덕에 외동딸의 귀염보다는 언니로서의 모범과 책임을 느끼며 자라야 했고, 선택과 그에 따른 책임은 자신 스스로에게 맡겨야 한다는 어머니의 교육관 덕분에 독립심을 키울 수 있었습니다. 어렸을 땐 이런 것들 때문에 운 적도 많았지만, 지금 돌이켜보면 제가 가꾸어지는 꽃밭보다는 야생의 풀향기를 맡으며 자랄 수 있었던, 그래서 보다 강해질 수 있었던 좋은 선물이라 생각됩니다.

한치 앞의 즐거움만을 바라보며 골목 사이사이를 뛰놀던 저에게 처음으로 '나'라는 손새가 나가 온 것은 중2 겨울방학 때였습니다. 그때 선 이곳저곳에 '왜'라는 글자를 붙여야만 했습니다. '나는 왜 살고 있지?, 왜 공부를 해야하지?, 왜 이곳에 있어야하지?...' 그리고 친구들 서넛만 모이면 신문이나 방송을 통해 아니면 어른들 대화속에서 귀동냥한 것을 가져다 사회와 어른들을 향해 비판의 펀치를 날려주었습니다. 그땐 심각하게 대화를 나누었었는데 지금 생각하면 자신의 눈이 얼마나 작은 지 몰랐던 어린 모습이 한편으로는 부끄럽고 한편으로는 그립습니다. 사회 속에 익숙해져 더 이상 어색하게 사회를 바라볼 수 없는 친구들과 나 자신의 모습 때문에 더욱 그립습니다.

　고등학교 시절에는 대학 진학을 위한 공부를 하느라 내안의 질문에 대해 생각할 여유가 없었습니다. 그 시절을 그렇게 보낸 것이 잘한 일인지는 아직도 모르겠습니다. 그때는 공부만 하는 것이 옳은 일이라 생각했는데 돌이켜보면 아쉬움이 남습니다.

　그래서 대학 생활은 고민과 함께 시작해야했습니다. 나의 길을 찾기 위해...무엇이 되어야하는가 보다는 어떻게 살아야하는가에 대한 생각으로... 어떻게 살아야할지는 나이가 들어감에 따라 생각이 변하는 것 같습니다. 어릴 때는 보다 이상적인 모습이었다면 지금은 현실을 인정하며 주어진 상황에 적응하려는 모습입니다.

　지금은 한국교원대학교 국어교육과에 다니고 있습니다. 그래서 좋은 선생님이 되기위해 제 자신을 가꾸어가고 있습니다. 제각기 개성을 지니며 자라나는 어린 꽃들을 제 안의 작은 기준으로 싹뚝 잘라버리는 일이 없기위해, 전공과 영어, 컴퓨터 공부를 하고 있고 교편과 종교활동을 통해 많은 사람들을 접하며 그들의 삶을 느끼고 있습니다. 다른 이에게 인정받는 사람도 중요하지만 먼저 제 스스로 인정할 수 있는 사람이 되고 싶습니다.

　흰 눈이 구석구석 자리를 잡고 있는 겨울입니다. 이 겨울 차가운 땅속에서 꿈을 키우며 꿈틀대고 있을 어린 새싹처럼 살아가고 싶습니다.

▶ 예시문 2 (학생 글)

"사고와 표현 제 1 호"
("공정은 씨와의 인터뷰")

　1. 안녕하세요? 주간지 "사고와 표현"의 기자 손오공입니다.
　　잠깐 인터뷰를 하고 싶은데 시간이 되신지요?
　　:: 아 네 . 저는 주로 금요일에 그 주간지를 읽곤 하는데 잘 되었네요

　2. 음. 표준어를 사용하시는 것 보니 서울이 고향이신지 궁금하네요
　　:: 아뇨. 지금은 노력하고 있는데 고향은 전라도 순천이랍니다.

초등시절부터 고등시절까지 쭈욱 전라도에서 살았거든요 실지로 억양과 사투리가 너무 심해서 (광주쪽이라) 일부러 의식하고 말을 해야 할 정도였죠. 지금은 많이 나아졌어요.

3. 그렇군요. 우선 "사고와 표현" 소속 기자로서 의무감으로 묻고 싶은 것이 있는데요. 어떻게 저희 주간지를 보게 되셨는지 동기를 알고 싶군요.

:: 우선은 많은 사람들이 이용하는 것이라 의무감이 없진 않았는데요. 어렸을 때부터 글쓰기를 좋아하는터라 관심을 갖게 되었어요. 주로 감성적인 글.. 시나 수필.. 독후감이라고 그러죠? 그런 글들을 쓰는 것을 좋아했는데, 고등학교 때 논술을 쓰는 데서 어려움을 많이 겪었어요. 그래서 글을 쓰는 데도 방도가 있는 것이구나 하는 생각에 제대로 알고 싶었죠. 그것을 동기라고 한다면 말이 될까요?

4. 목적성이 있는 동기군요. 음 저희 주간지에는 많은 분들이 글을 기재하고 계시는데 혹시 기억에 남는 분이나, 글이 있으면 말씀해 주시겠어요?

:: 저는 아직 그렇게 눈여겨 본 내용은 없으나 ○○○ 교수님의 글을 읽을 기회를 갖게 될 것 같습니다. 그저 애독자의 입장으로써 부탁드리고 싶은게 있다면 저의 목적성이 있는 동기를 성취할 수 있게 해달라는 것 밖에는 없네요. 아마도 표현하는 데 있어서의 실용적인 면을 원하는 것이라고 할 수 없겠네요

5. 아 네.. 여성분이라서 으레 드리는 질문인데 남자 친구분은 있으신지... 그리고 연애관에 관하여 말씀좀 부탁드립니다.

:: 아주 사적인 부분의 질문이라고 할 수 있겠군요. 있었는데 그냥 좋은 친구로 남기로 하였습니다. 주로 많은 사람들이 헤어짐에 있어서. "이별"이라고 표현하죠? 상처를 받고 슬퍼하는데 아직 어리다면 어린 저로써는 사람을 알기위한 기회리고 생각합니다. 남들에 비해 비교적 지율직인 언애관이리고 스스로 말하고 싶네요

6. 정은님의 말씀을 들어보니 여자 대장부라는 생각이 드는데 자신의 성격에 관하여 사물에 빗대어 딱 '무엇' 이라고 말해 주실 수 있겠습니까?

:: "여자 대장부라... 터프하다. 용감하다 씩씩하다"라는 소리를 많이 들었죠. 저는 그런 말들이 나쁘게 없다고 생각했었는데, 막상 나이가 들고 어른스러워지다 보니 그러한 말들은 여자들의 입장에서는 방정치 못하다라는 말과 같다고 그러더라구요.

저의 성격은 한마디로 정할 수 없이 복잡한 것 같아요. 아직도 사춘기 소녀처럼 저 자신의 정체성 확립에 불확실한 사념들만이 저를 휩싸고 있는 것 같구요. 굳이 빗대어 보자면...저의 성격은 "날씨"라고 할 수 있겠네요. 날씨의 변덕스러움이 생각나서요. 아주 정이 철철 넘치다가도 냉정하고 . 또 언제그랬냐는 듯이 웃고, 매우 복잡해요.

혈액형이 AB형인 사람들의 특징이라고 그러는데 그러한 혈액형으로 알아보는 성격에 관한 내용을 봐도 딱 맞는 것 같아요. 실지로. AB형이고 고집도 세거든요.

7. 하하. 특이한 성격이군요. 제 생각으로는 남자와 여자에 대한 편견이 없으신 것 같아요. 저는 남·녀 평등주의자라서 정은님의 생각들을 이해할 수 있을 것 같군요. 하지만 지금 ○○교육을 전공하시고 계시고, 이제 2년 뒤에는 현장에 나가서 아이들을 가르치시는 선생님이 되실터인데... 사회 생활에 있어서 조합할 수 있도록 온화함이 필요할 것 이라는 생각이 드는데요..
:: 네, 고치는 것 이라기 보다는 좀 더 포용할 수 있도록 보완해야 하겠죠.

그럼 직업에 관한 이야기가 나와서 말인데요. 자신의 직업관에 대해서, 그리고 그러한 직업을 선택하신 동기나 재미있는 에피소드에 대해서 말해 주세요.
:: 저는 초등학생 때 많은 사람들이 선생님을 우상으로 여기고 선생님이 되고 싶다고 그러는 것처럼, 그 때부터 그러한 꿈을 가졌던 것 같아요. 하지만 커가면서 의사도 되고 싶고, 여행가도 되고 싶고, 하하. 고등학생 때는 사관학교를 가겠다고 고집을 부리기도 했어요. 부모님께서 많이 속상해 하셨죠. 제가 성이 공(孔)씨라고 짐작이 되시겠지만 유교를 신봉하는 집안이라서 부모님께서 많이 고지식 하셨거든요. 이런 표현이 맞을지 모르겠네..^^ 시험에서 떨어지고 방황을 많이 하다가 비로소 어렸을 때의 향수에 빠지다가 문득, 순수했던 저의 옛날로 돌아가보고 싶은 생각이 들었어요. 그래서 선생님이 되겠다고 그런 것 같아요. 이 학교의 학생들이 바른 교육, 사랑하는 아

이들의 미래를 위한 것과 같은 거창한 동기가 아니라서 쑥스럽네요. 하지만 지금 배우고 있는 것에 만족하고 제가 해야 할 일에 자긍심을 가지고 있어서 좋아요. 다만 최선을 다할 수 있고, 저의 능력을 십분 발휘할 수 있는 융통성 있고 능력 있는 교사가 되고 싶은 소망뿐입니다.

정은님의 말을 들으니, 저도 저의 직업에 관한 새로운 생각을 하게 되었습니다. 이번 한번 뿐이 아니라 계속적인 저희 주간지와의 교류가 있었으면 합니다. 많은 것을 알게 되었습니다. 계속적으로 목표를 향해 정진하시는 정은씨가 되셨으면 합니다. 감사합니다.

▶ 예시문 3 (학생 글 : 자기 자서전 205쪽 쓰기)

자서전의 205쪽

고상림

수능을 본 후 난 갈등을 하지 않을 수 없었다. 수능 점수만 잘 나왔더라면 내가 가려고 했던 치대나 한의대를 갈 수 있었지만 그러기에는 너무 낮은 점수였다. 아버지는 사립 대학교의 치대나 한의대는 학비가 너무 많이 든다는 이유로 반대를 했다. 그러나 아직까지 고등 학생 신분으로 경제적인 문제를 생각 해보지 않은 나로서는 특별한 생각 없이 내 욕심만 챙겼던 것 같다. 그리 넉넉하지 않은 집안 경제사정으로는 사립 대학교의 내 학비를 감당하기엔 너무 큰 부담이 되었던 모양이다. 사실 중학교 때까지만 해도 난 교사의 꿈을 갖고 있었다. 하지만 고등 학교 때 성적이 잘 나왔던 나는 돈을 많이 벌 것이라는 생각으로 의대나 한의대를 생각해 왔던 것이다. 그러나 성적이 잘 나와서 국립대를 갈 수 있었다면 아버지는 굳이 반대를 하지 않았겠지만, 그럴 만한 수능 점수는 되지 않았다. 그러던 와중 난 특차 원서 접수에서 원광대 한의예과에 지원했다. 아버지는 크게 실망하셨다. 불행인지 다행인지 난 특차에서 떨어졌고 정시 원서 접수를 해야만 했다. 정시 원서 접수에서도 아버지와 나의 줄다리기는 계속 되었다. 그러다가 물리 교육과에 지원했다. 2000년 2월 초쯤 해서 정시 합격자 발표가 각 대학마다 나왔다. 내가 지원한 세 학교 모두 합격하지 못했다. ○○대 치대 예비 10순위, ○○○ 예비 4순위 난 추가 합격이 되기만을 기대할 수밖에 없었다. 재수까지 생각하고 있었던 나였다. 그해 구정은 2월 달에 있었다. 우리 집은 큰 집이어서 명절 때마다 친척들이 집으로 찾아온다. 세 남매 중 가장 공부를 잘 했던 난 명절 때 모여든 친척들 앞에서 항상 부모님의 자랑거리가 되었다. 그러나 그 해 설날은 그렇지 않았다. 대학교에서 떨어져 재수를 해야 할 지도 모르는 상황이었기 때문이다. 그렇게 어두운 분위기 속에서 명절이 지나가고 기다리는 추가 합격 연락은 오지 않았다. 그렇게 예비 합격만을 기다리던 난 더 큰 벽에 부딪히고 말았다. 명절을 세고 이틀 지난 그날 밤 안방에서 어머니의 고함소리가 들려왔다. 잠이 오질 않아 뒤척이다가 새벽 세시가 되서야 잠이 들었던 난 그 고함소리에 안방으로 달려갔고, 그 날 따라 늦게 들어오신 아버지의 몸은 이미 굳어 있는 상태였다. 순간 아무 생각도 들지 않았다. 119에 전화를 해서 아버지를 엠블란스에 싫고 가는 그 순간까지도 너무나 생생히 기억이 난다. 난 차 속에서 의사의 지시대로 계속해서 인공호흡을 했고 어머니는 계속해서 눈물만 흘리셨을 뿐이었다. 그 날 밤 아버지는 영원히 눈을 감으셨다. 특별히 지병을 앓으셨던 것도 아니고, 평소 약간의 고혈압이 있으셨던 아버지는 우리에게 아무런 예고도 없이 그렇게 갑작스레 돌아가신 것이다. 갑작스런 아버지의 죽음에 나는 어떻게 해야 할지를 몰랐다. 그저 무심한 하늘만 바라봤을 뿐이었다. 살아가는 데에 있어서 좌절이라는 것이 이런 것일까? 그 때까지만 해도 아무것도 모르고 그저 어린애로만 있었던 나에게 너무나 큰 시련이었다. 병원에서 삼일장을 치르는 동안 내 머리 속은 텅 비어 있었다. 손님들이 오면 절이나 해 주고, 상이나 차려 주고, 그저 그런 단순한 일들의 연속이였다. 그러나 이틀째 되던 날 밤 난 한없이 울었다. 위로해 주러 온 많은 친구들 앞에서 한 시간이고 두 시간이고 울어댔다. 앞으로 혼자 고생하셔야 되는 어머니 때문이었을까? 아니면 호강 한 번 못 해 보시고 그냥 그렇게 떠나 버리신 아버지 때문이었을까? 그렇게 장을 치르고 난 후 며칠이 지나서야 우리 가족은 안정을 되찾았다. 그리고 앞으로 어떻게 살아야 할지에 대해서도 가족끼리 이야기했다. 그리고 ○○○에서 추가 합격 연락도 왔다. 어머니와 난 아버지가 하늘에서 도와 주신 것이라고 그렇게 생각했다. 그렇게 길기만 했던 나의 2000년 겨울은 끝나가고 있었다. 아마 이 시기가 내가 살아가면서 가장 힘들었던 시기였을 것이다.

'관우와 장비' 거느린 부시 대통령

2년 넘게 부시의 백악관을 지켜보면서 조지 W. 부시에게 행운 두 천사는 도널드 럼즈펠드 국방 장관과 콜린 파월 국무 장관이라는 생각이 들 때가 많다. 파월과 럼즈펠드는 마치 삼국지의 관우와 장비 같다. 부시가 주공(主公)인 유비처럼 좀 모자란 듯 하지만, 두 사람은 중요한 고비마다 '대통령의 결정'이라고 부시를 치켜세운다.

이들의 충성심보다 더 부시에게 힘이 되는 것은 두 사람이 아주 다르다는 점이다. 파월은 온화하지만, 럼즈펠드는 70세의 나이에 어울리지 않게 격정적이다. 럼즈펠드의 목소리는 영화 '분노의 포도'의 주인공 헨리 폰다처럼 쇳소리가 섞여 있고, 반면 파월은 사근사근 얘기한다. 평생 군인으로 지내던 파월이 외교를 담당하는 국무 장관을 하고, 민간 정치인, 기업인 출신인 럼즈펠드가 국방 장관을 두 번씩이나 맡고 있는 경력도 대비된다.

두 사람의 생각은 다르다. 파월은 헨리 키신저의 외교 노선을 뒤따르는 현실주의자다. 국제기구를 존중하고 힘의 균형에 의한 국제 질서를 추구한다. 럼즈펠드는 신보수주의자다. 미국의 국익과 민주주의 전파라는 이상을 위해 힘을 사용할 만반의 준비를 갖추고 있다. 때문에 럼즈펠드는 '전쟁광'으로, 파월은 외로운 '비둘기파'로 외국 언론의 눈에 비쳐진다.

하지만 미국 내에서 두 사람은 우열을 가리기 힘든 대중 스타이면서 보완의 관계에 있다. 파월은 여론 조사에서 부시보다 더 '일 잘 한다'는 소리를 듣기도 했고, 럼즈펠드는 나이에 어울리지 않게 아줌마들에게 섹스 심벌(?)로 인식되기까지 한다.

부시 행정부 출범 이후 두 스타의 노선 대결은 신문 지면에서 끊일 날이 없다. 이라크 전쟁과 전후 처리 과정은 물론 나토(NATO, 북대서양조약기구), 북한, 중동, 중국 문제 등 두 사람이 부딪치지 않은 이슈가 별로 없다. 집안싸움이 너무 심한 것처럼 보일 때도 있지만, 두 사람은 결국 미국의 국익을 위해 짜고 치는 고스톱판을 벌이고 있는 것 아니냐는 느낌마저 든다.

부시는 어떨 때는 럼즈펠드에게 선봉장을 맡겼고, 상황이 달라지면 파월을 적토마 위에 태워 내보냈다. 이라크 문제만 해도 부시는 먼저 파월을 썼다. 작년 11월

유엔 안보리에서 1차 대(對) 이라크 결의안을 만장일칠 이끌어 낸 것은 파월의 공이다. 지난 3월초 2차 대이라크 결의안이 여의치 않게 되자 부시는 럼즈펠드로 선수를 교체했다. 북한 문제에 대해 부시는 지금 파월에게 기회를 주고 있다. 아직까지는 입만 열면 '외교적' 해결을 강조한다. 이러다가 파월이 신통치 않으면 언제 럼즈펠드 카드를 꺼낼지 모른다. 뉴욕 타임스는 럼즈펠드가 최근 북한의 정권 교체를 제안하는 비망록을 고위 관리들에게 회람시켰다고 보도했다. '럼즈펠드 대안(代案)'을 의미한다.

한국에서는 '코드가 맞아야 한다'는 대통령의 말에 눌려서인지 몰라도, 북핵 문제가 저렇게 곪아가는데도 정부 내에서 다른 목소리 하나쯤 내 주는 장관이 없다. 정부가 지난주 유엔 인권 위원회의 북한 인권 결의안 표결에 불참했을 때, 유감을 표명하는 장관 한 명쯤은 있었어야 했다.

대통령이 자신의 카드를 선택하도록 소신껏 설득하다가 대통령이 결정하고 나면, 그것을 따르면 된다. 작년 여름 파월은 이라크 전쟁을 구상하고 있는 부시를 만나러 텍스트 크로퍼드 목장으로 내려갔다. 그는 그 곳에서 일단 유엔으로 가자는 담판을 이끌어 냈다. 럼즈펠드가 자신만의 처세학을 평생 정리해 온 이른바 '럼즈펠드 원칙'에는 "대통령에게 소신대로 짖어댈 수 있어야 한다."는 항목이 있다.

삼국지에서 위나라와 오나라는 촉나라의 유비가 관우와 장비를 번갈아 쓰는 통에 맥을 못 추는 경우가 많았다. 놀음판에서 손에 카드가 하나뿐인 승부사는 상대가 업수이 여긴다. 한승주 신임 주미 대사는 뉴스위크와 인터뷰에서 북한이 판돈을 키우고 있다고 말했다. 그런데도 우리는 여전히 카드가 하나뿐이고, 일색(一色)의 장관들뿐이다.

조선일보 2003. 2. 26(토).

5. 자기 소개서 쓰기

※ 다음 상황 중에서 하나를 선택하여 자기 소개서를 써 보자.
• 대학의 동아리(신문사 등)에 가입하기 위하여 쓰는 자기 소개서
• 회사나 연구소 등에 취업하기 위하여 쓰는 자기 소개서
• 외국에 유학하기 위하여 쓰는 자기 소개서
• 이 강의에서 처음 만난 학우들에게 자신을 알리기 위한 자기 소개서

제 6 강 개인적 서사문 쓰기

1. 개념 및 필요성

개인적 서사문 쓰기는 필자 자기 자신이 겪은 개인적인 경험을 서술하는 작문의 장르이다. 필자 자신이 겪은 경험을 서술하기 때문에 개인적 서사문은 필자의 경험담을 중심 내용으로 삼는다.

필자의 개인적인 경험을 글로 서술하는 이유는 이러한 경험담을 통해서 삶에 대한 어떤 가치나 의미를 발견할 수 있기 때문이다. 이와 유사한 형식은 문학의 수필 장르에서도 발견할 수 있다. 일반적으로 수필은 작가가 생활 속에서 겪은 경험을 통해 인생의 의미나 삶의 가치 등과 같은 교훈적인 의미를 발견하곤 한다. 경험에 대해 쓴 수필이 교훈적인 의미를 전해 주는 것은 '서사'에 대한 해석의 원리가 작동하기 때문이기도 하지만, 글을 쓰는 가운데 자신의 경험을 되돌아봄으로써 반성적 사고가 이루어지기 때문이기도 하다. 반성적 사고를 통해 자신의 경험을 객관적으로 살펴보고 관조적으로 살펴봄으로써 교훈적인 가치나 의미를 발견하게 된다. 개인적 서사문도 유사한 원리로써 경험을 바탕을 한 가치의 발견을 지향하게 된다.

필자의 개인적인 경험을 글로 서술하는 다른 이유는 경험담을 서술함으로써 다른 사람에게 경험을 공유할 수 있는 기회를 제공할 수 있기 때문이다. 생활 가운데 겪는 경험을 다른 사람과 공유함으로써 즐거움과 기쁨, 슬픔과 아픔을 공유하게 되고 이 가운데 삶에 대한 이해, 다른 사람에 대한 이해를 확장할 수 있다.

이러한 점에서 개인적 서사문 쓰기는 의미 있는 작문 활동이라고 할 수 있다. 작문 학습을 수행하는 과정에서 삶에 대한 가치를 동시에 추구할 수 있기 때문이다. 개인적 서사문 쓰기는 자기 소개서 쓰기와 유사하게 특정한 내용 생성 전략이 요구되지 않는다는 점에서 유용한 점이 있다. 자신이 생활하면서 겪은 중요한 경험은 특별한 전략의 활용 없이도 용이하게 기억할 수 있기 때문이다. 이러한 이유에서 개인적 서사문 쓰기는 작문을 어려워하고 작문에 대해 두려움을 가지고 있는 필자들에게도 적절히 활용될 수 있는 방법이다. 따라서 개인적 서사문 쓰기에서 중요한 것은 내용을 생성하는 활동이 아니라 다양한 경험 중에서 의미 있는 경험을 발견하고, 그것에서 교훈적인 가치나 의미를 발견해 내는 일이다.

개인적 사사문 쓰기의 주요 내용을 구성하는 경험은 필자 개인만 아는 것이 일반적이다. '경험'은 말 그대로 '개인적'이기 때문이다. 따라서 개인적 서사문을 쓸 때에는 독자가 경험을 전후 사정과 과정을 올바로 이해할 수 있도록 내용을 구성하고 표현하는 것이 중요하다. 이러한 작문 전략은 '상황 설명적 표현법'이라고 할 수 있는데, 이는 상황의 장면을 구체적으로 서술하고 설명함으로써 독자가 개인적 서사문의 중심 내용을 이루는 경험을 올바로 공유하며 발견한 삶의 의미나 가치에 대해서도 동의할 수 있도록 하는 것이다.

2. 활동의 절차

- 간이 수업에서 개인적 서사문 쓰기의 개념과 중요성, 그리고 이에 대한 학습의 필요성을 이해한다. 그리고 개인적 서사문이 생활 경험을 중심으로 씌어진 수필과 유사한 점이 있다는 점을 이해한다.

- 개인적 서사문을 쓰기 전에 재미있거나 흥미로운 개인적 경험담을 발표한다. 이를 통해서 경험 공유의 의미를 이해하고 개인적 서사문 쓰기에 대한 학습의 의의를 발견한다. 개인적 경험담을 말하고 나서 글로 표현하면 부담이 글쓰기에 대한 부담이 훨씬 줄어든다.

- 예시문을 읽고 개인적 서사문의 특징과 의미를 이해한다. 그리고 개인적 서사문 쓰기의 유용성에 대해 토의한다.

- 예시문을 읽고 개인적 서사문의 특징과 의미를 이해한다. 그리고 개인적 서사문 쓰기의 유용싱에 내해 토의한나.

- 작문 과제에 따라 개인적 서사문을 작성한다. 그런 다음 동료들과 돌려 읽고, 평가 반응을 바탕으로 하여 내용이나 표현을 수정한다. 이 과정에서 상황에 대한 설명이 충분하게 이루어지도록 한다는 점에 유의한다.

3. 활동의 응용

개인적 서사문 쓰기는 작문 상황에 따라 여러 가지 전략을 보완하여 활동을 확장할 수 있다. 개인적 경험을 대화로 주고받은 경험에 대해 생각해 보고 그러한 대화가 어떠한 의미가 있는지를 발표할 수 있으며, 개인적 경험담을 듣는 활동이 언제, 어떠한 계기로 이루어지는지를 발표할 수 있다. 그리고 개인적 서사와 관련된 그러한 활동이 주는 의미에 대해서도 발표할 수 있다.

개인적 서사문 쓰기에서는 구술 작문(oral composition)을 활용하여 활동을 확장할 수 있다. 특히 이 구술 작문은 개인적 서사 쓰기를 수행하는 데 어려움을 겪는다거나 두려움을 갖는 필자들에게 매우 효과적인 방법이다. 개인적 서사를 글로 쓰기 전에 자신이 겪은 경험담을 말로 표현하게 함으로써 인지적 및 정의적 문제를 효율적으로 해결할 수 있다. 구술 작문은 내용 생성 및 조직의 한 전략으로 활용되기도 하는데, 이것이 내용 생성 및 조직의 전략으로 활용될 수 있다는 것은 필자로서의 인지적 문제와 정의적 문제를 해결하는 데 도움이 될 수 있음을 보여주는 것이다.

활동 응용의 예를 정리하여 보이면 다음과 같다.

〈활동 응용의 예〉
- 다른 사람의 개인적 서사문을 읽었던 경험(생각이나 느낌, 교훈 등)에 대해서 발표한다.
- 다른 사람의 경험담을 읽거나 듣는 이유가 무엇인지 발표한다.
- 자신의 경험담을 쓰기 전에 구술 작문을 한다. 또는 구술 작문의 형식으로 발표한다.

개인적 서사문 쓰기의 초고를 완성한 다음, 동료들과 돌려 읽기를 하고 평가 반응을 바탕으로 하여 수정한다. 개인적 서사문을 상황 설명적 표현 전략으로 쓰기 위해서 노력한다 할지라도 개인적 서사문이 필자의 개인적인 경험을 중심 내용으로 삼고 있기 때문에 예상독자를 충분히 고려하지 못할 수 있다. 미숙한 필자일수록 이러한 문제에 부딪힐 가능성이 높다. 이러한 문제를 해결하는 가장 효율적인 방법은 돌려 읽기를 하여 동료들의 평가 반응을 듣는 것이다. 동료들의 평가 반응을 수집함으로써, 개인적 서사문이 예상독자를 충분히 고려하였는지의 여부를 판단할 수 있다. 다음과 같은 평가기준을 참고하여 활용할 수 있다.

〈평가 활동의 기준〉

• 개인적 경험이 구체적으로 드러나 있는가.
• 글에 서술된 경험의 선정은 적절한가. (신비성, 지엽성의 문제)
• 경험을 서술한 '서사'는 일관된 흐름이 유지되고 있는가.
• 글쓴이는 자신의 경험으로부터 의미나 가치를 발견하고 있는가.
• 글쓴이는 자신의 경험을 다른 사람과 공유하기 위한 노력을 하고 있는가.

개인적 서사문 쓰기의 과제로 다음과 같은 것을 활용할 수 있다. 이외에 다를 것을 더 추가하거나 보완하여 사용할 수도 있다.

〈활동 과제 예시〉

• 지금까지 살아오면서 큰 영향을 끼쳤던 일(또는 경험)
• 지금까지 살아오면서 가장 기뻤던 일(또는 슬펐던 일)
• 지금까지 저지른 실수 중에서 가장 중대했던 것
• 가족과 여행했던 경험, 또는 친구와 여행했던 경험

■ 활동의 아이디어

 - 개인적 서사문 쓰기는 자신의 경험을 중심 내용으로 전개된다. 그러므로 어떠한 경험을 선정할 것인가가 중요한데, 이 때는 때 특히 지나치게 지엽적인 경험, 신비주의적인 경험, 매우 일상적이고 평범한 경험은 피하는 것이 좋다. 이러한 경험들은 서사문을 읽는 독자와의 공유가 어렵거나, 매우 식상하여 감동을 불러일으키기 어려울 수도 있기 때문이다. 소박하더라도 삶의 의미와 가치를 발견할 수 있는 경험을 선정하는 것이 좋다

 - 개인적인 서사문은 경험의 서사를 서술하는 장르이기 때문에 '화자'의 설정은 불가피하다. 일반적으로는 1인칭 화자를 내세워 자신의 이야기를 이끌어가는 형식으로 구성할 수도 있으나, 소설의 화자 형식을 빌려 경험자아와 서술자아를 분리하는 형식으로 구성할 수도 있다. 경험자아와 서술자아의 분리가 이루어지면, 개인적 서사문을 이끌어 가는 화자는 '나'이고 서사문 내의 주인공은 '그'로 표현된다. 인칭에 따라서 3인칭 대명사는 달리 쓰일 수 있거니와, 작문 상황에 따라서는 대명사 대신 필자 자기 자신의 이름을 쓸 수도 있다.

개인적 서사문을 경험자아와 서술자아를 도입하여 쓰는 것은 고도의 전략이 요구된다. 그러므로 경험자아와 서술자아를 활용하는 전략은 누구나 쉽게 활용할 수

있는 것이 아니다. 그렇지만, 서사문 내부에 새로운 인물을 내세워 자신의 경험을 겪게 함으로써 자신의 경험을 객관화시키는 것이 더욱 용이하며, 따라서 반성적 성격이 두드러진다는 특징이 있다.

4. 예시문

▶ 예시문 1

우리 어메

제가 사는 곳은 산 구름이 하얗게 흩어져 내리는 한적한 산골 마을이에요. 봄이 오고 졸졸졸 흐르는 냇물을 가만히 바라보고 있노라면 내 어린 날의 그림이 하나씩 그려집니다. 오늘도 아련한 기억 한 편이 필름처럼 지나갑니다.

"할매여, 울 어메는 언제 옵니꺼?"

"느그 어메는 뒷산 호랭이할배가 물고 가버렸다."

일곱 살 때까지도 전 할머니의 그 말씀을 믿었지요. 그래서 엄마가 보고 싶을 때면 뒷산을 향해 중얼거렸습니다.

"어메는 내가 하나도 안 보고 싶나?"

그 뒤 여러 해가 지나 그게 거짓말임을 알게 되면서 할머니에게 우리 엄마 내 놓으라고 생떼를 쓰기도 했죠. 그럴 때마다 할머니는 세월이 가면 다 알게 된다고 마른기침만 토해 내셨고요. 세월이 흘러 제가 열일곱이 되던 해 할머니는 낡은 상자 하나를 내 좋으셨습니다. 조심스레 뚜껑을 열었더니, 핏기 없는 얼굴로 애서 웃음 짓는 여인이 어린아이를 품에 안은 사진이 들어 있었습니다. 누가 말해주지 않아도 알 수 있었습니다. 우리 엄마였으니까요.

"느그 어메는 느그 아배 두고 가는 것보다 너 두고 떠나는 게 더 서럽다고 했제."

초롱초롱한 눈으로 어미를 올려다보는 아이를 보며 눈을 감아야 했던 엄마의 마음. 이제는 알 것 같습니다. 나를 보러 오지 않는 엄마가 그토록 그리웠던 이유를……, 훗날 엄마를 물고 간 뒷산 호랭이할배를 만나면 꼭 물어볼 것입니다. 내 어메, 사랑하는 우리 어메 어디 아픈 데 없이 잘 계시느냐고…….

이상희, 『좋은 생각』 2002년 4월, 좋은생각사, 43쪽.

▶ 예시문 2

어머니 방이 외롭습니다.

쌀쌀한 11월 늦가을 어느 저녁이었다. 땅거미가 깔릴 즈음에 예순쯤 돼 보이는 초라한 모습의 아저씨 한 분이 밖에 만들어 내 놓은 꽃바구니를 이것저것 구경하고 있었다. 그 중에서도 여러 가지 국화로 꽃꽂이를 한 제일 큰 바구니를 한참 바라만 고다 그냥 가시는 것이었다. 그런 사람이 하나 둘이 아닌지라 지나는 사람인가 보다 생각하고 다른 일을 하고 있는데, 유리창 밖에서 그 분이 또 국화 바구니를 쳐다보고 있기에 문을 열고 나갔다.

"어서 오세요. 어떤 걸로 드릴까요?"

하고 물었더니 제일 큰 국화 바구니를 가리키며

"이걸로 주세요."

하셨다.

"카드나 리본을 써 드릴까요?"

"아, 아닙니다. 그냥 주세요. 저, 날씨가 쌀쌀해지니 팔순의 우리 어머니 방문을 열 때마다 너무 쓸쓸한 것 같아서 꽃을 놓아드리면 좀 나을까 싶어서 그럽니다."

그 꽃바구니를 들고 가는 아저씨의 뒷모습을 한참 동안 눈으로 쫓다 가게 안으로 들어온 나의 눈에서 왜 그리 주체할 수 없는 눈물이 흐르던지……

찬바람이 불어오는 깊은 가을날 어머니 방문을 열었을 때, 어머니가 쓸쓸해 보여 향기가 있는 꽃을 꽂아 드리고 싶었다는 그 분의 말이 내 가슴을 세차게 치고 갔던 것이다. 오랫동안 꽃집을 하면서도 늦가을의 쓸쓸한 어머니 방을 한 번도 꽃으로 채워 드리지 못했던 나. 그분은 그렇게 나를 한없이 부끄럽게 만들었다.

해마다 가을이 오면 어머니를 위해 꽃을 사 가던 그 분을 생각하며 미소를 짓다가도 어느새 눈물이 또 흘러내린다. 지금 나에게 어머니가 계시다면 세상에서 제일 향기롭고 예쁜 꽃으로 어머니의 방을 가득가득 채워드릴텐데……. 뒤늦은 후회로 가슴 시린 나에게 그 분은 자식이 부모에게 효도해야 하는 도리를 깨닫게 한 손님이었다.

－이숙영, 『좋은생각』 2001년 12월, 좋은생각사, 49쪽.

5. 개인적 서사문 쓰기

※ 다음 주제 중 하나를 선택하여 이와 관련된 개인적 서사문을 써 보자. 이외
  에 다른 경험이 있다면 그것을 떠올려 개인적 서사문으로 써 보자.

- 잊을 수 없는 만남
- 졸업하던 날, 입학하던 날
- 꼭 갖고 싶은 물건을 손에 넣기까지
- 내게도 이런 일이…….

제 7 강 요약문 쓰기

1. 개념 및 필요성

요약문은 텍스트에 제시되어 있는 중심 내용을 파악하여 간략하게 간추린 글이다. 따라서 요약문을 작성하기 위해서는 텍스트를 읽고 요약하는 활동이 우선적으로 이루어져야 한다. 여기에서 텍스트를 읽고 요약하는 활동이 먼저 이루어져야 한다는 것은 '요약하기' 활동과 '요약문 쓰기' 활동이 별개의 것으로, 계기적으로 구분되어 있음을 뜻하는 것은 아니다. 이는 활동이 수행되는 과정의 일반적인 순서를 지적한 것이다. 표기 수단을 컴퓨터의 워드프로세서로 할 경우에는, 요약하기 활동과 요약문 쓰기의 활동이 거의 동시적으로 수행될 수도 있다. 이러한 장치를 활용하면, 읽으면서 쓰는 활동이나 생각하면서 쓰는 활동이 충분히 가능해지기 때문이다.

요약문은 텍스트의 요약적 읽기와 선후 관계에 놓여 있기 때문에 텍스트의 이해와 밀접한 관련이 있다. 텍스트를 요약하는 활동은 텍스트의 구조와 중심 내용을 파악하는 것과 관련되는데, 이는 곧 텍스트에 대한 이해를 의미하는 것이기 때문이다. 요약을 하기 위해서는 어떤 내용이 중심 내용인지 아닌지를 파악해야 하는데, 이는 독해(reading comprehension)의 핵심을 이루는 것이다. 중심 내용인지 아닌지의 여부는 텍스트의 전체 구조 속에서 판가름되며 다른 내용과의 대비 과정에서 판정된다. 이러한 이유에서 읽기 연구자들은 요약하기를 텍스트의 이해 능력을 향상시키기 위한 중요한 전략으로 보며, 텍스트의 이해 정도를 파악하는 척도로 본다. 그래서 읽기 영역에서 요약하기는 중요한 읽기 교육의 대상으로 간주된다.

요약하기가 텍스트의 이해와 관련되어 있다는 점에서, 요약문 쓰기는 읽기 또는 독서와 밀접하게 관련된 작문 활동이다. 이 점은 요약문 쓰기가 다른 장르의 글쓰기와 특히 구별되는 근거가 되기도 한다. 흔히 작문이라고 하면, 아무 것도 주어지지 않은 상태에서 내용을 창안하여 조직하고, 표현하는 활동을 떠올린다. 이러한 작문 활동도 작문의 중요한 축을 이루는 것은 틀림없지만, 읽기와 연계된 쓰기, 텍스트를 바탕으로 하여 이루어지는 쓰기도 작문의 중요한 축을 이룬다. 사실, 문식성(literacy)의 단계가 높아질수록, 학생들의 인지적 수준이 높아질수록 작문의 양상은 독서를 근간으로 삼는 경향이 강해진다. 대학생들이 쓰는 이른바 '리포트'는 텍스트를 조사하여 읽고 쓰는 활동으로 구성되며, 대학원생들이 쓰는 논문도 텍스트를 찾아 읽고 쓰는 활동으로 구성된다는 점은 이에 대한 충분한 근거가 될 것이다.

요약문 쓰기는 텍스트를 읽고 요약하는 활동을 전제하고 있기 때문에, 학습 작문(writing to learn)에도 연결된다는 점에서 중요한 의의가 있다. 각 교과 또는 학문의 학습은 텍스트에서 중심 내용(정보, 지식)을 파악하여 이해하는 것인데, 이는 텍스트 요약하기와 밀접한 관련이 있기 때문이다. 요약문 쓰기는 텍스트의 중심 내용을 찾아 서술해야 하는 과제이므로, 이는 교과나 학문의 학습을 위한 쓰기로 연결된다. 단순히 텍스트를 읽고 암기하는 것보다 쓰기 활동과 통합하여 학습하는 것이 훨씬 효율적일 뿐만 아니라, 학생으로 하여금 지식 구성의 과정을 경험하게 해준다는 점에서도 큰 장점이 있다. 학문 영역에서의 정보의 발견, 지식의 구성은 작문이라는 형식을 통하여 이루어지기 때문이다.

이런 점에서 요약문 쓰기에 대한 학습은 중요한 의미가 있다. 요약문은 단순히 텍스트의 글자수를 줄여 놓은 것이 아니라 텍스트의 중심 내용을 파악하여 요약문 필자의 언어로 재구성한 새로운 텍스트이다. 그러므로 텍스트를 요약적으로 읽는 방법을 학습해야 하는 것과 동일하게 요약문 쓰기에 대한 학습도 필요하다.

2. 활동의 절차

• 산이 수입에서 요약아기의 개념과 숭요성, 그리고 이에 내안 악습의 필요성을 이해한다. 그리고 요약하기의 일반적인 원리를 이해하고 적용할 수 있도록 한다.
• 요약하기의 중요성이나 필요성을 보여주는 경험 등을 발표하고, 이를 바탕으로 하여 요약문 쓰기에 대한 학습의 동기를 형성한다. 학과 학문의 학습 과정에서

요약문 쓰기가 얼마나 빈번하게 요구되는지를 생각해 보고 발표하여 이에 대한
중요성을 이해할 수도 있다.
• 예시문을 읽고 요약문의 일반적인 형식과 내용을 이해한다. 이 때 이전에 작성
했었던 요약문을 예시문처럼 활용할 수도 있다. 이는 교실의 상황 맥락을 고려
한다.
• 작문 과제에서 요구하는 과제를 수행하기 위하여 읽을 텍스트를 선정하고 요약
하기 원리를 적용하여 요약 활동을 수행한다. 그런 다음, 요약문 쓰기를 한다.

3. 활동의 응용

요약문 쓰기는 요약하기와 관련되어 있어 읽기 자료(텍스트)의 변인을 통제함으
로써 다양한 방법으로 요약문 쓰기를 응용할 수 있다. 단일 텍스트를 제시하고 요
약문을 쓰도록 하는 방법, 둘 이상의 텍스트를 제시하고 요약문을 쓰도록 하는 방
법, 문학 작품을 텍스트로 제시하고 요약문을 쓰도록 하는 방법 등이 가능하다.

단일 텍스트를 요약하는 것은 요약문 쓰기 활동의 가장 일반적인 형태이다. 이
러한 활동에서는 텍스트의 난이도가 곧 요약문 쓰기 활동의 난이도와 같다.

둘 이상의 텍스트를 요약하는 것은 다중텍스트(multi-text)의 요약인데, 이는
더 높은 수준의 요약 능력이 요구된다. 여러 텍스트의 내용을 비교하고 대조하여
중심 내용을 선별적으로 파악해야 할 뿐만 아니라, 각 텍스트가 제공하는 정보나
지식을 재구성하여 새로운 텍스트로 만들어야 하기 때문이다. 대학생 필자의 수준
에서 이루어지는 일반적인 요약문 쓰기는 이러한 수준의 활동 범주에 속한다고 할
수 있다.

특히 다중 텍스트의 방법으로 응용할 때, 텍스트의 다양한 관련성을 충분히 고
려할 필요가 있다. 텍스트들은 모두 다른 텍스트와 일정한 상호 텍스트(inter-
textuality)의 관계에 놓이는데, 이러한 관계를 활용함으로써 단조로울 수 있는
요약문 쓰기가 더욱 다채롭게 이루어질 수도 있다. 다중 텍스트를 활용하여 요약
문 쓰기를 할 때, 읽기 자료로 선정된 텍스트는 상호 보완적인 관계에 있는 것이
일반적이다.

그러나 이러한 텍스트의 선정 이외에 상호 경쟁적 관계에 있는 텍스트를 선정함
으로써 역동적인 요약문 쓰기가 가능해질 수 있다. 선정된 텍스트가 경쟁적 관계
에 놓여 있어 텍스트간의 역동성이 자연스럽게 드러나기 때문이다. 경쟁적 텍스트

는 두 텍스트의 주장이나 내용이 대립적이거나 상반된 것이다.

　이러한 활동을 수행하기 위해서 활용할 수 있는 요약의 원리는 다음과 같은 것들이 있다(한철우 외, 2001:70~72).

〈요약문 쓰기의 원리〉
- 킨치와 반다이크(Kintsch & van Dijk, 1978)의 원리
  ① 삭제(deletion) : 연속되는 명제들 중에서 후속 명제의 해석에 직접적이지 않거나, 부수적인 속성들을 지시하는 명제들은 삭제할 수 있다.
  ② 일반화(generalization) : 연속되는 명제들은 그것들보다 상위의 개념으로 대치할 수 있다.
  ③ 선택(selection) : 연속되는 명제들 중에서 또 다른 명제들에 의해서 지시되는 사실이나, 통상적인 조건들은 삭제될 수 있다.
  ④ 구성(construction) : 연속되는 명제들은 그 통상적인 조건이나 요소 결과들을 지시사는 하나의 명제로 대치될 수 있다.

- 브라운과 데이(Brown & Day, 1983)의 원리
  ① 사소하거나 불필요한 내용은 삭제한다.
  ② 중요한 내용이더라도 반복되는 내용은 삭제한다.
  ③ 항목의 목록들은 가능하면 상위어로 대치한다.
  ④ 행동의 하위 요소의 목록 대신 포괄적 행동으로 대치한다.
  ⑤ 주제문이 있으면 이를 선택한다.
  ⑥ 주제문이 없으면 스스로 구성한다.

　앞에서 다룬 요약문 쓰기의 응용은 정보를 전달하는 객관적 성격의 텍스트 요약과 관련된 것이다. 그런데 이러한 성격의 텍스트 이외에 문학 작품, 특히 소설을 자료 텍스트로 하여 요약문을 쓰는 활동으로 응용할 수 있다(김중신, 1997).

　소설 텍스트를 대상으로 하여 씌어지는 요약문은 양적 요약과 질적 요약으로 구분될 수 있다. 양적 요약이란 문학 작품으로서의 특징을 고려하지 않고 중심 내용인 줄거리를 중심으로 하여 이루어진 요약이다. 따라서 양적 요약문은 흔히 자연적 시간의 흐름에 따른 사건의 전개를 중심으로 삼는다. 양적 요약은 줄거리를 중심 내용으로 삼고 있기 때문에, 소설을 텍스트로 한 요약이나 영화를 텍스트로 한 요약이 거의 구별되지 않는다.

소설 텍스트의 질적 요약은 양적 요약과 달리 문학 작품으로서의 특징을 유지한 채 이루어지는 요약이다. 문학 작품의 특징을 유지해야 하므로, 화자(시점)나 어조 등을 동일하게 하면서 요약하는 것이다. 예를 들면, '사랑손님과 어머니'를 요약한다고 하면, 1인칭 관찰자의 시점(화자)도 유지하고 경어를 사용하는 어조도 그대로 유지하면서 요약이 이루어지는 것이다. 이러한 요약문에는 자료 텍스트에 담긴 문학 작품으로서의 유기적 특성이 잘 담겨 있다는 점에서 특징적인 요약문이라고 할 수 있다.

따라서 소설 작품을 중심으로 한 요약문 쓰기의 응용에서는 질적 요약을 중시할 필요가 있다. 자료 텍스트의 특징과 성격이 잘 유지되어 있으며, 이는 곧 문학 작품의 감상에도 중요한 기여를 할 수 있기 때문이다. 소설을 요약의 대상으로 하는 요약문 쓰기의 일반적인 원리는 다음과 같이 정리할 수 있다(김중신, 1997:200~203).

〈질적 요약문 쓰기원리〉
• 객관적 성격의 텍스트 요약의 원리를 활용한다.
• 자료 텍스트의 화자와 어조를 유지한다.
• 자료 텍스트의 문체와 분위기를 유지한다.

요약문의 초고가 완성되면 우선 필자 자신이 다시 읽어보고 자료 텍스트의 중심 내용이 올바로 드러나 있는지를 확인해 둔다. 그런 다음, 동료들과 초고를 돌려 읽고 요약문에 대한 평가 반응을 듣는다. 그리고 이를 바탕으로 하여 요약문을 수정하고 보완한다. 이러한 활동을 수행하기 위한 평가 기준은 다음과 같은 것을 참고할 수 있다.

〈평가 기준〉
• 요약문에는 텍스트의 중심 내용이 잘 파악, 정리되었는가.
• 요약문에는 텍스트의 정보와 지식이 선별되고 정리되어 있는가.
• 요약문은 텍스트의 내용이 간결하고 명확하게 진술되었는가.
• 요약문에 필자이 개인적인 관점이 포함되었는가.

▣ 활동의 아이디어

 – 개요는 요약과 달리 글의 내용을 어떻게 구성할 것인지를 계획하고 결정하여 도식적으로 표현한 것이다. 개요는 작문 내용의 구성을 어떻게 전개할 것인지를 도식적으로 보여주므로 작문의 청사진(blueprint)에 비유된다. 글의 개요를 작성하는 방법에는 글의 중심 제재와 종속 제재를 바탕으로 하는 것과, 글의 전체 주제와 종속 주제를 중심으로 하는 것 등이 있다.

개요를 작성할 때에는 다음과 같은 점을 고려해야 한다.

① 전체적으로나 부분적으로 순서에 이상은 없는가? 순서에 잘못된 점이 있을 경우, 순서를 적절히 조절한다.

② 불필요한 부분, 부족한 부분은 없는가? 불필요한 부분이 있으면 삭제하고, 부족한 부분이 발견되면 보충한다. 이에 대한 판단은 전체 주제를 기준으로 삼는다.

③ 간단하게 할 부분은 없는가? 내용이 복잡할 경우 작문 과정에 부정적인 영향을 미치므로 간명하게 정리한다.

④ 내용에 오류는 없는가? 내용 중 타당성이나 신뢰성이 의심스러운 곳은 수정하거나 보완한다.

⑤ 전체와 부분들이 조화를 이루는가? 전체 주제와 소주제가 부합하는지, 설명과 예시가 부합하는 등을 검토하고 적절하게 조절한다.

 – 요약문 쓰기를 위한 텍스트의 선정은 쓰기 능력뿐만 아니라 읽기 능력을 동시에 고려할 필요가 있다. 특히 다중 텍스트를 요약문 쓰기의 자료 텍스트로 선정하고자 할 때에는 텍스트간의 상호적 관계에 주목해야 한다. 텍스트들이 단순하고 양적인 보완을 넘어, 서로 경쟁하고 갈등하는 관계에 있는 텍스트를 선정함으로써 요약문 쓰기의 과정 자체가 역동적으로 변화될 수 있기 때문이다.

4. 예시문

▶ 예시문 1

바다의 자원(資源)

김재철

우리가 살고 있는 지구 표면의 3분의 2 이상이 바다로 되어 있다. 하지만, 인류는 오랫동안 배의 항로로서 바다를 이용하거나, 육지 가까운 바다에서 약간의 수산물을 얻었을 뿐이다.

그러나 20 세기에 들어와서부터 먼 바다나 깊은 바다 밑을 탐구(探究)하기 시작하였고, 그 결과, 바다에는 풍부한 자원이 있다는 것이 알려졌다. 인류가 문화 생활을 하게 되고, 또 인구가 불어나 육지의 자원에 한계(限界)를 느끼게 됨에 따라, 세계 여러 나라는 바다에 관심을 가지기 시작하였다. 1968년 12월, 국제 연합에서는 해양(海洋) 자원 이용을 위한 해양 연구 계획을 세우기로 결의하였고, 그에 따라 1970년 이후, 세계 여러 나라는 이 계획에 협조하여 해양에 관한 연구를 진행하게 되었다. 그리하여 바다는 식량, 광물, 에너지 등 천연 자원의 보고이며, 자연의 균형(均衡)을 지켜 주는 조정자라는 것을 알게 되었다. 또, 여러 나라는 바다를 미래의 영토(領土)로 여기게 되었고, 2백 해리까지의 경제 수역을 내세우고 바다 밑 자원 개발에 앞을 다투게 되었다. 이와 같이 바다에 대한 관심이 새로워지자, 세계는 새로운 해양법의 필요를 느껴, 오랜 협상 끝에 새 해양법을 정하여 1994년부터 발효하게 되었다. 따라서, 인류는 자원의 무한한 보고인 바다에 눈을 돌려, 새로운 관심을 가지고 그것의 개발(開發)에 노력을 다하고 있다.

우리가 먹을 수 있는 바다 생물에는 김, 미역 등의 해조류(海藻類)와 식물성 플랑크톤을 포함한 해양 식물(海洋植物), 그리고 다랑어, 연어 등의 어류 및 각종 동물을 포함한 해양 동물 (海洋動物)이 있다. 해양 식물은 좋은 영양분을 함유하고 있어서 미래의 유망한 식량 자원이고, 해양 동물도 우수한 단백질과 지방분을 제공해 주는 훌륭한 식량 자원이다. 남극해의 고래 먹이인 크릴만 하더라도 10억 톤이 넘는다고 한다. 이를 개발하면 미래의 중요한 식량 자원이 될 것이다.

바다의 생산성(生産性)은 육지보다 훨씬 높다. 플랑크톤은 하루에 한 번씩 수확

할 수 있고, 미국 캘리포니아 연안에서 자라는 자이언트 켈프라는 해조는 하루에 60 센티미터씩 자라며, 고래는 3~4 년이면 다 자라 그 큰 고래가 된다고 하니, 바다에서 자라는 동식물의 성장이 얼마나 빠른가 알 수 있다. 게다가, 바다 생물이 사는 생활 공간이 육지 생물의 그것보다 3백 배나 넓으니, 바다의 생산성이 얼마나 엄청난 것인가를 알 수 있다.

바다 밑에는 석유, 천연 가스, 석탄, 망간, 니켈 등의 자원이 풍부하다. 멕시코 만, 북해, 나이지리아 앞바다 등 여러 곳에서 석유를 개발하고 있으며, 천연 가스도 얻고 있다. 화석 에너지의 으뜸인 석탄도 엄청나게 바다 밑에 매장되어 있을 것으로 생각되지만, 아직 정확한 조사는 되어 있지 않은 상태이다. 또, 태평양 바다 밑에만도 망간 4천억 톤, 니켈 147억 톤이 깔려 있다고 한다. 이 밖에, 세계 여러 나라 연안에는 사금, 백사금, 사철, 다이아몬드 등이 매장되어 있고, 바닷물 속에도 금이나 은이 많이 용해되어 있는 것으로 알려져 있다. 우리 나라는 바다 밑의 광물 채취를 위해 1994년에 하와이 동남 해역에 15만 km^2의 해저 광구를 국제 연합에 등록하였다.

우리의 현대 생활은 문명의 발달로 말미암아 엄청나게 많은 에너지를 필요로 하게 되었는데, 이 에너지는 대부분 석탄, 석유, 천연 가스, 우라늄 등에서 얻고 있다. 이 광물 에너지는, 개발 한계에 다다랐을 뿐만 아니라, 그 이용 과정에서 많은 공해(公害) 요인(要因)을 만들어 낸다는 문제점이 있다. 그러나 바다에는 공해를 발생시키지 않는 무한한 에너지 자원이 있다. 끊임없이 밀려오는 파도, 이 바다에서 저 바다로 돌고 도는 해류, 하루에 두 번씩 어김없이 일어나는 밀물과 썰물의 에너지를 합치면 수백조(兆) kW가 된다고 한다.

프랑스의 랭스 강 하구에는 24만 kW 용량의 조력(潮力) 발전소가 세워졌고, 우리 나라의 서해안도 유력한 조력 발전소의 후보지로 되어 있다. 또, 멕시코 만류처럼 일정한 방향으로 흐르는 해류를 이용하면 엄청난 에너지를 얻을 수 있다. 뿐만 아니라, 바다의 표면과 바다 밑의 온도차를 이용해서도 많은 전력을 얻을 수 있다. 그리고 파도를 이용해서도 전력(電力)을 얻을 수 있다.

바다는 예부터 교통로로서 중요한 역할을 해 왔으며, 오늘날에는 항로 이외에도 각종 산업 시설의 공간으로 활용되고 있다. 즉, 바다 밑의 자원을 개발하거나 해상 발전소를 설치하는 장소로 바다의 공간을 이용할 뿐 아니라, 해상 공항, 인공 섬으로 된 항만을 만들어 해운 교통에 이용하게 되었다. 머지않아 바닷속에 설치한 진공 수송관을 달리는 열차도 등장하게 될 것이다. 또, 바닷속은 온도 변화가 적어 식량의 저장고로 사용할 수 있으며, 화재의 위험이 적어 석유나 가연성(可燃性) 물질의 저장고로도 이용할 수 있다.

그러나 인류에게 더 가치 있는 바다 공간의 이용은 휴양과 오락을 위한 장소로서의 이용일 것이다. 해수욕장으로는 말할 것도 없고, 수상 스키, 요트 경기, 파도 타기, 잠수 등을 즐길 수 있는 공간으로 이용되고 있을 뿐 아니라, 바닷속 공원은 육지의 번잡을 잊고 바다의 아름다움을 감상하는 공간으로 이용될 것이다.

지구 전체 물의 97 %를 차지하는 바닷물은, 지구상에 생명체를 발생시켰을 뿐 아니라, 지금도 수많은 생명의 원천(源泉)이 되고 있다. 바닷물은 태양으로부터 받은 많은 열을 저장하여 지구의 온도를 조절하고, 지구상의 모든 폐기물을 흡수하여 환경을 보호(保護)하며, 지구가 지니고 있어야 할 여러 가지 균형을 유지시켜 준다.

인류는 우주 개발에 많은 힘을 쏟아 왔다. 그래서 달의 뒷면은 물론이고 먼 별의 신비까지도 알 수 있게 되었다. 그러나 인류에게 부족한 여러 가지 자원을 얻기 위해서 바다를 먼저 개발해야 한다는 생각이 점점 강해져 가고 있다. 지구를 소중히 보호하기 위해서나, 미래의 번영을 위한 자원 개발을 위해서나, 바다를 알고, 바다와 친하고, 또 바다를 이용하는 것은 중요한 일이다.

바다를 모르고 바다에 덤벼들 때에는 바다가 주는 시련에 부닥치게 되지만, 바다를 알고 사랑하면서 바다의 신비를 벗겨 나갈 때, 인류는 새로운 해양 시대를 맞이하게 될 것이다. 인류의 역사(歷史)를 돌이켜볼 때, 먼저 바다를 알고 바다로 나간 민족이 오랫동안 강대국의 지위를 누렸음을 알 수 있다.

새로운 해양 시대를 맞으려는 지금, 지구의 마지막 보고인 바다에 눈을 돌려, 바다를 개발하고 보존(保存)하는 일은 어느 일 못지않게 중요한 일이다.

    - 교육부(1996:198~203), 『중학교 국어 2-1』, 서울 : 대한교과서.

※ 요약문(학생글)

인류는 오랫동안 바다를 항로와 약간의 수산물을 얻는 데 이용했다. 20세기에 들어서서 인류는 바다에 관심을 갖고 이의 개발에 노력하고 있다.

우리가 먹을 수 있는 바다생물인 해조류와 해양식물, 해양동물 등은 미래의 중요한 식량 자원이 될 것이다. 바다의 생산성은 매우 높은데, 그 이유는 바다 밑에는 지하자원(광물자원)이 풍부하기 때문이다. 또한 바다에는 파도, 해류, 밀물과 썰물 등 공해를 발생시키지 않는 무한한 에너지 자원이 있다. 그래서 세계 여러 나라는 해류, 바다의 온도차, 파도 등을 이용해 전력을 얻고 있다.

바다는 항로 이외에도 각종 산업 시설 공간, 저장고 등의 공간으로 활용되고 있다. 바다를 휴양과 오락을 위한 공간으로 활용하면 그 공간적 가치가 훨씬 높을 것이다. 바닷물은 생명의 원천이고, 지구의 온도 조절, 환경보호, 여러 가지 균형 유지의 역할을 한다. 그래서 지구의 보호, 자원의 개발을 위해서, 바다를 알고, 친하고 이용하는 것은 중요하다. 바다를 알고, 바다에 나갈 때, 바다의 주인공이 될 수 있으므로, 바다에 눈을 돌려 바다를 개발하고 보존하는 것은 매우 중요하다.

▶ 예시문 2

'메밀꽃 필 무렵'의 요약문

여름장이란 애시당토 글렀다. 얼금뱅이요 왼손잡이인 드팀전의 허생원은 동업자인 조생원과 짐을 꾸리기 시작한다.

충줏집 문을 들어섰을 때 계집과 농탕이를 치고 있는 동이를 보자 생원은 발끈 화가 나서 동이의 따귀를 갈겨주었다.

"네게도 아비 어미가 있겠지."

동이가 대거리도 없이 나가 버리자 허생원은 도리어 측은하게 여겨졌다. 얼마 뒤 동이가 황급히 허생원을 부르러 왔다.

"생원 당나귀가 바를 끊고 야단이에요."

반평생을 같이 지내온 짐승이었다.

20년을 같은 달빛에 젖으며 함께 걸어 다니는 동안 사람과 짐승이 함께 늙었다. 아이들에게 호령을 하며 채찍을 들고 쫓았다.

"왼손잡이가 사람을 때려."

달아나는 아이 하나 후질 수가 없었다. 조선달과 동이는 제 나귀에 안장을 얹고 짐을 싣기 시작했다.

허생원은 오늘 밤도 또 그 이야기를 끄집어 낸다. 조선달은 귀에 못이 박히도록 들어왔지만, 그렇다고 싫증을 낼 수도 없었다.

"달밤에는 그런 이야기가 격에 맞거든."

대화까지는 80리 밤 길. 고개를 둘이나 넘고 개울을 하나 건너고 벌판과 산길을 걸어야 되는 그런 길이다. 달의 숨소리가 손에 잡힐 듯이 들리며 메밀꽃 냄새가 달빛에 숨이 막힐 지경이다.

길이 좁은 까닭에 세 사람은 나귀를 타고 외줄로 늘어섰다.

"꼭 이런 날 밤이었네. 객주집 토방이 너무 더워서 혼자 일어 나 개울에 목욕하러 나갔지. 달이 너무 밝은 바람에 옷을 벗으러 물방앗간으로 들어가지 않았겠나. 거기서 난데없는 성서방네 처녀와 마주쳤지."

구수한 자주빛 연기가 밤기운 속에 흘러서 녹았다.

"처음엔 놀라는 눈치였지만 이럭저럭 이야기가 되었네. 다음 장엔 벌써 온 집안이 사라진 뒤였네. 제천 장판을 몇 번이나 뒤졌지만 처녀의 꼴은 찾을 수가 없었네."

산길을 벗어나니 큰길이 틔었다. 동이가 앞으로 나서 나귀들은 가로 늘어섰다. 고래를 넘자 개울이었다. 장마에 떠내려간 다리가 아직 걸리지 않은 까닭에 벗고 건너야 했다.

"모친의 친정은 원래부터 제천이었나?"

"봉평이라고만 들었어요."

"그래, 그 아비 성은 무엇이구?"

"알 수 있나요. 도무지 듣지를 못 했으니까."

물은 깊어 허리까지 찼다. 허생원은 눈을 까물거리다가 발을 헛디뎌 몸째 물에 풍덩 빠져 버렸다. 동이가 소리를 치며 다가와 그를 해깝게 업을 수 있었다.

"주막까지 부지런히들 가세나. 내일 대화장 보고는 제천이다."

"생원도 제천으로?"

"오랜만에 가 보고 싶어. 동행하려나, 동이?"

나귀가 걷기 시작하였을 때 동이의 채찍은 왼손에 있었다. 눈이 어둡던 허생원도 이번에는 동이의 왼손잡이가 눈에 띄지 않을 수 없었다. 걸음도 가볍고 방울소리가 밤 벌판에 울려퍼졌다. 달이 어지간히 기울어졌다.

-김중신(1997:207~208), 『문학교육의 이해』, 서울 : 태학사.

5. 요약문 쓰기

※ 다음 글이나 책 중에서 하나를 선정하여 읽고 요약문을 써 보자. 또는, 자신이 스스로 글이나 책을 선택하여 요약문을 써 보자.
- 조한욱, 『문화롭 보면 역사가 달라진다』, 책세상, 2000.
- 최재천, 『개미 제국의 발견』, 사이언스북스, 1999.
- 채만식, '탁류', '태평천하' / 김유정, '동백꽃', '금 따는 콩밭'

제 8 강 설명문 쓰기

1. 개념 및 필요성

　설명문은 정보를 전달하는 글의 대표적인 유형으로서, 어떤 대상에 대한 정보를 독자에게 제공하기 위하여 씌어지는 글이다. 정보를 전달해 주는 글은 모두 설명문이라는 장르로 묶을 수 있어서 매우 보편적으로 접할 수 있다. 교과서도 주로 설명문으로 구성되어 있고 생활 속에서 흔히 접하는 사용 설명서나 안내문 등도 설명문의 범주에 속한다.

　설명문은 '설명'이라고 하는 인지적 작용을 근간으로 삼고 있는데, 기본적으로 '설명'이라고 하는 인지적 작용은 필자가 더 많은 것을 알고 있을 때에만 일어난다. 필자가 독자보다 비슷한 수준으로 알고 있다거나, 더 많이 알고 있지 못하다면 '설명'이라고 하는 인지적 작용은 수행되지 않는다. 이러한 이유에서, 설명문에서는 필자가 독자보다 더 많은 것을 알고 있기 때문에, 필연적으로 정보에 관한 권위 문제가 발생한다. 즉, 설명문에서 제공되는 정보는 필자로부터 독자에게 이동하는 것으로 비유할 수 있으므로, 필자는 독자보다 더 큰 권위를 소유하게 된다. 일반적으로 설명문의 필자는 배경 지식을 풍부하게 갖춘 전문가들이 대부분이라는 점은 이에 대한 적절한 예가 될 것이다. 따라서 학습의 상황 맥락에서, 설명문을 쓰고자 한다면, 설명문을 쓰려고 하는 필자는 주제와 관련된 정보에 대해서 많은 자료를 수집할 필요가 있으며, 이를 면밀히 읽어 합리적인 '설명'이 가능할 수 있도록 준비해야 한다.

　설명문은 설명의 방식을 활용하여 내용을 구성하는데, 가장 일반적인 방법은 정의, 비교, 분류, 분석, 인용, 예시 등이다. 정의는 어떤 대상에 대해 그 명확한 의미가 무엇인지를 결정하는 것이고, 비교는 둘 이상의 어떤 대상에 대해 그 공통점이 무엇인지를 발견하는 인지적 작용이다. 분류는 어떤 대상을 더 작은 하위 개념이나 단위로 나누는 것이고, 분석은 어떤 대상의 속성을 나누어 밝히는 것이다. 인용은 다른 사람이나 자료로부터 주장이나 학설을 빌려오는 것이고, 예시는 대상에 대한 설명을 구체화하기 위하여 실증적인 사례를 드는 것이다. 이러한 설명의 방식을 활용함으로써 설명문을 더 효과적으로 쓸 수 있다.

설명문을 쓸 때에는 객관적으로 진술되어야 한다는 점과 일정한 순서에 따라야 한다는 점에 주의하여야 한다. 설명문에서는 정보와 관련된 의미의 전달에 중점을 두므로 필자의 주관적인 감정이나 느낌을 개입시키지 않고 써야 한다. 이러한 표현의 방식이 객관적인 표현이라고 할 수 있는데, 설명문에서는 객관적 표현이 보편적이므로 설명문에서의 '설명'과 '객관적인 표현'은 거의 동의어 수준에 놓인다. 설명문이 객관적 표현을 중심을 삼는다는 것은 문학적인 글과의 대표적인 차이점이라고 할 수 있다. 문학적인 글에서는 객관적인 표현보다는, 필자의 생각이나 느낌, 정서나 감정의 표현이 두드러지기 때문이다.

설명문은 단락의 구성과도 중요한 관련을 맺는다. 단락과 단락이 긴밀성이 없이 연결되기보다는 유기적으로 연결되는 것이 좋다. 단락과 단락의 연결이 긴밀할수록 대상에 대한 설명이 독자에게 명확하게 이해될 가능성이 높기 때문이다. 그래서 설명문에서는 일정한 순서를 지키는 것이 중요하다. 일정한 순서는 전체에서 부분으로 진행하는 방향을 취하거나 처음으로부터 시작하여 끝으로 설명하는 진행 방향을 취한다. 어떠한 방식이 적절한지는 설명의 대상이 무엇인가에 따라 다소 다를 수 있는데, 이러한 일정한 순서를 지킴으로써 설명문의 내용 전개가 체계적으로 이루어지게 된다.

설명문의 단락을 구성할 때에는 비교-대조, 원인-결과, 문제-해결 등의 방식을 활용할 수 있다. 비교-대조는 둘 이상의 설명 대상에 대하여 그 공통점과 차이점을 중심으로 하여 단락을 구성하는 것이다. 두 대상의 공통점과 차이점을 나열함으로써 독자는 각 대상에 대해 더 간명하면서도 쉽게 이해할 수 있게 된다. 원인과 결과는 앞 단락에서 대상과 관련된 원인을 제시하고 뒤 단락에서 그 원인으로부터 비롯된 결과를 제시한다. 이러한 설명의 방식은 독자에게 설명 대상과 관련된 원인과 결과를 명확하게 이해하는 데 큰 도움을 제공해 준다. 문제-해결은 대상과 관련된 문제를 제시하고 그와 관련된 해결을 뒤에 제시하는 단락의 전개 방법이다. 이러한 단락의 전개를 통하여 독자는 대상에 대한 구체적인 정보를 용이하게 파악할 수 있고, 파악한 정보를 더 오래 기억할 수 있다.

설명문은 대상에 대한 정보를 전달하는 글이고 일상적으로 흔히 접하는 글이라는 점에서 이에 대한 학습의 필요성이 제기된다. 정보의 전달은 의사소통의 중요한 부분을 이루므로 설명문 쓰기를 학습할 필요가 있다. 생활 가운데 정보를 얻기 위해서 설명문을 많이 읽기도 하지만, 정보를 전달해 주기 위해서 설명문도 쓸 수 있어야 한다.

2. 활동의 절차

- 간이 수업에서 설명문의 중요성과 작문 학습이 필요성에 대해 이해한다. 이 과정에서 학습의 과정에서 접하는 설명문에는 무엇이 있는지, 생활 속에서 접하는 설명문에는 무엇이 있는지를 조사하고 발표한다.
- 설명문이 지닌 내용 구성의 특징, 표현의 특징에 대해 이해하고, 설명문 쓰기에서 직접 활용할 수 있도록 한다. 그리고 설명문 쓰기를 올바로 수행하기 위해서는 설명 대상에 대한 정보를 많이 확보하고 있어야 함을 이해하는 것이 중요하다. 따라서 설명 대상과 관련된 정보를 구하는 방법에 대해서도 알아보고 발표한다.
- 예시문을 읽으면서 이러한 내용의 요소와 관련성을 발견한다. 또한 단락의 전개 방법과 설명의 방식을 찾아보고, 다른 자료를 더 조사해 본다.
- 작문 과제에 따라 자료를 수집하여 정리하고, 설명문을 작성한다.

3. 활동의 응용

설명문은 일상적으로 흔히 접하는 장르인만큼, 활동의 응용을 다양하게 할 수 있다. 특히 설명의 대상을 일상 생활과 밀접한 관련이 있는 것으로 선정한다면, 설명문 쓰기의 학습은 생활과 유기적으로 관련어 생활과 글이 분리되지 않는 진정한 작문 학습(authentic learning to write)이 가능할 수 있다. 예를 들면, 집에서 애완견을 기를 경우, 이 애완견에 대한 설명문을 쓰도록 한다면, 이 설명문 쓰기를 통해서 애완견에 대해서 더 많은 정보를 얻게 될 것이고, 이는 결국 애완견을 돌보는 데에도 긍정적으로 기여할 수 있을 뿐만 아니라, 작문 학습에도 긍정적인 영향을 미칠 수 있을 것이다. 이처럼, 설명의 대상을 생활 가운데에서 찾는 방법을 활용함으로써 설명문 쓰기의 활동을 확장할 수 있다.

그리고 설명문이 일반적으로 학습의 장면에서 활용된다는 점을 염두에 두면 다른 방향으로의 응용도 가능하다. 학습의 장면에서, 학생들은 정보나 지식을 얻기 위하여 설명문을 읽고, 학습한 결과를 표현하고 산출하기 위하여 설명문을 쓰게 된다. 즉 이러한 장면을 염두에 두고, 학습 내용인 지식이나 정보를 머리로 암기하기보다 설명문을 써서 알려 주는 상황을 가정하고 설명문 쓰기를 하는 것이다. 사실은 정보나 지식을 암기해야 하는 학습자의 위치이지만, 그것을 설명하는 위치에 서서 설명 대상과 관련된 자료를 파악하고 정리하여 설명문으로 재구성하여 봄으로써 더 효율적인 학습이 가능할 수도 있다. 글의 형태로 표현하면 암기의 수준을 넘어 정보나 지식을 생산하는 과정을 경험하게 되고, 정보나 지식을 새롭게 구성하여 표현하는 과정에서 폭넓고 더 깊은 이해도 가능해진다. 이러한 방면으로의 응용은 내용 교과나 분과 학문의 학습과 관련짓는 것이다.

정보를 전달하는 다른 장르인 보고서와의 연계도 활동의 확장이 될 것이다. 보고서를 새롭게 써서 관련을 지을 수도 있고, 이미 씌어진 보고서를 활용하여 설명문과 관련지어 활동을 응용할 수도 있다. 즉, 보고서의 내용을 설명문의 형식으로 재구성하도록 하는 것이다. 보고서는 보고서의 형식을 준수하여 씌어지는데, 이 형식으로는 설명문의 범주에 들기 어렵다. 따라서, 새로운 사실을 발견하기 위하여 씌어진 보고서를 활용하여, 그 보고서에서 밝히 정보를 설명하는 글을 쓰는 것은 의미 있는 설명문 쓰기의 확장이 될 것이다.

설명문 쓰기의 학습을 할 때, 설명문 전편을 쓰기 위해서 온 힘을 기울이는 것도 의미 있는 일이지만, 그것이 어려운 경우라면 단락 중심의 쓰기도 고려해 보는 것이 좋다. 단락 중심의 쓰기 지도 방법이 여러 작문 연구자들에 의해서 이미 제안되었는데, 이러한 방법은 설명문 쓰기에 가장 적합하다. 설명은 설명의 방식에 따르는 것이 일반적이며, 주제문장과 뒷받침 문장의 배열이 가장 명확하여 단락 구성이 뚜렷하게 드러나기 때문이다. 단락의 전개가 비교-대조, 원인-결과, 문제-해결의 구조를 보이는 것도 단락 중심의 설명문 쓰기가 적절할 수 있다는 판단에 대한 근거가 될 것이다. 설명문 쓰기에서는 단락 중심의 쓰기도 좋은 지도의 방법이 될 수 있디.

설명문은 대상에 대한 정보를 풍부하게 수집하는 것이 중요하다. 앞에서, 이러한 특징은 필자가 소유하게 되는 권위와 관련된다는 점을 지적한 바 있다. 따라서, 설명문을 쓰는 것만큼 설명문을 쓰기 위해서 설명 대상에 대한 풍부한 정보를 수집하는 방법을 이해하는 것도 중요하다. 이러한 필요성을 충분히 이해하도록 하기 위해, 정보를 많이 알고 쓰는 설명문과 그렇지 못한 상태에서 쓰는 설명문이 어떠한 차이를 가져오는지를 비교해 보는 활동을 할 수도 있다. 글의 내용이 어떠한 차이가 있을 것인지를 예측하는 것은 그리 어려운 일이 아니지만, 이러한 확장된 활동을 수행해 봄으로써 설명문 쓰기에서는 정보의 확보가 중요한 요소를 이룬다는 점을 이해하는 것은 충분히 의미 있는 일일 것이다.

이상에서 언급된 것을 바탕으로 하여 활동 응용의 예를 정리하면 다음과 같다.

〈활동 응용의 예〉
• 생활 속에서 친숙한 대상을 선정하여 설명문을 쓴다.
• 학습과 관련된 정보나 지식을 설명하는 글을 쓴다.
• 보고서에서 밝힌 정보를 설명문으로 형식을 바꾸어 쓴다.
• 단락 중심의 방법을 활용하여 설명문을 쓴다.
• 자료 수집의 중요성과 방법을 설명문과 관련지어 이해하고 발표한다.

작문 과제에 따라 설명문의 초고를 완성하였으면 동료들과 돌려 읽고 평가 반응을 듣는다. 설명의 대상에 따라 동료 이외의 다른 전문가에게 평가 반응을 들을 수도 있다. 이렇게 하여 수집한 평가 반응을 고려하여 설명문을 수정하고 보완한다. 이 과정에서 필요한 자료나 부족한 자료를 더 찾아 보완할 수 있으며, 이러한 수정과 보완은 적극적으로 권장된다. 설명문은 고쳐 쓸수록 간명한 표현에 접근할 수 있어, 이해가 쉬운 설명문을 쓰는 데 큰 도움을 준다. 평가 반응을 위해 사용할 수 있는 평가 기준은 다음과 같은 것을 활용할 수 있다.

〈평가 기준〉
• 설명 대상에 대한 정보를 충분히 수집하였는가.
• 설명문을 쓰기 위하여 수집한 정보는 신뢰성이 있는가.
• 설명문에서 사실과 의견을 명확하게 구별되고 있는가.
• 설명문의 진술은 객관적이며 이해하기 쉽도록 간명하게 표현되었는가.
• 설명문은 설명 대상에 적합한 일정한 순서를 고려하여 씌어졌는가.
• 설명문은 설명의 방식을 활용하여 씌어졌는가.

■ 활동의 아이디어

　－설명문 쓰기에서는 설명 대상과 관련된 정보를 풍부하게 마련하는 것이 중요하다고 하였는데, 이와 관련하여 수집된 정보가 과연 신뢰성이 있는지를 판단하는 것도 중요하다는 점을 지적해 두어야 할 것이다. 설명문은 정보를 전달하는 글이므로 신뢰성이 적은 자료를 활용하였다면 오류의 정보를 제공하는 셈이 되어 설명문을 쓰는 목적에 반하는 결과를 초래하게 된다. 상황에 따라서는, 정보의 신뢰성이 필자의 신뢰성으로 이어지는 경우도 있으므로 이 점을 주의해야 한다.

　신뢰성이 있는 정보를 얻기 위해서는 정보를 제공하는 자료가 우선 신뢰성이 있어야 한다. 이 때 그 정보가 어디에 수록되어 있는 것인지를 분명하게 밝히는 것이 좋다. 신뢰성이 있는 정보를 얻기 위해서는 어떻게 하는 것이 좋은지, 수집한 정보가 신뢰성이 있는지 없는지를 판단하는 기준은 무엇인지 등에 대해서 토의 토론을 진행할 수 있다. 또는 잘못된 정보를 제공한 글을 읽고 입었던 피해나 손해 등의 경험을 발표하게 할 수도 있다. 이러한 활동은 설명문에서는 제공되는 정보의 질적인 문제도 중요하다는 점을 깨닫는 기회를 마련해 준다는 점에서 중요한 의의가 있다.

4. 예시문

▶ 예시문 1

가축을 기르는 개미들

　동물 세계에서 우리 다음으로 가축을 많이 기르는 동물들을 꼽으라면 역시 개미를 들 수 있다. 서로 좋은 달라도 같이 살며 서로에게 이익을 제공하는 이른바 공생관계를 이야기할 때 흔히 언급되는 '개미와 진디'가 그 좋은 예다. 개미는 진디를 무당벌레나 풀잠자리 같은 천적 곤충들로부터 보호해 주고, 대신 진디는 식물로부터 빨아들인 영양분의 일부를 개미에게 제공한다.

　진디와 개임의 행동을 자세히 관찰해 보면 그들이 어쩌다 만나 함께 지내다 보니 가끔 서로 돕기도 하는 정도의 관계를 갖고 있는 것이 아니라는 것을 알 수 있다. 영국 학자들에 의해 관찰된 한 개미와 진디의 경우를 보면 진디들은 하루 시간 중 겨우 14% 동안만 개미의 보호를 받지만 그들이 하루 만들어 내는 단물의 84%

가 이 시간 동안에 생성된다. 다시 말해서 진디가 단물을 만드는 목적은 거의 전적으로 개미를 위해서라는 것이다.

개미 한 마리가 진디 한 마리로부터 짜내는 단물의 양은 실제로 얼마 되지 않는다. 그러나 군락 전체로 보면 워낙 많은 일개미들이 제가끔 진디들을 사육하며 거둬들이는 덕택에 단물로부터 얻는 영양분은 때로 군락 전체 식량의 75%에 달하기도 한다. 가히 낙농을 전문으로 하는 개미들이라 해도 과언이 아니다.

단물의 성분을 분석해 보아도 진디들이 얼마나 개미들에게 정성스레 보답하는가 알 수 있다. 진디는 식물로부터 빨아올린 즙의 일부를 그대로 개미에게 제공하는 것이 아니다. 진디가 개미에게 바치는 단물은 물과 탄수화물을 비롯하여 각종 아미노산과 온갖 영양소들이 골고루 들어 있는 이른바 완전 영양식이다.

한편 개미 또한 잔디들을 그저 단순히 보호만 하는 것이 아니다. 양치는 소녀가 양떼를 풀이 많은 곳으로 몰고 다니듯, 개미도 때론 진디를 이 잎 저 잎으로 몰고 다닌다. 식물로부터 보다 많은 즙을 빨아 당길 수 있도록 명당자리를 찾아 옮겨 다니는 것이리라.

또 어떤 개미들은 진디들을 초원에 풀어놓고 기르는 대신에 외양간을 짓고 그 안에서 사육하기도 한다. 개미들은 식물의 뿌리나 뿌리에 가까운 줄기에 흙으로 움막을 만들고 그 속에서 진디들을 키운다. 필자는 미국 펜실베이니아 주립대학에서 석사과정을 밟던 시절 지금은 클렘슨 대학의 곤충학과 교수인 애들러 박사와 함께 낡은 곤충학과 트럭을 몰고 종종 인근 숲속으로 야외 관찰을 나가곤 했다. 거기서 우리는 키가 1m정도밖에 되지 않는 사시나무 줄기의 맨 아래 흙담으로 둘러싸인 움막 속에서 개미들이 진디떼를 사육하고 있는 것을 발견했다. 그 후 우린 사흘이 멀다 하고 그곳을 찾으며 개미와 진디의 행동을 관찰했다. 그러던 어느 날 개미와 진디는 흔적도 없이 감쪽같이 사라져 버렸다. 그때가 유월 마지막 주였는데, 더욱 신기한 것은 똑같은 일이 그 다음 해에도 거의 같은 때 똑같은 형태로 일어났다는 사실이다. 그러나 이듬해 여름 필자가 하버드 대학으로 옮겨야 했기 때문에 우리들의 공동연구는 더 이상 진전되지 못했다. 우리는 요즘도 가끔 그 일을 되새기며 의문을 풀지 못한 아쉬움을 달래곤 한다.

　－최재천(1999:40～42), 『개미 제국의 발견』, 서울: 사이언스북스.

▶ 예시문 2

〈전망〉의 개념

　단순한 〈연대기적 기록〉과 인과율을 지닌 〈플롯〉의 차이는 선택과 구성(배열)의 원리에 있다. 〈선택과 구성의 원리〉는 객관현실을 반영하는 과정에서 〈세계관〉의 작용에 의해 생겨나며, 플롯을 구성하는 형식 원리로는 〈전망〉이라고 부른다. 따라서 연대기적 기록과 플롯의 차이는 후자가 선택원리로서 전망을 지닌다는 점에 있을 것이다. 플롯의 인과율 역시 선택과 구성의 원리인 전망에 의해서 생겨난다.

　한 예로 문학사를 쓰는 과정을 생각해 보자. 만일 주어진 기간에 매해 발표된 작품들을 그냥 나열한다면 그것은 〈연대기적 기록〉이 될 것이다. 문학사를 구성하려면 우선 그 연대기적 기록에서 중요한 작품을 선별하는 과정을 거쳐야 한다. 이러한 선별(선택)은 물론 문학사를 쓰는 사람의 〈관점〉에 의거한 것이다. 올바른 관점에 의해 선택된 작품들은 이제 다른 작품들과 〈인과적 관계〉로 연결되어 〈배열〉된다. 이처럼 선택과 배열(구성)의 원리에 의해 특정한 인과 관계로 연결되어 기술된 문학사는 단순한 연대기적 기록이 아니라 하나의 〈플롯〉이 된다. 또한 그것이 올바른 〈선택과 배열의 원리〉에 의해 구성된 플롯이라면 그 문학사는 앞으로 나아갈 바를 〈전망〉하게 된다.

　이처럼 전망(perspective)은 앞으로 나아갈 바를 미리 보여주는 것이 아니라 현재(현실)의 실상을 올바로 투시함으로써 얻어진다. 그 점에서 〈전망〉은 선택과 배열(구성)의 원리로 현실의 실상을 투시하는 〈원근법(perspective의 또다른 번역)〉으로 불리기도 한다. 올바른 원근법으로 현실을 투시하면 앞으로 나아가는 방향 감각으로서 전망이 얻어지는 것이다.

　전망에 대한 가장 상세한 논의는 루카치에 의해 전개되었다. 루카치에 의하면 선택 원리로서의 〈전망〉은 본질적인 것과 비본질적인 것, 핵심적인 것과 주변적인 것을 선별하면서, 이야기의 실마리를 정리해 주고 인물들의 발전 방향을 결정한다. 즉 전망은 현실의 반영(내용)이나 소설 형식 양자에 있어 방향성을 결정함으로써 소설의 내용에 인과감과 형식적 질서를 부여한다. 전망은 이처럼 현실 내용을 이야기로 형식화하는 원리인 동시에 형식 자체의 질서의 원리이기도 하다. 즉, 전망은 현실을 이야기로 반영하는 작가의 세계관의 작용이면서 작품 내적으로는 선택과 구성의 형식적 원리인 것이다.

소설의 경우 전망은 인물과 환경의 상호 작용을 그리면서 본질적인 연관을 선별하고 구성하는 원리로 작용한다. 루카치에 의하면 올바른 전망을 통해 현실의 본질적 연관관계와 발전 방향을 드러낸 것이 바로 리얼리즘 작품이다. 그와 달리 전망을 상실한 경우 본질적 연관이 배제된 잡다한 표현 현상들만 그리는 자연주의(혹은 세태 소설)에 빠지게 된다. 자연주의는 환경에 의해 인물이 파괴되는 것으로 그림으로써 플롯의 〈인과율〉 자체가 객관주의적으로 잘못 설정되어 있다. 또한 인물과 환경의 관계에서도 일방적으로 환경결정론에 의거함으로써 양자간의 〈역동성〉도 상실된다. 선택원리가 부재한 잡다한 표면현상, 잘못된 객관주의적 인과율, 인물과 환경 간의 역동성의 상실 등, 이 모든 것은 피상적인 〈세계관(현실 인식)〉에 의한 것이며 작품 내적으로는 올바른 〈전망〉의 부재에서 기인된 것이다.

이상에서처럼 루카치의 전망의 이론은 주로 리얼리즘을 중심으로 전개된다. 그러나 엄밀히 말해 그것은 우리 시대의 문학에 대한 전망의 이론일 뿐이다. 즉, 다른 시대에는 얼마든지 다른 전망이 있을 수 있는 것이다. 루카치가 말한 전망에 의해 선택된 본질적 연관이란 근대 현실주의(리얼리즘)의 〈본질〉일 것이며, 우리 시대 사회과학에 의해 선별된 〈핵심〉일 것이다. 우리 시대의 현실주의와 사회과학은 영원불변의 진리이기보다는 진리에 대한 근대적 인식구조에 근거한 것일 터이다. 따라서 다른 시대에는 다른 본질과 핵심이 있을 수 있으며 상이한 전망이 작용할 수도 있을 것이다.

-나병철(1998:201~203), 『소설의 이해』, 서울: 문예출판사.

▶ 예시문 3

판소리의 전반적 특징

판소리는 음악이면서 문학이다. 판소리라는 말은 국악의 악곡 명칭이면서 구비문학의 장르 명칭이기도 하다. 그러나 여기서 다루는 것은 구비문학으로서의 판소리며, 판소리 사설만을 논의 대상으로 한다. 사설 이외의 측면에 관하여는 필요한 경우에만 간단히 언급할 예정이며, 특별히 밝히지 않는 한, 판소리라는 말은 판소리 사설을 의미하기로 한다. 단가는 문학적으로 별개의 것이니 여기서는 다루지 않겠다.

판소리는 서사문학이다. 이야기를 노래로 부르는 것이다. 이야기의 노래라는 뜻으로 구비 서사시를 용어를 사용한다면, 판소리는 구비 서사시의 하나다. 판소리 광대는 '너름새' 또는 '발림'이라고 하는 몸짓 연기를 하면서 판소리를 노래하고, 판소리의 구성에는 극적인 대목이 많다. 그렇다고 해서 판소리 가창이 연극이고 판소리 사설이 희곡이라고 할 수는 없다. 판소리는 대화만으로 이루어져 있지 않고 '바탕글'(지문)에 의한 설명이 큰 비중을 차지하고, 수많은 인물들이 등장하며 공간적으로도 시간적으로도 복잡한 사건을 과거형으로 보여 주기에 서사문학의 기본적인 특징을 완벽하게 갖추고 있다.

구비 서사시에는 판소리 외에 서사민요와 서사무가가 더 있는데, 판소리는 장르적 특징에서 다른 둘과 차이가 있다. 판소리는 서사민요보다 형식적으로 복잡하고 문체상 다양하며, 현실을 일단면에서가 아니라 총체적으로 반영한다. 서사무가는 주술적인 기능을 가지고 초자연적인 상상력에 의해 작품이 전개되나, 판소리는 청중을 즐겁게 하기 위해서 부르는 흥행예술이며 보다 현실적인 성격을 가진 문학이다.

판소리가 흥행 예술이라는 점은 매우 중요시해야 할 특징이다. 판소리는 판소리 광대만 부른다. 광대가 아닌 사람도 부를 수는 있으나 어디까지나 광대의 흉내를 내는 데 지나지 않는다. 판소리 광대가 되려면 전문적인 수련을 거쳐야 하고, 전문적인 수련을 거치지 않고서는 배울 수 없는 만큼 판소리는 음악적으로나 문학적으로나 세련되어 있다. 광대는 신분상으로 천민이며 줄타기·땅재주·노래 등의 재주를 팔아서 살아갈 수밖에 없다. 그러나 판소리 광대의 재주는 판소리뿐이다. 따라서 판소리 광대로서는 판소리를 얼마나 잘 지어 부르느냐에 따라 생계가 좌우되기 때문에, 기술을 연마하고 청중의 환심을 얻기 위해 끊임없이 노력해야 한다. 이와 같은 성격의 흥행예술은 구비문학의 여러 장르들 중에서 판소리밖에 없다. 무가도 무당만 부르는 노래이나, 무당은 주술력으로써 목적하는 바 무의(巫儀)을 수행하는 것은 전문적으로 하는 사람일 뿐이다. 따라서 무가는 사설이 정확하고 풍부하지 않아도 되며 목청이 좋지 않아도 무방하다. 그러나 판소리는 내용이 흥미롭고 목청도 뛰어나야 하는 것이 필수적인 요건이다.

구비문학은 일반적으로 형식적으로나 내용적으로 단순한 것이 특징이다. 그러나 판소리의 흥행성은 판소리로 히여금 단순성을 만족할 수 없게 한다. 간단한 줄기라도 복잡하게 꾸며야 하고, 단순한 문체에 머무르지 않고 다채로운 수식(修飾)을 지녀야 한다. 현실을 있는 그대로의 진실성에 따라서 표현하는 데 그치지 않고, 여러 가지 화려한 설명을 첨부해야 한다. 그러기에 판소리는 구비문학이면서도 기록문학적인 성격까지 지니고 있다. 기록문학적인 성격은 특히 판소리 청중 중에

양반 좌상객(座上客)이 상당한 비중을 차지하고 있음으로 해서 그들의 기호를 만족시키기 위해서 더욱 촉진된다.

판소리는 구비문학이 모두 그렇듯이 공동작으로 창조된다. 그러나 공동작에 참여할 수 있는 범위는 원칙적으로 판소리 광대로 국한된다. 신재효(申在孝) 같은 사람이 판소리를 개작한 것은 예외적인 현상이다. 그렇다고 해서 판소리는 판소리 광대의 의식만 충실하게 반영하는 것이 아니다. 판소리 광대가 지닌 하층민으로서의 의식을 표현하는 데 그치지 않고 민중 전체의 입장을 대변하며, 좌상객인 양반의 생각을 반영하기도 한다. 판소리 광대는 공동작에 만족하지 않고 개인적인 개작을 적극적으로 시도하되, 민중의 입장과 양반의 생각을 작품 속에서 대립시키고 융합시키는 창작을 자기대로 전개한다. 따라서 판소리는 평민문학이면서도 양반 문학적인 측면도 지닌다.

  -장덕순 외(1990:146~148), 『구비문학 개설』(중판), 서울: 일조각.

5. 설명문 쓰기

※ 다음에서 주제를 하나 골라 설명문을 써 보자. 또는 자신이 관심 있는 주제를 새로 선정하여 설명문을 써 보자.
- 인문 영역 : 문자의 역사, 언어의 발달, 언어와 사고의 관계
- 사회 영역 : 사회 정의, 법의 필요성, 무역의 발전 과정, 인간의 심리, 전쟁사
- 과학 영역 : 생명 공학의 발전, 생물학의 하위 분야, 우주의 기원
- 예술 영역 : 예술의 기원, 예술의 목적, 내가 주목하는 위대한 예술가

제 9 강 기사문 쓰기

1. 개념 및 필요성

기사문은 신문이라는 매체를 통하여 정보를 전달하기 위해 씌어지는 글의 한 장르이다. 정보를 전달하기 위해서 씌어지는 글이기 때문에, 기사문은 객관적인 성격이 강한 장르로 간주된다. 사실과 의견의 구별을 말할 때, 기사문에서 사실이 우세하다고 판단하는 것도 이러한 맥락과 관련이 있다.

정보를 전달하는 장르는 여러 가지가 있으나, 기사문은 신문이라는 매체를 전달의 수단으로 삼는다는 점에서 다른 장르와 구별되는 특징이 있다. 신문은 사회와 관련된 정보를 독자들에게 신속하게 전달하는 것으로 목적으로 삼고 있기 때문에, 여기에 수록되는 기사문은 기사의 신속하고 정확한 전달에 접합한 구조를 취하고 있다. 기사문의 구조는 둘로 나뉘는데, 내적 구조는 육하원칙에 따라 구성되는 것을 말하고, 외적 구조는 표제(表題, lead), 부제(副題), 전문(前文), 본문, 해설로 구성되는 것을 말한다.

육하원칙은 정보를 독자에게 정확하고 신뢰성 있게 전달하기 위해서 기사문의 내용을 구성할 때 지켜야 하는 원칙이다. 이 원칙을 준수함으로써 기사문은 행위 행동에 관련된 구체적인 정보가 명확하게 드러나게 된다. 그래서 기사문에는 누가 한 것인지, 무엇을 한 것인지, 언제 이루어진 것인지 등에 대한 정보가 구체적으로 명시되는 것이다. 이는 내용의 구성과 관련되기 때문에 기사문의 내적 구조라고 볼 수 있다.

육하원칙은 누가(who), 언제(when), 어디서(where), 무엇을(what), 어떻게(how), 왜(why)에 대한 정보로 이루어진다. 기사문에 따라서는 이들 여섯 가지

요소가 매우 명확하게 드러나는 경우도 있고, 한두 요소가 잘 드러나 있지 않은 경우도 있다. 육하원칙 중 어떤 요소가 생략된 경우는, 잘 드러나 있지 않은 요소가 기사문의 정보 전달에서 부수적인 성격을 지니거나 기사문에서 다루는 정보 자체가 그러한 것이 꼭 필요치 않을 때 일어난다.

이와 달리 기사문의 외적 구조는 표제, 부제, 전문, 본문, 해설로 구성되는 형식을 일컫는다. 이러한 형식은 핵심적인 정보가 기사문의 첫머리에 놓이도록 구성된 외적 형식이어서 흔히 역삼각형 구조라고 불린다. 주제문의 위치에 따른 글의 구성에 비유하여 말하자면, 기사문은 중요한 정보가 앞에 오는 두괄식 구성이라고 할 수 있다.

표제는 헤드라인(headline)이라고도 하며 기사의 제목을 말한다. 표제는 기사의 제목에 해당하는데, 독자가 표제만을 읽고도 기사의 전체적인 내용을 미리 예측하거나 파악할 수 있도록 기사의 내용을 압축적으로 표현한다. 표제를 압축적으로 표현해야 하기 때문에서, 표제의 서술에서는 토씨(조사)는 생략되는 경우가 흔히 있다. 토씨를 생략하면 행위 행동에 대한 주체가 명확하게 드러나지 않음으로써 의미의 혼동이 일어날 수 있다. 의미 전달과 파악의 혼동을 막기 위하여, 표제를 서술할 때에는 반점(,)이나 띄어쓰기 등을 사용하여 주체를 명확하게 표현한다.

그리고 독자의 관심을 끌거나 집중할 필요가 있을 때에는 표제를 전략적으로 붙이기도 한다. 흥미를 유발하기 위하여 동일한 음성을 조작적으로 나열하는 경우도 있고, 독자의 호기심을 자극할 수 있도록 기사 내용을 명확하게 드러내지 않는 경우도 있으며, 반어나 역설적인 기법을 활용하여 표제를 붙이는 경우도 있다. 이러한 표제 구성의 전략은 광고의 전략과 유사한데, 이러한 표제도 결국은 독자의 관심을 끌어 정보를 신속하게 전달하기 위한 목적을 이루기 위한 것이다.

부제는 표제보다 더 구체적인 정보를 담은 기사문의 부수적인 제목으로서, 표제를 보완하는 기능을 한다. 부제는 표제를 보완하는 기능을 하므로, 신문에서는 표제보다 더 작은 글자로 편집된다. 기사문의 내용이나 목적에 따라, 또는 신문의 기사 배치에 따라 부제는 생략될 수도 있다. 기사문이 짧거나 중요도가 적을 때 부제는 흔히 생략되며, 신문의 지면 제약이 많이 따를 때도 부제는 흔히 생략된다. 이처럼 부제는 흔히 생략될 수 있기 때문에, 이를 기사문의 필수적인 요소로 간주하지 않기도 한다.

전문은 기사의 본문을 미리 요약해서 육하원칙에 따라 작성한 것으로, 기사문의 전체적인 내용을 전달해 준다. 그래서 전문에서는 표제와 관련된 구체적인 정보를 담게 된다. 전문을 읽고 독자는 본문을 더 읽을 것인지를 흔히 판단하기 때문에 전문을 명확하게 요약하여 진술하는 것은 매우 중요하다.

본문은 기사문에서 전달하고자 하는 정보를 구체적으로 기술하는 부분으로, 표제나 전문에서 요약된 것을 상술(詳述)한다. 그래서 본문에는 전달하려는 정보와 관련된 배경에 대한 설명, 전후 사정에 관한 설명 등도 포함된다. 그래서 기사문에서 전달하려는 정보에 대해 관심이 많은 독자에게는 본문이 매우 유용하다. 표제, 부제, 전문에서는 잘 드러나지 않는 정보들이 본문에서는 비교적 상세하게 드러나기 때문이다.

해설은 기사문에서 다루는 정보와 관련하여 논평을 가하거나 보완을 해 주는 부분이다. 지면의 제약을 많이 따를 때에는 해설은 생략되는 경우가 흔하다. 그리고 다루는 정보에 따라 해석이 불필요하거나 이루어질 수 없을 때에는 씌어지지 않기도 한다.

기사문을 작문 학습에서 다루어야 하는 이유는 기사문이 예상독자에 대한 인식을 잘 보여주며, 일정한 내적 구조와 외적 구조를 취하고 있기 때문이다. 작문에서 예상독자에 대한 인식은 글을 잘 쓰기 위한 중요한 요소로 간주된다. 예상독자를 얼마나 구체적으로 인식하는가에 따라 작문의 과정도 달라지고 작문 결과의 질적 수준도 달라진다. 그런데 기사문은 예상독자를 강하게 염두에 둔 장르인 것이다. 독자의 효율적인 정보 파악을 위해서 내적 구조와 외적 구조가 파생되었다는 점에서도 이는 확인된다. 따라서 예상독자에 대한 인식과 관련하여 기사문에 대한 학습은 의미가 있다.

그리고 기사문이 일정한 외적 구조를 취하고 있다는 점도 작문 학습의 중요한 요인을 이룬다. 외적 구조가 명확한 기사문을 다룸으로써 장르적 지식과 담화의 규칙에 대해서 학습할 수 있고, 그 외적 구조 안에서 이루어지는 창의적 내용 표현의 방법에 대해서도 학습할 수 있다. 즉, 기사문은 장르의 관습성과 창의성을 동시에 보여주는 구조로서 장르 중심의 작문 학습에 중요한 원천으로 기능할 수 있다.

2. 활동의 절차

- 간이 수업에서 기사문의 구조적 특징을 이해하고, 이를 바탕으로 하여 기사문 쓰기의 학습에 대한 필요성을 이해한다. 이 때, 장르를 바탕으로 한 작문 이론과 기사문의 관련성을 이해하는 것이 중요하다.

- 기사문과 관련된 자신의 경험이나 다른 사람의 경험을 발표한다. 신문에서 잘못된 정보를 전달함으로써 문제가 되었던 경험을 발표하여, 기사문의 중요성, 기사문 작성의 원칙 등에 대해서 토의를 진행한다.
- 예시문을 읽고 기사문의 일반적인 구조를 이해한다. 이 때, 내적 구조와 외적 구조를 정리하고, 이러한 구조들이 기사문의 목적에 어떻게 기능하는지를 파악한다.
- 작문 과제에 따라 정보를 취재하여 기사문을 작성한다. 기사문을 작성할 때, 어떻게 표현하는 것이 기사문에 타당한 것인지를 토의한다.

3. 활동의 응용

기사문은 신문이라는 매체를 바탕으로 하여 정보를 전달하기 위하여 씌어지는 글이기 때문에 활동 응용의 범위가 다소 제한적이다. 그러나 기사문의 종류를 세분하여 쓰도록 하는 활동, 기사문 작성 과정을 다양하게 하는 활동 등을 통하여 활동의 응용이 가능하다.

기사문의 종류를 세분하는 것은 다음과 같은 원리를 응용할 수 있다. 우선, 기사문은 대중적 기사와 전문적 기사로 나눌 수 있다. 대중적 기사는 기자(記者)가 특별한 배경지식을 갖추지 않더라도 쓸 수 있는 것을 말한다. 물론 독자에게도 특별한 배경지식이 요구되지 않는다. 이와 달리 전문적 기사는 구체적인 배경지식이 요구된다. 예를 들어 과학, 의학 등과 관련된 기사문은 이 분야에 대한 배경지식이 갖추어지지 않으면 쓰는 것이 용이하지 않다. 그러므로 어떠한 정보를 다룰 때 대중적 기사를 쓸 것인가, 아니면 전문적 기사를 쓸 것인가를 구분하여 활동을 응용할 수 있다.

기사문 쓰기에서 그치지 않고 기사문을 모아 '신문'을 구성할 때에도 대중성과 전문성을 활용할 수 있다. 대중성과 전문성이 절충된 형태라면 종합 신문의 성격을 드러내게 되고, 전문성을 중심적으로 드러내는 경우라면 전문 분야의 신문의 성격을 드러내게 된다. 어떠한 형식을 취할 것인가는 교실의 상황 맥락에 따르는 것이 좋다.

기사문은 다른 정보의 성격에 따라 보도기사, 해설기사, 안내기사, 특집기사 등으로 분류되기도 한다. 이러한 다양한 기사문을 활용하여 기사문 쓰기의 활동을 다양하게 응용할 수도 있다. 기사문의 이러한 분류는 기사문에서 다루고자 하는 정보의 성격과 밀접한 관련이 있으며, 이는 취재의 방법이나 기사문 작성의 방법과도 관련이 있다.

　교실의 상황에 따라서는 기사문과 관련된 토의·토론 활동을 병행할 수도 있다. 동일한 대상으로 다룬 여러 신문의 기사를 발췌한 다음, 그 대상에 대한 정보를 어떻게 다루고 있는지를 비교하고 대조하여 토의·토론을 할 수 있다. 이 과정에서 기사문에서 드러나는 '정보의 해석'과 관련된 문제를 이해할 수 있고, 기사문을 비판적으로 읽어야 하는 필요성에 대해서도 이해할 수 있다.

　이상에 언급된 활동을 중심으로 하여 응용의 방법을 정리하면 다음과 같다.

　〈활동 응용의 예〉
- 특정한 날짜의 신문(예를 들면, 학생 자신의 생일 등)의 기사를 조사하여 발표한다.
- 대중적 기사문과 전문적 기사문에는 어떠한 것이 있는지, 기사문의 특징적인 차이는 무엇인지를 조사하여 발표한다.
- 대중적인 신문과 전문적인 신문에는 어떠한 것이 있는지, 그러한 신문은 어떠한 기능을 하는지 조사하여 발표한다.
- 다양한 유형의 기사문을 쓰고, 이를 종합하여 독창적인 '신문'을 구성한다.
- 하나의 대상을 다룬 기사문을 비교하고 대조하여 기사문에 반영된 해석의 관점에 대해 토의·토론한다. 이에서 더 나아가 토의·토론의 과정과 내용을 보도하는 기사문을 작성한다.
- 기사문을 편지한 '신문'의 관점이나 태도에 대해 토의·토론한다. 그리고 이러한 활동에 바탕을 두고 '신문'의 기능에 대해서도 토의·토론한다. 그리고 이러한 활동을 바탕으로 하여 논술문 쓰기, 논평문 쓰기 등과도 연계하는 활동을 응용할 수 있다.

　기사문의 초고가 완성되면 동료들과 돌려 읽고 기사문의 구조를 준수하였는지, 전달하고자 하는 정보가 목적에 맞게 잘 전달되었는지에 대해 평가 반응을 듣는다. 그리고 이 평가 반응을 바탕으로 하여 기사문을 수정하거나 보완한다. 기사문은 예상독자를 잘 고려해야 한다는 점에 유의하면서 고쳐 쓰기 활동을 수행한다. 평가 활동은 다음과 같은 기준을 활용할 수 있다.

〈평가 활동의 기준〉
  • 기사문의 목적과 예상독자를 잘 고려하였는가.
  • 기사문에 육하원칙이 잘 지켜지고 있는가.
  • 기사문은 표제, 부제, 전문, 본문의 형식을 지키고 있는가.
  • 기사문의 표현은 객관적 성격이 잘 드러나 있는가.
  • 기사문의 종류에 따라 특징이 부각될 수 있도록 작성되었는가.

▣ 활동의 아이디어

 −기사문이 객관적인 성격이 강한 글이라고 하였지만, 기사문의 비교와 대조, 신문의 비교와 대조에서 확인할 수 있듯 주관적 성격이 강하게 드러나기도 한다. 동일한 대상에 대해서 어떻게 다른 해석이 내려지는가를 서로 다른 기사를 통해서 확인할 수 있고, 어떠한 기사문을 싣고 있는지 또는 배제하는지를 통해서 신문의 성향을 파악할 수 있다. 이러한 활동은 기사문과 신문에 대한 토의·토론의 좋은 자료가 된다. 적절한 사례가 될 수 있는 기사문의 예나, 신문의 예를 조사하여 발표하고 토의·토론은 진행할 수 있다.

 이때, 특별히 기자 모둠을 정하여 이 과정에 대해 보도는 기사문을 작성할 수도 있고, 이에 대한 논평 기사나 사설을 쓰는 활동을 수행할 수도 있다. 상황에 따라서는 만평(漫評)과 같은 항목을 넣어 이와 관련된 활동을 더 확장할 수도 있을 것이다.

 −기사문의 특징을 파악할 때, 근래에 발행된 신문을 대상으로 삼지 않고 특정한 역사적 사건 있었던 날의 신문을 조사하여 발표할 수 있다. 예를 들면, 학생 자신이 태어난 날, 초등학교에 입학한 날, 졸업한 날 등 학생들과 관련된 구체적인 날짜의 신문을 조사하면 흥미롭게 기사문의 형식과 내용에 대한 학습을 할 수 있다.

 −기사문의 표현상의 특징을 조사하여 발표하는 활동도 가능하다. 특정한 장르는 그 장르적 특성에 적합한 표현의 방법을 취하는 경우가 일반적인데, 기사문은 기사문이라는 장르에 적합한 표현의 전략이 있다. 여러 기사문을 비교하고 대조하면 이러한 특징적인 전략을 파악할 수 있는데, 이를 조사하고 발표하게 함으로써 기사문을 쓸 때 어떠한 전략을 활용해야 할 것인지에 대한 정보를 얻을 수 있다. 기사문 표현 중의 한 전략은 권위에 의존하는 것이다. 기사문을 작성하는 기자는 정보에 대한 권위가 없는 경우가 많기 때문에 정보와 관련된 전문가의 의견을 빌어 권위를 제공한다. 이렇게 권위에 의존함으로써 기사문의 전문적 성격을 확보하

고 독자의 효율적인 설득을 달성할 수 있게 된다.

4. 예시문

▶ 예시문 1 (보도 기사)

국내 成人의 20% 추정… "표지판 못읽어 외출하기도 겁나"

글을 못 읽고 못 쓰는 非文解者들

인천 연수구에 사는 장금옥(68)는 한글을 배우기 위해 1년 넘게 시내버스와 전철을 갈아타며 서울 마포의 양원주부학교에 다니고 있다. 왕복 3시간이 넘는 통학길. 심장 협착증으로 수술까지 받은 장씨가 이처럼 힘든 선택을 한 것은 "못 배웠다고 무시당하고 산 60여년이 너무 서러워서"이다. 교회에 갈 때도, 혹시 글을 못쓰는 것을 들킬까봐 가슴 졸인 적이 한두 번이 아니었다.

장씨가 한글조차 배울 수 없었던 것은 6 25 전쟁 때문이었다. 고향인 강원도 철원에서 피란 나오면서 먹고사는 데 바빠 공부할 겨를이 없었다. 형편이 좀 나아졌을 때는 '글을 배우면 친정에 편지질한다'는 시댁 어른들 때문에 공부를 할 수 없었다.

지난 해 봄, 한글을 배우기 위해 양원주부학교를 처음 찾을 때만 해도 그녀는 "교회에 간다"며 학교 나오는 것을 비밀로 했다. "글 배우러 학교 다닌다"고 말하기가 부끄러웠기 때문이다.

그렇지만 이제 장씨는 유치원에 다닌 손녀(6)에게 받아쓰기 문제를 내줄 정도가 됐고, 손녀는 장씨에게 영어 알파벳을 가르쳐주고 있다. 그녀는 "예전엔 버스나 지하철 표지판을 읽기 힘들어 집에서 조금 떨어진 곳으로 외출할 때마다 겁을 먹곤 했는데 이젠 자심감이 붙었다"고 행복해 했다.

부천에 사는 이순복(55)씨는 매일 94세의 시어머니에게 점심을 차려드린 후, 한글을 배우러 양원주부학교에 나온다. "글을 못 쓴다는 자격지심 때문에 사람들 만나는 것조차 피해다녔다"는 그녀는 "읽고 쓰기가 되는 지금은 대학생도 부럽지 않다"고 했다. 이씨는 "1년 만에 한글 기초 과정을 끝낸 지난 3월에는, 친정 어머니가 찾아오셔서 가난 때문에 공부 못 시킨 한(恨)을 풀었다고 펑펑 우셨다"며 눈시

울을 붉혔다.

양원주부학교에 한글을 배우기 위해 찾아오는 사람들은 매년 늘어나고 있다. 라복기(34) 교무부장은 "한글을 모르는 사람들이 점점 줄어들어야 하는데, 갈수록 배우겠다는 사람들이 늘어나고, 연령대도 다양해지고 있다"고 말했다.

무료 한글교육을 10여년 전부터 시작한 안양시민대학 역시 현재 200여명의 학생들에게 한글을 가르치고 있다. 10일 안양시민대학의 20여평 남짓한 교실에서는 40대부터 60대까지의 사람들이 커다란 칠판에 쓰여진 '한글은 아무나 배우나', '찌개 냄새가 난다' 등의 문장을 소리내어 읽고, 쓰고 있었다. 안양시민대학교 임재연(37) 교무부장은 "읽고 쓰는 것은 단순히 자기 집 주소를 말하고, 자기 이름을 쓰는 것 이상의 의미가 있다"며 "한글 깨치기를 통해 자신의 인생을 포기했던 사람들이 삶에 대한 자신감도 찾게 되는 과정"이라고 말했다.

안양시민대학처럼 문맹(文盲) 퇴지, 즉 '문해(文解) 교육'을 전면에 내건 단체는 전국적으로 13개에 달한다. 이 밖에 각종 복지관, 지자체 문화센터, 시민 단체 등 300여 곳에서 성인들에게 한글을 가르치고 있다. 교육부에서는 우리나라의 문자 해독률이 여성의 경우 96%, 남성의 경우 99%라고 공표하고 있지만, 실제 한글 교육에 대한 수요는 공표 수치보다 훨씬 크다.

한국교육개발원이 최근 16~65세까지의 남녀 1200명을 대상으로 문해력을 측정한 결과, 초등학교 6학년 수준의 문제를 단 한 개도 풀지 못한 '완전 비문해자'는 응답의 7%에 달했다. 또 전체 108개 문항 중 1~2 문제만 정답을 맞힌 경우도 10%가 넘었다. 이는 도로 표지판을 읽고, 열차 시간표를 해석하며, 관공서에서 서류를 떼는 가장 기초적인 일상 생활조차 제대로 누리기 힘든 정도이다.

교육개발원 변종임 부연구위원은 "전체 인구의 4분의 1이상이 초등학교 이하의 학력을 가지고 있다"며 "대충 글자는 알아도 문장 해석 능력은 현저히 떨어져 문맹이라고 할 수 있는 사람들이 이만큼 많다는 뜻"이라고 말했다.

그렇지만 정부 차원에서의 비문해자들에 대한 파악은 전혀 이뤄지지 않고 있다. 또 이들을 위해 정부가 쓰는 예산은 연간 2억원에 불과하다.

중앙대 이희수 교수는 "고기기 대학을 나온 사람들에게는 '평생교육'을 강그히 며 많은 예산을 지원하는 반면, 정작 글을 몰라 사회에서 소외되는 사람들에게는 전혀 신경을 쓰고 있지 않다"며 "대도시 달동네나 농촌 지역에서는 이미 청소년층에서도 TV는 볼 수 있어도 신문은 못 읽는 비문해자가 광범위하게 나타나고 있다"고 우려했다.

－허인정 기자, 〈조선일보〉 2003. 4. 14. A21면.

▶ 예시문 2 (해설 기사)

읽기 쓰기 전혀 안돼… 全세계 8억 7600만명

非文解者란

　문해(文解)는 문자 해독 또는 문화 이해 능력을 말한다. 글을 전혀 읽고 쓰지 못하는 문맹(文盲)이란 용어가 장애를 연상시킨다는 이유로, 전문가들은 비문해 문해라는 용어를 더 선호하고 있다. 일상생활에서 간단한 문장을 읽고 간단한 편지를 쓸 수 있는 정도를 문해(Literacy)라고 하며, 일고 쓰기가 전혀 안되는 경우를 비문해(illiteracy)라고 한다. 구청 동사무소 은행 등에 방문해 자유롭게 일처리를 할 수 있을 정도의 의사소통 기능을 갖는 경우는 기능문해(Functional Literacy)에 해당한다. 유네스코의 조사에 따르면 전 세계 성인 중 완전 비문해자(illiteracy)는 전체 성인 중 20%인 8억 7600만명에 달한다. 이 중 6억 4000만명이 아시아권에서 살고 있다. 한국교육개발원은 최근 16세 이상 성인 1200여명을 표본 조사한 결과, 우리 나라 성인의 비문해율(문장을 읽고 쓸 수 없는 정도)이 20%에 달하는 것으로 추산하고 있다.

　－허인정 기자, 〈조선일보〉 2003. 4. 14. A21면.

▶ 예시문 3 (학생 작성 기사)

파 문

샘터찬물	발행일 : 2000년 6월27일

의미 있는 생활관 제도는 어떠해야 하는 것일까?
생활관 제도 개선되어야

　벌써 2000학년도의 한 학기가 지나갔다. 2학년까지 의무입사를 해야 하는 우리들은 한 학기 동안 생활관 과정을 통과하기 위하여 많은 노력을 했었다. 물론 많은 불평의 마음을 누르면서 말이다. 학기가 끝나기 전 한 동안은 생활관 제도의 문제점과 개선에 관한 이야기들이 형성되어 가는 듯 했지만 학기가 끝나고 pass와 fail이 확정되고 나서는 그러한 이야기가 더 이상 나오지 않는 것 같다. 아마도 어떻게든 생활관 제도에 맞추어 pass한 사람이 많기 때문인 듯 하다. 이러한 개인적 이해와 상황에 근거하는 생활관 제도에 대한 불만은 너무나 근시안적이라는 생각이 든다.

타율성이 생활관 문제의 본질

많은 불만 속에서 시행되고 있는 생활관 제도…무엇이 문제일까? pass 하기가 너무 어렵고 복잡하다는 것도 커다란 문제점이지만 그보다 더 근본적인 문제는 생활관 제도의 타율성에 있다고 생각된다. 생활관 제도는 특별활동영역, 특기신장활동의 점수와 벌점으로 구성되어 있다. 특별활동영역은 교내 교외활동과 자기계발영역 ,기타영역 등으로 되어 있고 12점 이상을 얻어야 하고 특기신장활동을 특강과 분과 및 동아리 활동 등으로 되어 있고 또한 12점 이상을 얻어야 한다. 이러한 생활관 제도의 기본적 목표는 교사에게 특히나 요구되는 올바른 인성 갖추기에 있을 것이다. 그러나 그러한 목적에 닿기 위한 지금의 생활관 제도는 너무나 형식적인 수준에 그치고 있어 학생들에게는 단순히 버거운 의무로만 작용하고 있는 것 같다. 분명한 타율성의 예를 들어 보자면, 우선 생활관 제도 만들기에 있어 학생의 의견수렴와 통로가 전혀 없다는 것이 대표적인 것일 것이다.

이번에 바뀐 제도도 일방적 통보만이 있었을 뿐이라고 한다. 생활관 교육을 이수하지 못하면 졸업을 하지 못한다는 것을 무기로 하여 학생들에게 무조건적인 순응만을 강제하는 것 같다. 이러한 제도의 기본적인 약점으로 인하여 학생들은 형식적인 시간 수 채우기에 급급하게 되는 것 같다. 물론 인성교육을 위해서는 적절한 틀의 의무는 있어야 할 것이다. 그러나 그 안에서의 학생들의 주체성과 자율성은 인정을 해 주어야 하지 않을까? 진정한 교육의 효과는 이미도 이러한 자율성과 그 안에서의 자율적 참여 속에서 나타나는 것일 듯 하다.

김안나 기자

여러 사람들이 모여 있어도 꼭 잘 물리는 사람이 있다.

'왜 나만 모기에 잘 물릴까'라고 한 번이라도 생각해 본 사람들은 여길 주목해 주길 바란다. 모기는 '여기가 사람의 팔, 여기가 사람의 다리'하는 식으로 눈으로 확인하고 무는 것이 아니다. 사람의 피부에서 올라오는 냄새와 체온으로 '저 곳에 피부가 있다'고 알고 깜깜한 어둠 속에서도 사람의 피부를 발견하여 피를 빨 수가 있는 것이다. 모기에게 단서가 되는 것은 우선 수분이다. 땀을 흘려 피부가 축축해지면 수증기가 올라가는데, 이 때 모기가 모여들고 또 숨을 쉴 때 나오는 이산화탄소와 젖산도 모기는 민감하게 알아차린다.

그 외에도 사람 가까이에 오면 사람의 체온으로 피부라는 것을 확인한다. 즉, 땀을 많이 흘리는 사람, 체온이 높은 사람이 모기에게 잘 물린다고 볼 수 있고 운동한 후와 목욕한 후에 모기에게 물리기 쉽다고 한다. 밝은 곳에서는 피부가 하얀 사람보다 검은 사람 쪽이 물리기 쉬우며 로션이나 크림과 같은 화장품을 바른 사람도 보기가 잘 문다. 똑같이 모기에게 물려도 심하게 가렵고, 물린 곳이 빨갛게 부풀어오르는 사람이 있는데, 이런 경우는 잘 물리지 않던 사람이 물려서 피부가 민감하게 반응한 것이라고 볼 수 있다.

김수현 기자 ID : bearpooh

우리 학교의 문화 시설
- 문화시설 부족에 대한 배려 필요해

억압되어 있었던 고등학교를 벗어나서 대학교에 입학하는 학생들에게는 다양한 세계를 경험할 수 있는 자유가 주어진다. 여기서 세계라는 말은 문화라는 말과 유사하게 사용된다. 대학교는 차원 높은 지식을 얻는 곳이기도 하지만 그동안 누리지 못한 문화 생활을 할 수 있는 곳이기 때문이다. 하지만 교원대 학생들은 그렇지가 못하다. 영화를 보려면 멀게는 청주까지 가깝게는 충청대학 주변의 비디오방까지 가야한다. 수영을 배우려고 하거나 악기를 배우려고 해도 방학 때까지 기다려야만 한다. 우리 학교는 지리적 위치 상 조치원 시내와 청주 시내 사이에 위치해 있어서 문화시설과 멀리 떨어져 있기 때문이다. 게다가 학교 주변은 문화 공간 대신 논과 밭만 펼쳐져 있다. 이러한 문제점을 해결하기 위해 생활관에는 목·금요

일에 식당 2층 인터넷 까페에서 비디오를 상영해 주고 있고 체육관과 복지관에 헬스장이, 복지관에 당구장과 디스코텍을 마련하고 있다. 그러나 이런 대책에도 한계가 있다. 먼저 비디오 상영의 경우 평일에 이루어지고 있기 때문에 동아리 활동이나 분과 모임 등으로 인해 보지 못하게 되는 경우가 많다. 또 공간도 너무 좁아서 많은 사람이 들어갈 수 없고, 자신이 원하는 영화를 스스로 고르지 못한다는 점, 상영작도 종종 변경되는 등 많은 문제점이 발생하고 있다. 운동시설의 경우도 수영장·볼링장 등은 없고, 생활 체육·볼링은 자기 돈을 내고 청주까지 가서 수업을 받아야 하는 불편이 있다. 복지관 지하에 있는 디스코텍은 운영조차 되지 않고 있다. 제한된 공간 안에서 생기는 문화 시설인 만큼 학생들에게 꼭 필요한 것이 생겨야 하며 생긴 문화시설은 잘 운영되어야 한다.

우리 학교는 모든 문화 시설이 들어설 만한 공간이 없다. 그래서 문화 시설들이 생기길 바라는 것에는 무리가 있다. 하지만 학생들의 문화 생활을 생각하는 작은 마음이 있다면 조금씩 개선될 수 있을 것이다. 학교측의 작은 배려를 기대한다.

　김지현 기자 ID : ROOTS

5. 기사문 쓰기

> ※ 4~5명이 한 모둠이 되어 역할을 나누고, 생활 주변의 일이나 사건을 다양하게 취재하여 기사문을 써 보자. 기사문을 모아 편집 회의를 열고 신문을 만들어 보자.

제 10 강 보고서 쓰기

1. 개념 및 필요성

　보고서는 어떤 대상에 대하여 조사, 연구, 실험, 채집한 것을 보고하기 위하여 그 결과를 정리하고 기록한 글이다. 따라서 보고서에는 그 대상을 조사하고 탐구하고 연구한 과정과 결과가 담겨있다. 보고서에는 그 과정과 결과가 자세히 드러나기 때문에, 넓은 관점으로 보면 보고서는 정보를 전달하는 글의 한 종류가 된다. 독자에게 정보를 전달한다는 점에서 보고서는 설명문과 유사하다. 그래서 보고서도 설명과 같이 객관적인 표현이 중시되고 정보의 정확성이 요청된다.

　보고서는 독자에게 대상의 과정과 결과에 관한 정보를 알려주는 글이므로 객관적인 표현을 중시한다. 보고서를 읽은 독자가 조사나 연구의 과정을 되풀이할 수 있을 만큼, 그리고 동일한 결과를 기대할 수 있을 만큼 개관적이어야 한다. 그래서 보고서에는 필자의 주관적인 관점이나 표현이 잘 드러나지 않는다. 보고서가 독자에게 무미건조하고 딱딱하게 느껴지는 것은 객관적인 표현을 중시함으로써 생각이나 느낌, 감정이나 정서가 잘 드러나지 않기 때문이다.

　그리고 보고서에 제시되는 정보는 정확해야 한다. 잘못된 정보를 전달한다면 보고서는 보고서로서의 가치를 잃게 된다. 보고서는 정보를 발견하여 의미 있는 정보를 선택한 다음, 그것을 독자에 절차에 따라 효율적으로 절단하기 위한 글이므로, 보고서에 제시되는 정보는 정확하지 않으면 안 된다. 정보를 정확하게 전달하기 위해서 표현은 간명한 문장을 취하며, 이를 위하여 응당 주관적인 표현과는 일정한 거리를 두게 된다.

　보고서에서 취하는 객관적이면서도 간명한 표현을 '약도식 표현'이라고 부를 수 있는데(임재춘, 2003), 이는 색상, 명도, 채도, 구도 등을 고려하여 복잡하고 어려운 지도를 그리는 것이 아니라, 중요한 정보를 간략하면서도 정확하게 전달하는 '약도'를 그리듯 표현하는 것이다. 간략하지만 객관적인 정보를 정확하게 전달하도록 그려진 약도는 목적지를 찾는 데 매우 유용하다. 흔히 아름답게 꾸미기 위하여 취하는 색상, 명도, 채도, 구도 등의 요소를 크게 고려하지 않기 때문이다. 목적지에 이르는 과정과 절차, 가는 과정에서 겪게 되는 주요한 일 등만을 표현하는 것이 중요한 정보의 전달에 더 효율적인 면이 있다.

이와 같은 점은 보고서와 설명문이 유사한 특성을 공유하고 있음을 보여준다. 이는 정보를 전달하는 글이라는 범주에 같이 포함되기 때문인데, 보고서와 설명문은 중요한 차이가 있다. 보고서는 '보고'의 목적을 위하여 씌어지는 장르이지만, 설명문은 그러한 목적이 분명하게 드러나지 않는다. 설명문도 어떤 대상에 대한 설명을 위하여 목적의식에 따라 집필되는 경우도 있지만, 보고서의 목적만큼 강하게 드러나지 않는다. 보고서는 '보고'라고 하는 목적이 없으면 씌어질 수 없다는 점에서 설명문과는 크게 다른 것이다.

목적 지향적 성향이 강하기 때문에, 보고서는 매우 체계적인 구조를 띤다. 즉, 설명문과 달리 보고서에는 목적, 주제, 기간, 절차, 대상, 방법, 결과 등의 요소가 구체적으로 드러나야 한다. 이는 실험을 한 것이든 조사를 한 것이든 꼭 포함해야 할 주요 요소들이다. 이러한 요소에 따라 보고서를 작성함으로써 독자에게 이와 관련된 정보를 객관적이면서도 구체적으로 전달할 수 있게 된다. 보고서에 포함되는 요소 중에서, 절차나 방법과 관련된 것은 보고서의 결과(결론)에 이르는 과정을 체계적으로 보여주는 항목인데, 보고서에서는 이 항목이 중요한 의미를 지니지만 설명문에서는 이것이 잘 드러나지 않는다.

보고서에서 이 항목을 중요하게 취급하는 이유는 보고서에서 내린 결과(결론)가 타당성이 있고 신뢰성이 있는지를 판단할 수 있는 준거를 이루기 때문이다. 보고서에 절차와 방법을 구체적으로 기술함으로써 관심이 있는 독자가 보고서에서 제시하는 동일한 절차와 방법에 따라 연구(조사, 실험 등)를 되풀이하여 수행할 수 있다. 이를 통하여 보고서에서 제시한 결과(결론)가 타당한지, 신뢰성이 있는지를 검증할 수 있는 것이다. 과학 영역에서 이러안 반복적인 연구를 '복세 실험'이라고 하며, 보고서의 결과를 검증하는 효율적인 방법의 한 가지로 간주된다. 예를 들면, '상온(常溫)에서 핵의 융합 반응이 가능하다'는 결론을 내린 주장(보고서)이 제기되었을 때, 이 관심을 둔 많은 과학자들이 보고서에서 제시한 절차와 방법대로 연구 다시 수행하여 그 결과가 타당하고 신뢰성이 있는지를 검증하였던 것이다. 물리적으로 복제 연구가 어려울 때에는 '사고(思考) 실험'을 하기도 한다. 사고 실험이란 기구나 도구를 사용하여 물리적으로 실험을 하는 것이 아니라, 머릿속으로 논리적 사고를 전개하여 실험을 하는 것이다(스티븐 샤핀, 한영덕 역, 2002). 이러한 사고 실험은 인문 사회의 분야에서 중시되는 경향이 있다. 이 분야의 연구는 변수가 다양하게 간섭하는 영역이기 때문에 보고서와 동일한 연구를 수행하는 것이 쉽지 않기 때문이다. 사고 실험의 과정은 유추나 비유와 관련된 논리적인 사고의 전개에 크게 의존한다. 보고서에서 제시한 절차나 방법에 따라 논리적 사고를 전개하여 동일한 결론을 예측하거나 내릴 수 있는지를 검토하고 판단하게 되는 것이다. 그리고 그 절차나 방법에 따라 논리적 사고를 전개하면서 개입 가능성이 있는 오류를 발견해 내기도 한다. 이를 통해서 볼 때, 보고서에 제시되는 절차와 방법은 중요한 의미가 있으며, 이 점에서 설명문과 큰 차이가 있음을 확인할 수 있다.

보고서 쓰기는 학습의 과정에서 중요한 의미가 있다. 보고서가 바로 정보나 지식을 발견하는 과정과 밀접한 관련이 있기 때문이다. 따라서 보고서 쓰기를 통해서 정보나 지식을 구성하는 과정을 이해할 수 있고, 이 과정에 직접 참여할 수 있다. 이미 확립된 정보나 지식을 습득하는 방법으로서 보고서 쓰기를 수행한다 할지라도 이는 단순한 암기에 머무르지 않고 정보나 지식을 통합하고 재구성하여 이해할 수 있는 바탕을 제공한다는 점에서 큰 의의가 있는 것이다. 보고서 쓰기는 작문을 학습의 한 방편으로 삼는 범교과적 쓰기의 대표적인 유형이라고 할 수 있다.

그리고 이러한 의의 외에 보고서는 목적 지향적으로 씌어지는 글이라는 점에서도 작문 학습의 의의를 발견할 수 있다. 작문의 수행도 일정한 목적을 수행하기 위한 것이라고 할 때, 목적을 지향하는 작문은 그 과정이 어떻게 영향을 받는지, 그것은 글의 구성과 표현에 어떠한 영향을 미치는지를 이해할 수 있다는 점에서 의의가 있다. 작문의 과정에는 많은 인지적 제약이 따르게 되는데, 보고서와 같이 주요 항목이 일정한 형식으로 요구될 때에는 이러한 제약의 정도가 훨씬 커진다. 따라서 보고서 쓰기의 학습은 이러한 인지적 제약을 이해하고 해결하기 위한 전략을 학습하는 것과 연결되어 있다.

2. 활동의 절차

• 간이 수업을 통하여 보고서의 중요성과 필요성을 이해한다. 그리고 보고서가 분

과 학문의 학습에 어떻게 기여할 수 있는지를 발표한다. 특히, 대학에서 보고서 쓰기를 강조하는 이유가 무엇인지를 생각하고 토의·토론한다.

- 보고서를 읽었던 경험이나 보고서를 썼던 경험에 대해 발표한다. 그리고 보고 서를 잘 쓰기 위해서는 어떠한 전략이 필요한지를 토의·토론한다.

- 예시문을 읽고, 보고서에 드러나는 목적 지향적 성격을 이해하고, 보고서의 형식 과 진술의 특징에 대해 파악한다. 그리고 이에 주의하여 보고서 쓰기에 활용한 다.

- 제시된 작문 과제를 선정하거나, 관심이 있는 주제를 선정하여 형식과 절차에 따 라 연구를 수행하고 보고서를 작성한다. 물리적 실험이 불가능할 경우에는, 사고 실험을 할 수도 있으나 이 때에는 반복 연구의 가치가 있는 선행 보고서가 존재 해야 한다.

3. 활동의 응용

보고서는 목적 지향적인 성격이 강하고 이에 따라 일정한 형식이 요구되기 때문 에 작문 학습에서 큰 의의가 있다. 또한 정보나 지식의 구성 과정을 학습할 수 있 는 기회를 제공해 준다는 점에서도 의의가 있다. 따라서 보고서를 응용할 수 있는 방법 중의 하나는 학자들이 정보나 지식을 발견하여 정리하고 그것을 토대로 학문 적 발전을 이루어가는 과정에서 보고서가 어떠한 기능을 담당하는지를 조사하여 발표하는 것이다. 이를 통하여 보고서의 필요성과 중요성에 대해 이해할 수 있다.

보고서를 쓸 때 학문적인 주제만을 고려하지 않고 생활과 관련된 주제를 선정함 으로써 보고서 쓰기를 응용할 수 있다. 생활과 관련된 것을 조사하고 연구함으로 써 일정한 원리와 법칙을 발견할 수 있는데, 이는 정보나 지식을 발견하는 과정에 대한 학습도 겸할 수 있다. 따라서 생활과 관련된 주제를 보고서 쓰기의 주제로 선 정하면, 작문학습과 생활과의 관련성을 높일 수 있고 이와 관련하여 정보나 지식 을 발견하는 과정에 대한 학습도 부수적으로 얻을 수 있는 장점이 있다.

어떤 주제에 대해 조사하거나 연구하여 보고서를 쓰는 형식 외에, 보고서를 메 타적으로 검토하고 쓰는 보고서 쓰기를 응용할 수도 있다. 이는 일종의 '메타 보 고서 쓰기'라고 할 수 있는데, 기존의 보고서를 비교 대조하고 검토하는 보고서를 쓸 수도 있고, 작문 학습 시간에 쓴 보고서를 대상으로 하여 메타 보고서를 쓸 수 도 있다. 가령, 협동적 작문 학습의 상황이라고 한다면, 한 조는 다른 조가 쓴 보 고서에 대하여 메타 보고서를 쓰도록 하는 것이다. 그러면 메타 보고서를 쓰는 조는 그 나름대로 연구의 절차와 방법을 결정하고, 다른 조가 수행하는 보고서 쓰기의 과정과 결과를 대상으로 삼아 연구를 하게 된다.

이는 연구나 조사를 하여 보고서를 쓰는 조나, 메타 연구를 하는 조 모두에게 긍정적인 면이 있다. 서로에게 방법적 보완을 가능하게 해 주며, 오류의 가능성을 줄여주며, 보고서 쓰기의 과정 및 결과에 대한 평가를 동시에 얻을 수 있기 때문이다. 이러한 메타적 연구를 올바르면서도 효율적으로 수행하기 위해서는 선행하는 메타 보고서를 참조하는 것이 좋다. 석사 학위 논문이나 박사 학위 논문에서 선행 연구에 대해 분석적, 비판적으로 검토하는 부분은 이러한 메타 보고서의 형식과 유사하므로, 상황에 따라 이를 참고할 수도 있다.

이러한 활동의 응용 방법을 정리하면 다음과 같다.

〈활동의 응용〉

• 학자들의 연구 과정과 보고서 쓰기의 과정을 비교하여 발표한다. 이와 관련하여 지식의 구성 과정에서 보고서는 어떠한 역할을 하는지 조사하여 발표한다.
• 생활과 관련된 주제를 선정하여 보고서를 쓴다. 생활과 관련된 보고서 쓰기의 예는 다음과 같은 것을 고려할 수 있다.
  −생활관 이용 만족도 조사 보고서 쓰기
  −도서관 이용 실태 조사 보고서 쓰기
  −청람광장 활용 실태 조사 보고서 쓰기
  −교육 문제에 대한 의식 실태 조사 보고서 쓰기
  −학교의 환경(조경)에 대한 만족도 조사 보고서 쓰기
  −학교 주변의 문화 유적지 현황 조사 보고서 쓰기
  −학교 학생들이 좋아하는 영화 장르의 조사 보고서 쓰기
• 다른 학생이나 다른 조의 보고서를 메타적 관점에서 연구하는 보고서 쓰기를 한다. 이 때, 메타 보고서의 의의와 형식에 대해 토의하거나 발표한다.

보고서 쓰기의 초고를 완성한 뒤에는 동료나 전문가의 조언을 듣는 것이 중요하다. 특히 보고서는 연구의 절차나 방법에 오류가 개입될 가능성이 많기 때문이다. 따라서 보고서의 초고를 돌려 읽고 평가 반응을 들음으로써 오류를 줄일 수 있고 이를 보완하여 목적과 형식에 맞는 보고서를 쓸 수 있다. 평가 반응을 할 때 고려할 수 있는 기준에는 다음과 같은 것을 고려할 수 있다.

〈평가활동의 기준〉

- 보고서에 목적 지향의 성격이 잘 드러나 있는가.
- 보고서에 목적, 주제, 기간, 절차, 대상, 방법, 결과가 포함되어 있는가.
- 보고서의 절차와 방법은 목적을 달성하는 데에 적절한가.
- 보고서의 결과(결론)는 신뢰성과 타당성이 있는가.
- 보고서의 결과는 가치가 있고 활용의 가능성이 있는가.
- 보고서는 객관적인 표현, 정확한 표현으로 구성되었는가.

▣ 활동의 아이디어

−물리적인 연구(실험, 조사 등)가 불가능할 때에는 사고 실험을 할 수도 있다. 사고 실험은 논리적 사고의 전개에 따라 결과를 예측하거나 검증하는 것이므로, 반복 연구의 가치가 있는 선행 보고서에서 제시한 절차와 방법을 따르는 것이 좋다. 선행 보고서는 학문적 엄격성에 따라 작성된 것이든 그러한 것이 아니든 간에 크게 문제되지 않는다. 사고 실험을 통한 반복 연구는 선행 보고서의 결과까지를 검증하는 것을 포함하기 때문이다. 선행 보고서는 학생들의 배경 학문과 관련된 것을 선정할 수도 있고, 사회나 문화 현상과 관련된 일반적인 것을 선정할 수도 있다.

−보고서를 쓰는 데에는 많은 시간이 소요될 수 있으므로, 보고서 쓰기 학습은 얼마간의 시간을 확보할 필요가 있다. 미리 과제의 형식으로 부여할 수 있는데, 이것이 여의치 못할 때에는 보고서 작성을 위한 연구나 조사를 수행할 수 있는 시간, 보고서를 쓸 수 있는 시간을 확보해야 한다. 이러한 시간을 충분히 확보하지 못하면 형식적인 보고서 쓰기가 될 가능성이 많다.

−연구한 내용을 보고서로 쓰지 않고 '발표'로 대신할 수도 있다. 이는 보고서를 쓰는 시간이 부족하거나 보고서 쓰기에 큰 부담을 느낄 경우에 가능하다. 물론, 보고서를 쓰고 이를 발표하는 형식으로 구성하여 이 발표를 심화의 방법으로 활용할 수도 있다. 연구 내용을 발표할 때 다양한 발표의 형식을 활용하게 함으로써 보조 자료의 활용에 대한 학습, 음성 언어 표현의 보완을 의도할 수 있다.

4. 예시문

▶ 예시문 1

간지러움에 관한 실험 보고서

1. 실험 목적 : 방법과 부위에 따른 간지러움의 차이를 알아본다.
2. 주제 : 사람의 신체 부위와 도구에 따른 간지러움의 정도 분석
3. 조사 날짜 : 2000. 6.28.
4. 장소 : 인문관 428호
5. 실험 대상 : 3조 조원 5명
6. 실험 방법
   가. 자신이 손으로 자기 몸 간지러움 태우기
   나. 자신이 볼펜으로 자기 몸 간지러움 태우기
   다. 다른 사람이 손으로 간지러움 태우기
   라. 다른 사람이 볼펜으로 간지러움 태우기
7. 실험결과
   – 간지러움의 정도를 상·중·하·없음으로 구분
   – 간지러움의 부위
      ① 얼굴 ② 목 ③ 옆구리 ④ 팔 ⑤ 등 ⑥ 배 ⑦ 발바닥

가. 자신의 손으로 자기 자신을 간지러움 태웠을 때

	가	나	다	라	마
얼굴	하	없음	하	하	하
목	중	하	하	없음	중
옆구리	상	하	하	없음	상
팔	하	중	하	하	중
등	없음	없음	없음	없음	없음
배	없음	하	없음	없음	하
발바닥	중	중	중	상	상

나. 자신이 볼펜으로 자기 자신을 간지러움 태웠을 때

	가	나	다	라	마
얼굴	하	하	중	중	중
목	없음	하	없음	없음	하
옆구리	중	중	하	없음	없음
팔	하	하	하	없음	하
등	없음	하	하	없음	없음
배	하	없음	없음	없음	하
발바닥	상	상	상	상	상

다. 다른 사람이 손으로 간지러움 태웠을 때

	가	나	다	라	마
얼굴	하	하	하	중	하
목	중	중	하	하	상
옆구리	중	상	상	중	중
팔	하	중	중	하	중
등	없음	상	하	없음	없음
배	없음	상	상	없음	상
발바닥	상	상	상	상	상

라. 다른 사람이 볼펜으로 간지러움 태웠을 때

	가	나	다	라	마
얼굴	하	없음	하	하	없음
목	하	중	중	하	중
옆구리	중	중	상	없음	없음
팔	중	하	하	하	중
등	중	하	중	없음	하
배	중	중	상	없음	상
발바닥	상	상	상	상	상

8. 결론

가. 사람에 따른 간지러움의 격차

　사람에 따라 간지러움을 타는 격차가 크게 나타남을 알 수 있었다. 다른 사람이 간지러움을 태웠을 때 간지러움을 잘 타는 사람은 거의 모든 부위에서 간지러움을 느꼈고, 간지러움을 잘 타지 않는 사람은 대부분의 부위에서 큰 반응을 보이지 않았다.

나. 부위에 따른 간지러움의 격차

　신체부위 중 발바닥이 가장 간지러움을 많이 타는 것으로 밝혀졌다. 배는 자신이 간지러움 태웠을 때는 간지러움을 잘 느끼지 못했지만 다른 사람이 간지러움 태웠을 때는 심한 간지러움을 느끼는 것으로 나타났다. 옆구리 또한 다른 사람이 손으로 간지러움 태웠을 때 심한 간지러움을 느끼는 것으로 나타났다. 등에서는 모든 경우에 간지러움을 크게 느끼지 않았다.

다. 도구에 따른 차이

　손으로 간지러움 태우는 것과 볼펜으로 간지러움 태우는 것은 부위에 따라 차이가 있기는 했지만 큰 차이를 보여주지는 않았다.

▶ 예시문 2

성별에 따른 대학생 컴퓨터 이용 실태

▶ 조사 주제

　'성별에 따른 대학생 컴퓨터 이용 실태' 분석

▶ 조사 기간

　7월 3일, 오전 9시~오전 11시

▶ 조사 절차

　주제에 관련된 설문을 작성 → 대학생을 대상으로 설문 조사 → 설문 분석

→ 일반화

▶ 조사 대상
  ○○○대학교 계절학기 과목 중 〈교육행정 및 경영〉의 수강생을 대상으로
표본 조사(남: 10명, 여: 25명)

▶ 조사 방법
  설문지를 이용한 조사

▶ 설문지 조사 결과
1. '컴퓨터를 무슨 용도로 사용하는가'에 대한 대답

  남자 : 워드작업 31.3%, 게임 25%
  여자 : 워드작업 57.6%, 인터넷 탐험 33.3%

  ▷ 결과 분석 : 남녀 공통적으로 컴퓨터의 이용이 레포트 등의 과제를 위한 워
드 작업에 매우 많은 정도로 치중되어 있다. 다음 순위로 남자는 게임에 여자는
인터넷 탐험에 더 치중하는 결과를 보였다.

2. '컴퓨터를 어디서 가장 자주 이용하는가'에 대한 대답

  남자 : 집 38.5%, PC방 23.1%
  여자 : 학교 공동실습실 57.6%, 집 19.2%

  ▷ 결과 분석 : 남녀 공통적으로 워드 작업을 위해 컴퓨터를 가장 많이 이용한
다는 (1)번의 결과에 따라 집에서 컴퓨터를 이용한다는 대답이 가장 많은 것으로
보인다. 한편 그만큼 각 가정에 컴퓨터 보급률이 크게 늘어난 것으로 짐작할 수
있다. 남녀의 차이로는, 남자의 경우 게임을 자주 하므로 높은 사양의 컴퓨터를
원하여 PC방을 찾는 경우가 많았고 여자의 경우는 단순 워드 작업이나 인터넷
검색을 주로 하므로 무난한 학교 공동실습실을 많이 찾은 것으로 보인다.

3. '인터넷은 주로 어디에서 이용하는가'에 대한 대답

　남자 : 학교 공동실습실 36.4%, PC방 및 기숙사 정보실 18.2%
　여자 : 학교 공동실습실 80.8%, 기숙사 정보실 7.7%

　▷ 결과 분석 : 단순 인터넷 탐험이나 자료검색을 위해서는 무료로 이용할 수 있는 학교 공동실습실이 가장 많은 것으로 나타났다. 또한 기숙사에 정보실이라는 새로운 공간이 탄생됨에 따라 그곳을 이용하는 인원이 더욱 늘어갈 것으로 전망된다. 남녀의 차이로는, 남자의 경우 돈을 주고서라도 PC방을 이용한다는 점이다. PC방 문화에 익숙해지지 않은 여자들의 경우와는 달리 그 문화에 친숙해진 남자들의 경향을 보여주는 결과라 할 수 있다.

4. '인터넷은 얼마나 많이 하는가'에 대한 대답

　남자 : 하루 1시간~2시간 50%, 하루 2시간~3시간 40%
　여자 : 하루 1시간 미만 41.7%, 하루 1시간~2시간 33.3%

　▷ 결과 분석 : 한 번 이용할 때 남자가 여자보다 1시간 정도 더 오래 이용한다는 결과가 나왔다. 이는 남자들이 컴퓨터를 단순 워드나 인터넷 탐험을 위한 도구보다는 게임의 도구로 자주 사용하기 때문에 나타나는 결과라 할 수 있다. 한편 여성의 경우에도 예외적으로 이용 시간이 긴 경우가 있는데, 이는 채팅과 같은 엔터테인먼트를 즐기기 때문에 나타나는 것이라 할 수 있다.

5. '인터넷에서 주로 하는 것은 무엇인가'에 대한 대답

　남자 ; 게임 33.3%, 학업을 위한 자료 검색 26.7%
　여자 : 학업 위한 자료 검색 60.7% , 메일 28.6%

　▷ 결과 분석 : 남자와 여자의 컴퓨터 이용에 대한 차이점이 분명히 드러나는 문항이다. 남자의 경우는 다수가 게임을 즐기기 위해 인터넷을 이용하고 여자의 경우는 대부분 실생활이나 학업을 위해서 자료 검색과 메일작업을 위해서 인터

넷을 이용하는 것으로 나타났다.

6. 'PC방에 가본 적이 있는가' 에 대한 대답

　남자 : 있다 100%
　여자 : 있다 84%, 없다 16%

　▷ 결과 분석 : 남자의 경우는 100% PC방에 가본 경험이 있다고 하였다. 반면 여자의 경우는 PC방을 이용하면서까지 컴퓨터를 이용해야 하는 필요를 다소 덜 느끼기 때문에 아직 가본 경험이 없는 여자들이 있는 것으로 보여진다. 그러나 조금 더 시간이 지나면 더욱 나은 환경에서의 작업을 위하여 여성들의 PC방 이용이 증가할 것이라고 예상된다.

7. 'PC방에 가서 주로 하는 것은 무엇인가' 에 대한 대답

　남자 : 게임 58.3%, 채팅 및 워드작업 및 인쇄 16.7%
　여자 : 인터넷 탐험 47.8%, 워드작업 및 인쇄 30.4%

　▷ 결과 분석 : 남자가 PC방에 가는 목적은 대부분 게임이나 워드작업을 하기 위해서이다. 반면 여자는 인터넷 탐험을 목적으로 PC방에 가는 경우가 많다. 이것은 기숙사에 살고 있는 학생들이 점점 이후 나가서 즐기는 게임을 좋아하기 때문으로 보여진다. 두 성별 다 워드 작업을 이용하는데 PC방을 이용한다는 점에서는 공통적이었다.

8. '컴퓨터가 없으면 불편함을 느끼는가' 에 대한 대답

　남자 : 그렇다 100%
　여자 : 그렇다 96%, 아니다 4%

　▷ 결과 분석 : 컴퓨터가 대중에게 일반적인 현상이 된 시대에 맞게 남녀를 막론하고 대부분 컴퓨터가 없으면 불편함을 느낀다고 한다. 그러나 비록 극소수이

지만 여성의 경우 아직까지 컴퓨터가 없어도 불편함을 느끼지 못한다는 반응이 나타나고 있다. 이는 시대의 흐름에 따라 점차 달라질 것이라 예상된다.

9. '불편하다면 주로 무엇 때문인가'에 대한 대답들

▷ 대부분의 경우 불편함의 원인은 워드작업을 해야 하는 숙제와 인터넷 이용에 있는 것으로 나타났는데, 이는 남녀 공통적이다. 이외로 이 문항에서는 남자들이 게임을 즐기지 못하기 때문이라는 이유는 나오지 않았다. 그것은 게임은 실생활에서는 필수적인 부분은 아닌 오락을 위한 것이기 때문으로 보여진다.

▶ 결론
이상의 설문지 문항을 분석한 결과를 종합하면 다음과 같다.

우선 남녀 모두 컴퓨터를 주로 워드작업이나 인터넷을 이용하기 위해 사용하고 있는 것으로 나타났다. 그러나 남자의 경우는 거기에 게임이라는 새로운 문화가 추가되어 혼자 하는 게임에서부터 네트워크 게임까지 다양한 게임을 즐기고 있는 것으로 나타났다.

이는 PC방에 가서 주로 하는 것은 무엇인가(7번 문항),에 대한 대답에서 분명히 드러나는데, 남자의 경우 PC방에 가는 이유의 반 이상이 게임 때문이라 대답하고 있는 것이다. 이러한 남자의 경우와 달리 여자들은 게임 문화에 별로 친숙하지 못하다. 따라서, 컴퓨터 이용 용도에 대해서도 인터넷 자료검색이나 워드작업 정도가 대부분을 차지하고 있다. 남자와 여자의 이러한 문화적 차이로 게임을 하기 좋은 PC방 이용도에서도 남자가 여자보다 많은 것으로 나타난다. 그러나 컴퓨터 보급률이 급속도로 증가하고 있기 때문에, 남녀 성별에 따른 이러한 이용 용도의 차이는 점차 사라질 것으로 전망된다.

이번 설문조사의 결과를 통해 느낀 된 한 가지 아쉬운 점이 있다. 그것은 컴퓨터의 이용가능성이 무한한대 반해서 대학생들은 단순 워드작업이나 인터넷 정보검색 그리고 게임에만 치우쳐 컴퓨터의 기능을 생각하고 있었다는 점이다. 극소수의 설문 응답자가 말한 것처럼 프로그래밍 등의 더욱 발전된 컴퓨터 이용도도 증가되기를 기대한다.

설 문 지

♣ 안녕하세요. 저희는 사고와 표현 수업을 듣는 학생들입니다. "성별에 따른 대학생 컴퓨터 이용 실태"에 대한 연구를 위해서 간단한 설문 조사를 하고자 하오니, 부담 갖지 마시고 적어 주시기 바랍니다.

♠ 성별을 밝혀 주세요. (남 , 여)

1. 컴퓨터를 주로 무슨 용도로 사용하십니까?
① 워드작업   ② 게임
③ 인터넷 탐험   ④ 통신 및 채팅
⑤ 기타(   )

2. 컴퓨터를 어디에서 가장 자주 이용하십니까?
① 집   ② PC방
③ 학교 공동실습실   ④ 기숙사 정보실
⑤ 기타(   )

3. 인터넷은 주로 어디에서 이용하십니까?
① 집   ② PC방
③ 학교 공동실습실   ④ 기숙사 정보실
⑤ 기타(   )

4. 인터넷을 얼마나 많이 이용하십니까?
① 하루 1시간 미만   ② 하루 1시간~2시간
③ 하루 2시간~3시간   ④ 하루 3시간~4시간
⑤ 하루 4시간 이상

5. 인터넷에서 주로 하는 것은 무엇입니까?
① 게임   ② 채팅
③ 학업 위한 자료검색   ④ 메일
⑤ 기타(   )

6. PC방에 가보신 적이 있습니까?

① 있다   ② 없다

7. PC방에 가보신 적이 있다면, 가서 주로 하는 것은 무엇입니까?

① 게임   ② 워드작업 및 인쇄

③ 채팅   ④ 인터넷 탐험

⑤ 기타(   )

8. 컴퓨터가 없으면 불편함을 느끼십니까?

① 느낀다

② 못 느낀다

9. 불편하다면 주로 무엇 때문입니까?

(   )

대답해 주셔서 감사합니다. 좋은 하루 되세요. ~♥

5. 보고서 쓰기

※ 다음 연구 주제 중에서 하나를 고르거나, 모둠에서 관심 있는 분야의 연구 주제를 정해 보자. 그리고 그 주제에 대하여 보고서 쓰기의 절차에 따라 보고서를 작성해 보자.
- 우리 학교 학생들이 주말을 보내는 생활 패턴
- 우리 학교 학생들이 좋아하는 영화의 장르
- 다른 사람들이 바라보는 우리 학교에 대한 인식

제 11 강 논평문 쓰기

1. 개념 및 필요성

논평문은 어떤 대상에 대해 자신의 관점이나 생각, 느낌 등을 표현한 글이다. 논평의 대상은 사회나 문화와 관련된 어떤 현상일 수도 있고 일상생활에서 부딪히는 어떤 문제일 수도 있다. 따라서, 논평문 쓰기의 대상의 매우 넓으며 어떤 특정한 것으로 한정되지 않는다. 예를 들면, 학교에서 교사를 존경하는 문화가 사라져가는 현상에 대해 자신의 견해를 밝히고 그 극복의 방안을 제안하는 것이나, 정치적인 어떤 결정에 대해 그것이 합리적인 결정인가, 뒤따르는 문제는 무엇인가 등에 대해 자신의 의견과 생각을 밝히는 것 등이 모두 논평문의 범주에 속한다.

이러한 논평문은 논평의 대상과 관련된 현상이 문제들을 정리하고 그 본질을 명백하게 하며, 그 인식과 판단의 내용을 다른 사람과 공유할 수 있도록 해 준다는 점에서 중요한 의의가 있다. 사회의 생활은 이러한 문제와의 부단한 접촉의 과정이므로, 이에 대해 자신의 관점이나 견해, 생각이나 느낌을 적극적으로 표현하여 의사소통을 시도하는 것은 문식성(literacy) 중심의 사회에서 매우 중요한 의미가 있는 것이다. 문식성의 사회에서 자아의 정체성이나 존중감은 문식성을 바탕으로 한 적극적인 의사소통에 바탕을 두고 있기 때문이다.

따라서 논평문은 전문적인 필자만 쓸 수 있는 것도 아니고 전문적인 필자만 써야 하는 것도 아니다. 논평문은 전문적인 필자들만 쓸 수 있다고 생각하는 이유는, 전문적인 필자가 생산한 논평문을 흔히 접하는 데에서 얻은 일종의 편견이다. 어떤 대상과 관련하여 의견의 차이가 있을 때, 관점의 차이가 발견될 때, 어떤 생각이나 느낌이 들 때, 누구나 논평문을 쓸 수 있는 것이다. 앞에서 말한 바와 같이,

문식성 중심의 사회에서는 이러한 상황에서의 적극적인 표현과 의사소통에의 참여가 중요한 의미가 있기 때문이다.

이와 관련된 예를 신문이라는 매체에서 찾을 수 있다. 신문은 시의적인 문제를 다루는 대표적인 대중매체인데, 여기에는 전문적인 필자들이 쓴 논평문도 수록되고 일반 대중이 투고한 논평문이 게재되기도 한다. 신문사의 의견을 대변하는 사설, 어떤 시의적 문제에 대한 전문 논평 등은 전문적인 필자들이 쓴 것이며, 국민기자석 등과 같이 대중 개인이 겪은 일이나 대상에 대해 자신의 견해, 관점, 생각을 밝히 논평은 비전문적인 필자들이 쓴 것이다. 비전문적인 필자들의 논평문이 수록되는 것은, 여론을 형성하는 데 있어 개인의 견해나 관점이 중요하다는 것과 문식성을 중심으로 한 의사소통아 필요하다는 것을 잘 보여주는 것이다.

현대와 같이 탈권위주의적인 담론이 우세를 점유하는 시대에는 개인의 능력, 특히 의사소통을 중심으로 한 개인의 능력이 무엇보다도 중요하다. 권위주의 시대에서 의사소통 능력이란 신분, 출신 등에 의해 규정되었으나, 탈권위주의 시대에는 문식성을 중심으로 한 의사소통 능력이 핵심적인 요소로 간주되고 있다. 문식성을 중심으로 한 의사소통 능력은 곧 작문 능력으로 대표되는데, 이 중에서도 필자 자신의 사상이나 감정을 능동적이면서도 적격하게 표현할 수 있는 능력이 현대의 의사소통 능력의 중심을 이룬다.

문자 문화가 확고하게 자리를 잡은 문식성 중심의 사회에서 기능인(functional human being)으로 존재하기 위해서는 대상에 대해 형성된 견해, 관점, 생각, 느낌을 적극적으로 표현하는 것이 좋다. 따라서 작문 학습은 이를 능동적으로 표현할 수 있도록 하는 능력의 신장에 기여할 수 있어야 한다. 이런 점에서 논평문 쓰기에 대한 학습은 꼭 필요하며 매우 중요하다고 할 수 있다. 이는 고등 학교 작문 교육과정에서도 확인할 수 있다. 제 7차 국어과 작문교육과정에서는 "자신의 사상과 감정을 글로 표현하는 능력과 작문 대한 바람직한 태도를 가진다."고 목표를 진술하고 있는데, 이 목표는 논평문 쓰기와 관련이 있다. '사상과 감정을 글로 표현하는 능력'이 바로 어떤 대상에 대해 필자의 견해, 관점, 생각, 느낌 등을 밝히는 논평문 쓰기와 밀접히 관련되어 있기 때문이나.

인간이 영위해 가는 사회의 생활은 무수한 다른 대상과의 관계 속에서 살아가는 여정이며 법과 제도 속에서 살아가는 과정이다. 따라서 한 개인은 다른 대상과 관련하여 어떤 관점이나 견해, 감정이나 느낌 등을 형성하면서 살아갈 수밖에 없다. 이 과정에서 동일한 대상에 대해 백인백색으로 견해와 관점이 다르고 감정이나 느낌이 다르기 때문에 적극적인 의사소통이 요구된다. 이는 그 대상과 관계를 맺으며, 또 다른 사람들과 관계를 맺으며 살아가는 현명한 전략일 수도 있다. 이 점에서 이를 적극적으로, 능동적으로 수행할 수 있는 논평문 쓰기에 대한 필요성은 절실하다.

논평문의 대상은 시의적인 것일 수도 있고, 그렇지 않을 수도 있다. 시의성이 강한 논평문은 시사적인 문제를 주로 다루는 매체에서 흔히 접할 수 있고, 시의성이 약한 논평문은 개인적인 수상록 등에서 흔히 접할 수 있다. 그런데 문제는 논평문의 대상이 시의적인 것인가 아닌가에 있는 것이 아니라, 그 대상에 대한 논평이 필자의 사상과 감정을 적극적으로 드러내어 의사소통을 추구하고 있는가 하는 점이다. 이 과정에서 대상과 관련된 문제의 합리적 해결을 모색하게 되고 다른 사람들과의 협력적 관계를 형성할 수 있게 된다. 또한 필자 자신의 관점을 의소소통의 맥락에서 적극적으로 표현하는 것은 한 개인이 주체적인 인간으로 성장하고 자리를 잡는 데 긴요한 역할을 한다. 대상에 대한 자신의 관점을 명료하게 표현할 수 있을 때, 개인의 개성적인 관점이 드러나며 이는 개인의 주체성의 형성에 영향을 미치기 때문이다.

이러한 이유에서 논평문 쓰기에 대한 학습은 중요한 의의가 있다. 논평문 쓰기 자체가 작문에 대한 학습을 의도한 것이지만, 이를 넘어 다른 사람들과 사회적 방식으로 의사소통을 하는 방법에 대한 학습을 의도한 것이다. 논평문 쓰기는 의사소통 기능으로서의 작문의 특성을 학습하는 것과 관련된 것은 이러한 이유 때문이다.

논평문은 개인의 사상이나 감정을 의사소통의 맥락에서 쓴 글이기 때문에 논리성과 합리성을 갖추어야 한다. 논리성이란 객관적인 글에서는 모두 중요하게 취급되지만, 특히 대상에 대한 필자 개인의 관점이나 견해 등을 표현해야 하는 논평문에서는 더욱 중요하다. 다른 사람과의 의사소통을 위해서 씌어지는 글이 일정한 논리를 갖추지 못한다면, 의사소통의 성공을 보장할 수 없다. 다른 사람과의 의사소통을 위해서, 다른 사람의 설득이나 관점 변화를 위해서는 일정한 논리성이 요구된다. 합리성이라는 필자 개인의 견해, 관점 등을 표현하는 것이라고 하더라도 터무니없는 것이어서는 안 된다는 점을 지적한 것이다. 개인적인 견해나 관점이라고 하더라도 다른 사람의 공감을 일정 부분 확보할 수 있는 것이어야 한다. 논평문에서 요구되는 논리성과 합리성을 올바로 실현하기 위해서는 필자의 개인적인 관점이나 견해를 뒷받침할 수 있는 근거를 충분하게 마련하는 것이 좋다. 근거가 충분하게 마련될수록 필자의 견해와 관점은 의사소통의 맥락에서 더 큰 설득력을 확보하게 될 것이다.

2. 활동의 절차

- 간이 수업을 통해 논평문의 종류, 기능 등에 대해 알아보고, 논평문의 필요성과 중요성에 대해 발표 및 토의한다. 이를 바탕으로 하여 문식성 중심의 현대사회에서 논평문이 어떠한 기능을 수행하는지를 의사소통의 맥락에서 이해한다.
- 논평문과 관련된 경험을 발표하고 논평문이 사회에서 개인의 삶과 어떠한 연관이 있는지를 발표하고 토의한다. 논평문을 쓸 때와 쓰지 않을 때 어떠한 차이가 있을지에 대해 발표한다.
- 예시문을 읽고 논평문의 중요성과 필요성, 구성상의 특징, 표현상의 특징에 대해 발표하고 토의한다. 그리고 예시문에 표현된 견해나 관점에 동의하는지 동의하지 않는지에 대해 발표한다. 예시문의 주장에 대해 다른 견해나 관점을 가지고 있다면, 이에 대해 논평문을 써 볼 수 있다.
- 제시된 작문 과제에 따라, 또는 자신이 생각한 문제에 따라 논평문을 쓴다.

3. 활동의 응용

논평문은 필자 개인의 견해, 관점, 생각, 느낌 등을 논리성과 합리성을 바탕으로 하여 쓰는 글이기 때문에, 다른 사람과의 차이를 필연적으로 수반하게 된다. 이 때 다른 사람과 토의 · 토론을 하고 이를 바탕으로 하여 논평문을 쓰도록 함으로써 활동을 응용할 수 있다. 어떠한 대상에 대해 형성된 개인적인 관점이나 견해를 표현할 때, 다른 사람의 관점이나 견해를 전혀 모른다면 논리에 헛점이 생길 수도 있고 오류가 발생할 수도 있으며 자신의 견해를 충분히 드러내지 못할 수도 있다. 다른 사람과의 토의 · 토론을 통해 필자 자신과는 다른 견해가 존재하는지, 그 차이는 무엇인지 등에 대해서 파악하면, 논평문을 쓰는 것이 훨씬 용이하다. 다른 사람의 견해가 어떻게 다른지를 미리 파악함으로써 이러한 견해나 관점에 대한 방어 논리를 세울 수 있고 또 다른 관점이나 견해를 발견할 수도 있기 때문이다. 따라서 논평문을 쓰기 전에 어떤 대상이나 문제에 대해 토의 토론을 수행할 수 있다.

논평문을 쓰는 활동을 메타적인 언어활동으로 확장할 수 있다. 즉 어떤 대상에 대해서 쓴 논평문을 읽고 이에 대해 다시 논평문을 쓰는 것이다. 논평문에 대한 논평문은 견해나 관점의 차이를 드러내는 것일 수도 있고, 비판적인 태도를 취하는 것일 수도 있다. 후자의 경우에는 그 논평문에 대한 새로운 논평문(재비판문) 쓰기가 가능할 수도 있다. 논평문 쓰기가 이러한 맥락에 놓인다면, 이 때에는 논평문을 비판적으로 읽는 태도의 형성도 같이 다루어질 수 있다. 논평문을 읽고 쓰는 메타논평문은 선행하는 논평문에 대해 찬동하는 관점을 보일 수도 있고, 반대하는 관점을 보일 수도 있다. 상황에 따라서는 중립적인 관점을 보일 수도 있다. 따라서 이러한 논평문 쓰기는 필자 개인의 관점이나 견해를 잘 반영하게 된다.

논평문 쓰기에 대해 어려움을 겪는 경우에는 연설문의 형태로 먼저 내용을 구성하고 이것을 바탕으로 하여 논평문 쓰기를 할 수 있다. 이는 연설문을 도입하여 활동을 응용하는 것인데, 연설문의 형태로 자신의 관점이나 견해를 말해보고 이것을 글로 옮긴다는 점에서 유리한 점이 있다. 연설문을 일종의 구술 작문 형태로 활용하기 때문이다. 따라서 연설문의 형식을 꼭 따르도록 하면 이는 또 다른 학습 부담을 유발할 수 있으므로 주의할 필요가 있다. 격식을 강조하지 않는 연설문의 형태로 활용하여 자신의 견해, 관점 등을 말하고, 이를 바탕으로 삼아 논평문을 쓰는 것이다. 논평문으로 옮길 때 필요에 따라 다른 자료를 더 보완할 수 있고 내용의 일부를 변경할 수도 있으며, 견해나 관점과 관련된 주장을 수정할 수도 있다.

논평문 쓰기의 대상은 특별히 어떠한 것으로 한정할 필요는 없다. 논평문 쓰기가 쉽지 않을 때에는 생활과 관련된 것에서 주제를 선정하는 것이 더 적절하다. 논평문 쓰기 학습이 진행된 후반이나 논평문 쓰기에 자신감이 있는 경우에는 사회적인 문제, 문화적인 문제를 대상으로 삼아 논평문 쓰기를 수행할 수 있다.

이상에서 언급된 것을 바탕으로 하여 활동 응용의 예를 정리하면 다음과 같다.

〈활동의 응용〉
- 논평문 쓰기를 토의·토론과 연계하여 수행한다.
- 논평문에 대한 논평문(메타 논평문) 쓰기를 한다.
- 견해나 관점에 대해 연설(말하기)을 하고 이를 바탕으로 논평문 쓰기를 한다.
- 논평문 쓰기의 대상을 다양하게 선정한다.

논평문 쓰기의 초고를 마친 다음에는 동료들과 돌려 읽기를 한다. 이 때 그 논평문 초고를 다시 논평한다는 생각으로 읽고 평가 반응을 보일 수도 있고, 자신의 견해나 관점과 비교하고 대조하는 수준에 평가 반응을 보일 수도 있다. 이러한 평가 반응은 초고를 수정하고 재고를 마련하는 데 큰 도움을 제공한다. 평가 반응을 위해 활용할 수 있는 평가 기준은 다음과 같은 것을 참고할 수 있다.

〈평가 기준〉
- 논평문에 나타난 관점, 견해, 생각, 느낌이 명확한가.
- 논평 대상에 대한 관점이나 견해(해결 방법 등)는 창의적인가.
- 논평문의 표현은 논리성과 합리성이 잘 드러나 있는가.
- 논평문의 논리성과 합리성을 뒷받침하기 위한 근거는 충분한가.
- 논평을 이끌어가는 어조나 어법이 자연스럽고 일관성이 있는가.
- 논평문에 표현된 논평의 태도는 적극적이며 능동적인가.

4. 예시문

▶ 예시문 1

지식 문화의 초라한 몰골

안병욱/가톨릭대 교수 · 한국사

우리 나라의 지식 수준은 어느 정도일까. 문화 수준은 어느 단계에 도달해 있는 것인지. 저 옛날엔 불교를 수용하되 독자적인 사상 체계를 세웠으며, 그 철학을 다시 중국에 전파할 수 있었다. 조선의 유학자들은 중국 학자들에게 뒤지지 않는다는 자부심으로 학문했다. 한때는 그 자의식이 지나쳐 오히려 오만에 빠질 지경이었다. 그러나 지금은 한 국가를 운영하기에 우리의 문화 역량은 너무 초라하다.

얼마 전 영미 고전 작품들의 번역 현황을 연구한 내용이 보도된 바 있다. 이를 보면 영국 작가 제인 오스틴의 〈오만과 편견〉이라는 소설의 우리말 번역본이 21종이나 된다고 했다. 한 작품을 두고 그렇게 여러 번 번역이 이루어졌다면 언뜻 우리 문화도 꽤 수준 높고 다양한 것처럼 생각된다. 그러나 그 번역본 가운데 14종은 다른 번역본을 대본으로 해서 오류마저 베낀 표절이란다. 독자적으로 번역했다고 하더라도 대부분 오역과 부정확한 번역으로 작품성을 훼손했고, 심지어 까다로운 부분은 생략하거나 얼버무린 경우도 있으며, 번역문은 도무지 무슨 말인지 알 수 없는 문장으로 되어 있다는 것이다. 그래서 21종 가운데 어느 것 하나 추천할 만하지 못하다고 했다. 인문·사회 과학 서적들도 이와 사정이 다르지 않다.

십 수년 전 독일에서 공부한 적이 있다. 사전을 열심히 찾아 나름의 독일어 문장을 만들어 제출하곤 했는데, 한번은 독일인 교사가 나에게 "왜 당신은 늘 19세기에나 사용되던 단어만을 골라 문장을 만드느냐"고 정색을 하면서 물었다. 그 지적에 어안이 벙벙할 수밖에. 100년 전 단어를 골라 쓰다니. 까닭은 '한독사전'에 있었다. 우리의 독일어 사전이라는 것이 그 옛날 일본에서 나온 것을 베껴 만든 것이다 보니 여태 19세기 수준에 머물러 있는 것이다. 그 뒤로 새로운 사전이 만들어졌는지는 모르겠다.

어디 이뿐이겠는가. 외교 통상 등 국제 협상에서 정부가 보여 준 무능은 익히 접해온 바다. 예컨대 우리는 불과 10여 년 전 노태우 대통령이 러시아를 방문할 때 나라 안에서 러시아어 통역인을 구하지 못해 큰 망신을 당했던 일을 기억하고 있다. 당시 냉전에 찌들어 러시아어 전공자 하나 키워낼 수 없었다. 이런 모습이 현대 한국 문화 역량의 현주소가 아닐까

그럼에도 우리는 은근히 세계 10위권의 위상인 것처럼 뻐기고 있다. 무역·체육·군사 등의 지표는 그런 셈이다. 하지만 이런 지표들로 가려진 우리 사회의 실상은 기대치와는 사뭇 다르다. 과학 기술 정책 연구원 신태영씨의 분석으로, 지금 우리의 지식축적 정도는 미국의 6%, 일본의 14%에도 미치지 못하는 수준이라고 한다. 2000년 현재의 일본 수준에 도달하기 위해서는 앞으로 35년은 더 걸려야 한다고 한다. 그러니까 일본과 비교하더라도 35년은 뒤떨어진 셈이다. 물론, 상대적으로 형편이 좋은 과학 기술 분야 중심의 분석임에도 그렇다.

시간 강사와 교수 등 10여 만 명 연구자를 위한 정부의 학술 진흥 연구비가 2,000억 원 남짓 된다. 그나마도 근자에 획기적으로 늘어난 액수다. 이는 전투기 40대를 사들이는 차세대 전투기 사업비 5조원의 4%에 불과하다. 국가의 한 해 학술 진흥비가 전투기 두 대 값도 안 된다. 전투기를 아무리 새것으로 바꾸면 무엇하나. 현재 한반도 전쟁 위기는 미국의 북한 폭격 음모에서 야기되고 있는데.

국가 운영의 방향이 너무 뒤틀려 있다. 전투기는 새 것으로 바꿀 줄 알지만 지식축적이 선진국에 30년 이상 뒤떨어진 사실은 무시한다. 후진적인 문화 역량과 퇴영적인 사고 방식에는 부끄러운 줄 모른다. 지난 40여 년 간의 파시스트적인 통치가 초래한 현상이다. 거기에 더하여 요즘은 이른바 신자유주의라는 몰가치한 경쟁력 지상의 논리가 교육 개방까지 강요하고 있다. 그러면서도 국방비로 일본이나

독일보다 두세 배나 높은 비율인 국가 예산의 15%를 쏟아붓는 사실은 애써 외면한다. 전쟁이 아닌 평화 세계에 맞는 국가 운영의 철학을 확립해야 한다. 나라의 자주권은 수준 높은 문화 능력에 달려있기 때문이다.

– 〈인터넷 한겨레〉 http://www.hani.co.kr/column

▶ 예시문 2

이공계 인재 유치 발상 바꿔라

김희준/ 서울대 교수 · 화학

최근 국가 과학 기술 위원회는 과학 기술 기본 계획을 발표했다. 연구 · 개발 예산의 배가, 과학 영재 교육 강화 등과 아울러 동북아 연구 · 개발 허브 구축이라는 항목이 눈길을 끈다. 참여 정부가 내걸고 있는 동북아 중심 국가라는 캐치프레이즈와 궤를 같이 하는 내용이다.

언뜻 생각하면 이공계 기피가 사회 문제가 될 정도로 심각한 우리 나라가 동북아 연구 · 개발 허브라니 당치도 않은 소리로 들린다. 어려운 수학, 과학을 기피하는 것이 어느 선진 국가에서나 찾아볼 수 있는 일반적인 현상이라고 해도 우리는 도가 지나치다.

일본은 최근 3년 연속 노벨 화학상 수상의 여파로 도쿄 대학에서는 화학 지원자가 오히려 늘고 있다. 대만도 1986년 노벨 화학상을 수상한 유안 리가 미국에서 돌아와 국가 중앙 연구원장직을 맡으면서 기초 과학에 대한 투자를 크게 늘리고 있다.

또, 요즘 미국에서 발표되는 주요 논문에는 제1저자가 중국 출신인 경우가 허다하다. 아무리 찾아도 연구 · 개발면에서 동북아에 우리가 설 땅이 있어 보이지 않는다.

이런 때일수록 발상의 전환이 필요하다. 우리도 살기가 어려웠을 때는 단돈 50달러를 들고 유학을 떠났다. 우리 젊은이들이 이공계를 기피한다면 그에 대처하는 방안도 적극적으로 강구해야 하겠지만, 다른 한편으로는 우수하고 의욕적인 학생들을 외국에서 불러들이는 방안도 심각하게 고려해야 한다.

등록금을 면제해 주고 기숙사와 약간의 장학금을 제공하면 인도, 파키스탄, 미얀마, 베트남, 네팔 등지와 멀리는 아프리카에서도 우수한 학생들을 유치할 수 있을 것이다. 중국에 거주하는 조선족 학생들도 유치 대상이다.

흥미롭게도 여러 면에서 우리 대학과 기업의 국제화에 유리한 정황들이 이뤄지고 있다. 미국은 9.11 사태 이후 외국인에 대한 통제를 강화하고 있다. 사스까지 겹쳐 올해에는 중국 유학생들에게 대거 입학을 취소하는 일이 일어났다.

제2차 세계 대전 때 동남아를 유린한 일본에 대해서는 아직 감정적인 앙금이 남아 있다. 대만은 중국의 일부로 인식되고 있어 유학하기에는 매력이 떨어지고, 중국은 우수한 이공계 학생이 넘쳐난다.

그러나 한국은 삼성, LG 등 대기업의 브랜드 파워 덕분에 대부분 동남아 국가들의 동경의 대상이다. 게다가 월드컵 4강 진출로 한국에 대한 이미지는 더욱 확실해졌다. 국제 수학 과학 올림피아드를 통해 우리의 수학, 과학 실력도 인정받고 있다.

이제 우리가 마음을 열고 문호를 개방하면 우수한 동남아 학생들을 받아들여 이공계 연구 인력으로 활용하면서 동시에 수학, 과학을 교육시켜 돌려보낼 수 있을 것이다. 그 과정에서 우리 학생들과의 경쟁을 통해 교육과 연구의 분위기도 쇄신될 수 있다.

우리 문화도 자연스럽게 소개되고, 영어 사용을 통한 국제화 효과도 상당할 것이다. 제3세계에서 한국의 위상과 영향력도 증대되겠지만, 무엇보다 앞으로 세계에서 남에게 베푸는 진정한 리더십을 갖춘 나라로 인정받게 될 것이다.

동북아 연구 · 개발 허브 구축 일환으로서의 동남아 이공계 인재 유치 사업을 정부와 대기업이 합작하면 어떨까? 삼성은 이공계 유학생 지원에 거금을 투자하고 있는데, 그 중 절반이라도 동남아 유학생 유치와 국내 박사 과정 지원에 사용한다면 이공계 연구 인력 확보와 과학 기술을 통한 국가 교류라는 일석이조의 획기적인 효과를 거둘 수 있을 것이다. 그러다 보면 북한 유학생을 받아들일 날도 오지 않을까.

-〈인터넷 중앙일보〉 http://www.joins.com 2003. 6. 10.

▶ 예시문 3
포럼

독자 토론 마당 - 한강 낚시 유료화

서민들 여가 활동 경제적 부담줘선 안돼

한강은 서울 시민의 '젖줄'인 동시에 '휴식처'라고 할 수 있다. 서울시는 행정력의 낭비를 막고 시설을 쾌적하게 유지·관리한다는 명분을 내세워 한강에서 낚시하는 사람들에게 월 회비를 받는 방안을 모색하고 있다. 그러나 서울시의 한강 낚시 유료화는 서민들의 편의를 고려하지 않은 처사라고 본다. 한강에서 낚시하는 사람들은 여유 있는 부유층이 아니라 경제적인 부담이 가지 않는 선에서 여유를 즐기려는 소시민이 대부분이기 때문이다. 극장, 놀이동산, 국공립 공원 등 갈 만한 곳들은 거의 모두 돈을 내야 한다. 유일하게 서민들이 돈 부담 없이 삶의 여유를 즐길 수 있는 곳이 한강 시민공원이다. 이 곳에서 축구나 농구, 자전거, 인라인 스케이트 등을 즐길 수 있듯이 낚시 역시 회비의 부담이 없어야 한다고 생각한다.

-전흥진 서울 마포구 망원동

유료화 발상 다른 지자체로 번질까 걱정

서울시의 한강 낚시 유료화 방침은 시민의 레저 생활을 보호해야 할 본분을 망각한 처사인 듯 하다. 각박한 세상을 살아가는 현대인에게 레저는 생활의 일부임과 동시에 행복의 조건이 되고 있다. 서울은 인구 과밀 지역인 반면 레저 공간은 매우 협소하다. 이런 상황에서 한강 낚시를 유료화하겠다는 것은 시민의 레저 활동을 억제하겠다는 말이나 마찬가지다. 물론 낚시의 떡밥 등이 강을 오염시키는데 적지 않는 영향을 주고 있다는 점은 이해가 된다. 그러나 강 오염의 주범은 생활 폐수라고 본다. 때문에 한강 낚시의 유료화는 서울시가 재정 확보를 위해 낚시 애호가들에게 부담을 주었다는 오해를 받을 수 있다. 강이나 바다에서 무료로 낚시를 하는 것은 우리의 오랜 관습이다. 강 낚시의 유료화 발상은 서울시가 최초인 듯 하다. 만약 서울시의 방침이 실행된다면 각급 지자체가 전국의 강과 하천을 유료 낚시터로 만들 것 같아 우려된다.

-조 인 광주 북구 문흥동

'환경오염 방지-생태계 보호조치' 환영

한강 시민공원을 자주 이용하는 시민의 한 사람으로서 이곳의 각종 시설물과 편의 시설이 '눈 가리고 아웅'하는 식으로 형식적으로 관리·운영되고 있어 안타깝게 생각한다. 한강 시민공원을 이용하는 서울 시민이면 누구나 나같이 느낄 것이다. 이러한 현실에서 '한강 공원 시민 이용 시설의 설치 및 운영에 관한 조례' 개정·보완 작업이 한강 공원이 시민의 실질적 휴식 공간으로 자리잡는 계기가 되었으면 한다. 또, 한강 낚시에 대한 사용료 징수도 이런 차원에서 한강의 환경오염 방지와 생태계 보호를 위한 조치로 환영한다. 낚시 사용료 부과와 함께 낚시를 위한 편의 시설 설치, 환경교육 실시 등 서울시의 효율적인 운영 방안도 구체적으로 입안되길 바란다. -이병주 서울 송파구 장지동

낚시 편의 시설 설치-환경 관리에 쓰여야

최근 한강에서 토종 물고기가 돌아와 다시 서식하게 된 것을 매우 기쁘게 생각한다. 아울러 많은 시민들이 가까운 한강 공원에서 낚시로 여가를 즐길 수 있게 된 것도 다행스러운 일이다. 그러나 문제는 밤낮을 가리지 않고 수많은 사람들이 낚시터로 몰려 나와 무질서하게 강변 낚시터 일대의 환경을 오염시키는 일이다. 이에 대한 대비책을 마련하는 일이 필요하다. 한강 시민공원 내에서 낚시하기에 적당한 곳을 선정해 적절한 낚시 편의시설을 설치하고, 언제나 쾌적한 환경을 유지하는 일은 그 같은 대비책이 될 수 있다. 이를 위해서는 상당한 비용이 소요되므로 낚시하는 사람들로부터 신상명세와 월간 일정 액수의 회비를 걷는 서울시의 방침에 전적으로 찬성한다. 현재 전국 각지의 강변과 저수지 낚시터에서는 상당액의 입장료를 받고 있다는 사실을 감안할 때 낚시터 시설 유료화는 지극히 당연한 일이다. -홍순성 경기 시흥시 포동

-〈동아일보〉 2003. 5. 7.

5. 논평문 쓰기

> ※ 다음 주제 중에서 하나를 선택하여 논평문을 써 보자. 또는 자신이 문제로
>   생각하는 주제를 새롭게 선정하여 논평문을 써 보자.
> • 유전자 변형 농산물(식품)　　• 일본의 역사 왜곡과 정치인의 망언(妄言)
> • 고등 교육 시장의 개방　　　　• 스포츠에 대한 집착과 열광

제 12 강 논술문 쓰기

1. 개념 및 필요성

　논술문이라는 장르적 명칭은 사실 개념과 성격이 명확하지 못하다. 대학 입학의 중요한 전형 자료로 논술문이 활용되면서 널리 알려졌으나, 국어과 교육과정이든 고등학교 작문교과서이든 논술문에 대한 정확한 개념과 성격이 무엇인지를 제시한 것을 찾기가 쉽지 않다. 이와 아울러 논술문을 이해하는 방식도 차이가 있어서, 철학의 영역에서는 논술문을 논리의 체계로 이해하고 있으며, 국어의 영역에서는 글쓰기의 한 장르로 이해하고 있다. 논술문과 관련된 참고 서적이 철학 영역에 종사하는 학자들과 국어 영역에 종사하는 학자들 모두에 의해서 발행되고 있다는 점은 논술문의 성격이 확정되어 있지 않음을 보여주는 한 예로 이해할 수 있다.

　논술문에 관한 여러 가지 견해를 종합하면 논술문은 다음과 같이 정의할 수 있다. 즉, 논술문이란 발산적 사고, 주체적 사고, 능동적 사고, 비판적 사고를 바탕으로 하여 현상을 비판적으로 이해하고 생각을 논리적으로 전개하며 문제를 창의적으로 해결하는 글쓰기이다. 이렇게 보면 논술문은 사고 작용의 여러 형태와 긴밀하게 관련을 맺고 있음을 알 수 있다. 어떠한 장르이든 글을 쓰는 것은 사고의 작용과 관련이 되어 있는데, 논술문에서는 이러한 작용이 더욱 명료하게 드러나는 것이다.

　논술문에서 사고의 작용이 더욱 명확하게 드러나는 것은 논술문에서 다루는 주제가 철학적이고 사변적인 성격이 강한 것이기 때문이다. 충분한 전거를 바탕으로 하여 사고를 논리적으로 전개하지 않으면 타당한 결론에 이를 수 없는 주제에 대한 답을 요구하기 때문에 사고의 논리적 전개, 사고의 비판적 전개, 그리고 그러한 사고를 능동적으로 할 수 있는 능력 등을 요구하게 되는 것이다. 이러한 이유에서 논술문에 작용하는 사고는 고차원적인 사고로 분류되기도 한다.

논술문에서 요구하는 주제는 철학적이고 사변적인 것들이어서 순간적으로, 혹은 한마디로 그렇다 아니다로 답할 수 있는 것들이 아니다. 순간적으로 혹은 한 마디로 그렇다고 답할 수 있다 하더라도 더 중요한 것은 그러한 결론에 이르는 과정이다. 따라서 논술문에서는 어떠한 결론에 이르는 과정, 즉 사고의 전개가 타당하고 합리적인가를 판단하게 되는 것이다. 예를 들어, '사람은 모두 평등하게 태어나는가?'라는 주제에 대해 논술문을 쓴다고 할 때, 답변은 '평등하게 태어난다.'는 긍정과 '평등하게 태어나지 않는다.'는 부정으로 갈리게 되지만, 긍정이냐 부정이냐가 중요한 것이 아니라, 왜 그러한 결론에 이르게 되었는가를 명확하게 입증할 수 있어야 하는 것이다. 논술문이 지닌 이러한 특징은 논평문과 분명하게 구별되는 점이며, 철학 영역의 학자들이 논술문을 철학 내지 논리학의 부류로 이해하는 근거이다.

논술문에서는 추상적이고 사변적인 주제를 다루는 만큼, 문제를 올바로 발견하고 그 문제를 적극적으로 해결할 수 있어야 한다. 그래서 논술문에서는 문제의 발견 능력과 문제의 해결 능력이 중요하게 다루어진다. 논술문에서 문제의 발견과 해결이 중요한 것은 논술문을 쓰는 사람이 논술문의 주제로부터 문제를 무엇으로 규정하는가에 따라 논술문의 사고 전개와 결론이 달라질 수 있기 때문이다. 논술문은 주제는 한 가지여도 그에 대한 결론과 사고의 과정은 매우 다를 수 있는데, 이러한 차이는 바로 논술문을 작성하는 필자가 논술문의 주제로부터 문제를 무엇으로 규정하였는가가 다른 데에서 비롯된 것이다. 논술문에서는 문제의 발견과 해결이 중요하게 작용하기 때문에 논술문은 문제-해결의 구조를 중심으로 전개되는 것으로 간주된다. 다른 관점에서는 논술문이 상황, 문제, 해결, 평가의 구조를 가진 것으로 이해되기도 한다.

논술문은 사변적인 주제에 대해 논리적인 사고를 전개함으로써 독자를 설득하는 것을 목적으로 삼는다. 독자를 설득하기 위해서 필자의 논리적인 주장과 타당성 있고 신뢰성 있는 근거를 제시하는데, 이러한 점에서 논술문은 설득적인 글, 논증적인 글의 장르로 분류할 수 있다. 타당성 있고 신뢰성이 있는 논증을 바탕으로 하여 독자의 설득을 의도하고 있다는 점에서 논술문은 필자 개인의 감정을 잘 드러내지 않는, 객관적인 표현을 중시한다.

이러한 논술문의 특징들은 논술문 쓰기가 작문 학습의 주요 대상이 될 수 있음을 구체적으로 보여준다. 작문 발달이 곧 고등 사고력의 발달이라고 할 때, 논술문 쓰기는 이러한 고등 사고력의 발달 및 전개와 직접적으로 연관되어 있기 때문이다. 논술문 쓰기에서 논술 주제를 분석하여 문제를 발견하는 과정, 그 문제를 해결해 가는 과정, 타당성 있고 신뢰성 있는 근거를 제시하여 결론에 이르는 과정이 모두 작문의 주요 학습 내용을 이룬다. 이런 점에서 논술문 쓰기는 작문 학습의 대상으로 삼아야 할 필요성을 보여준다.

2. 활동의 절차

- 간이 수업을 통해 논술문의 특징과 의의를 이해한다. 논술문은 특히 추상적이고 사변적인 주제를 다룬다는 점에서 논리적 사고의 전개와 관련이 있음을 이해한다.
- 논술문과 관련된 경험을 발표한다. 또는 논술문에 대해 어떻게 생각해 왔는지 발표한다. 논술문 쓰기를 경험하지 못한 학생들은 일반적으로 알고 있는 논술문에 대해 발표하고, 경험한 학생들은 그 경험을 바탕으로 하여 발표한다.
- 예시문을 읽고 논술문의 특징과 의의를 적용하여 이해한다. 논술문 쓰기가 어떠한 특징이 있는지를 토의한다.
- 제시된 작문 과제에 따라, 또는 자신이 선정한 과제에 따라 논술문 쓰기를 한다.

3. 활동의 응용

논술문 쓰기는 추상적이고 사변적인 주제를 다룬다는 점에서 토론과 연계하여 활동하는 응용이 가능하다. 논술문 쓰기에서 제시하는 주제는 정답이 무엇이라고 분명하게 밝힐 수 없는 것들이 대부분이기 때문에, 찬반으로 나뉘어 논리의 타당한 전개를 중시하는 토론과 적절하게 연계될 수 있다. 논술문 쓰기와 토론의 연계도 다양한 방법으로 활용할 수 있다.

우선 논술문 주제에 대해 우선적으로 토론할 수 있다. 논술문 쓰기에 앞서 토론을 하면 타당성 있고 신뢰성이 있는 논리 전개와 그에 따른 결론의 도달을 미리 익힐 수 있어 논술문 쓰기가 훨씬 수월해진다. 그리고 논술문 쓰기에서 봉착할 수 있는 문제들을 미리 점검하고 그에 대한 대안을 마련할 수 있게 해 주어 문제 해결의 과정이 훨씬 용이해진다. 이는 다른 장르의 쓰기에서와 마찬가지고 토론이 구술 작문처럼 기능하기 때문이다.

다음으로 논술문 쓰기를 하고 토론을 진행하는 방법이다. 주어진 주제에서 문제를 발견하고 그것을 해결하는 과정을 거쳐 논술문을 쓰면 필자는 자신의 견해를 주체적으로 구성할 수 있게 되어 그 문제에 대한 분명한 입장을 결정할 수 있다. 그러면 토론에서 찬성과 반대의 어느 한 쪽 입장에 분명하게 의견을 표시할 수 있고, 논술문에서 썼던 논리와 근거를 바탕으로 하여 토론을 진행할 수 있어 토론이 매우 능동적이고 역동적으로 전개된다. 물론 토론의 과정에서 필자 자신의 의견이나 논리가 수정될 수도 있고 심화될 수도 있으며, 생각하지 못했던 논리상의 문제점을 발견할 수도 있다. 토론의 과정에서 얻게 되는 이러한 것들은 논술문을 수정하고 고쳐 쓰는 데 매우 유익하게 작용한다.

상황에 따라서는 토론하는 장면을 보고 논술문 쓰기를 하는 방법의 응용도 가능하다. 학생들이 토론에 직접 참여할 수도 있지만, 토론의 전개가 어렵다거나 수행하기 곤란할 때에는 다른 사람들의 토론을 보고 논술문 쓰기를 할 수 있다. 토론을 직접 보기가 어렵다면 녹화되어 있는 영상 자료를 활용할 수도 있다. 이 방법은 논술문 쓰기를 하기 전에 활용하는 것이 가장 효과적이고 논술문을 쓴 후에 보는 것은 큰 효과를 기대하기 어렵다. 그 주제에 대해 논술문을 썼기 때문에 할 말은 많은데 발언의 기회를 얻는 것이 현실적이지 못하기 때문이다. 논술문을 쓰기 전에 토론 장면을 보는 것은 사전에 토론을 진행하는 것과 유사한 효과를 낸다. 논술문 쓰기에 어려움을 겪거나 경험이 없다면 이러한 방법을 적극적으로 활용할 수 있다.

논술문 쓰기의 과제를 제시할 때 어떠한 상황을 같이 제시하는 것이 더 수월한 경우도 있다. 논술문의 구조를 상황, 문제, 해결, 평가로 파악할 때, 바로 '상황' 요소가 이와 관련되는 것이다. 그런데 상황을 적절하게 제시하기 위해서는 영화와 같은 서사 장르를 활용하는 것도 좋은 방법이다. 영화이든 연극이든 소설이든 일정 서사(narrative)를 포함하고 있으면서 논술문의 주제를 발견할 수 있는 것은 무엇이든 가능한데, 영화를 보는 것이 학생들의 흥미나 시간의 활용 면에서 유용한 점이 있다. 소설을 선택하는 경우라면 읽는 데 많은 시간이 소요되지 않거나 모든 학생이 읽은 것이어야 할 것이다. 예를 들어, '라이언 일병 구하기'라는 영화를 본다면, '한 사람의 생명을 구하기 위해 다수의 생명을 포기하는 것은 타당한가?' 라는 주제를 발견하고 논술문을 쓸 수 있고, '전쟁은 살인을 정당화할 수 있는가?' 라는 주제를 발견하고 논술문을 쓸 수 있다.

상황에 따라서는 영화를 보거나 소설을 읽은 뒤 논술문의 주제를 발견하기 위한 토의 · 토론을 진행할 수도 있다. 영화나 소설에 담긴 서사는 관점에 따라 다양한 해석이 가능하고 이는 여러 가지 논술문 주제를 가능케 해준다. 따라서 여러 가지 선택 가능한 주제들 중에서 가장 적절한 하나의 주제를 선정하는 토의 · 토론은 그 자체로서 흥미 있는 논술의 형식을 이룬다. 이 점에서 논술문의 주제를 발견하기 위한 토의 · 토론도 유용하다고 할 수 있다. 물론 이러한 토의 · 토론이 논술문 쓰기에도 긍정적인 영향을 미친다.

이상에서 언급된 것을 바탕으로 하여 활동 응용의 예를 정리하면 다음과 같다.

〈활동의 응용〉

- 논술문 쓰기를 토론과 연계하여 수행한다. 토론을 먼저하고 논술문 쓰기를 하는 방법이나 논술문 쓰기를 한 뒤 토론하는 방법을 선택적으로 활용한다.
- 다른 사람들이 하는 토론을 보고 논술문 쓰기를 수행한다. 토론에서 관찰한 논리의 전개와 결론의 도출을 적극적으로 활용한다.
- 서사를 포함한 장르(영화, 연극, 소설 등)를 보고 논술문을 쓴다. 이 때 그 서사의 내용과 일정한 관련이 있는 논술문 주제를 제시한다.
- 서사를 포함한 장르(영화, 연극, 소설 등)를 보고, 논술 주제를 발견하기 위한 토의 토론의 전개한다.

논술문 쓰기는 프랑스에서 시행되고 있는 논술 시험을 가장 이상적인 형태로 꼽을 수 있는데, 여기에서 출제되었던 몇 가지 예를 들면 다음과 같다(최병권 · 이정옥, 2003). 이 주제들은 논술문 쓰기에서 적절하게 활용될 수 있을 것이다.

〈논술문 쓰기 주제의 예〉

- 인간영역
−사랑이 의무일 수 있는가?
−지금의 나는 내 과거의 총합인가?
−스스로 의식하지 못하는 행복이 가능한가?
−행복은 단지 한 순간 스치고 지나가는 것인가?
−우리는 우리 자신에게 거짓말을 할 수 있는가?
−죽음은 인간에게서 일체의 존재 의미를 박탈해 가는가?

• 인문학 영역

-감각을 믿을 수 있는가?

-역사가는 객관적일 수 있는가?

-인류가 한 가지 언어만을 말하는 것은 바람직한가?

-역사는 인간에게 오는 것인가 아니면 인간에 의해 오는 것인가?

-우리가 하고 있는 말에는 우리 자신이 의식하고 있는 것만이 담기는가?

• 예술 영역

-예술 작품은 반드시 아름다운가?

-예술 없이 아름다움에 대해 말할 수 있는가?

-예술 작품의 복제는 그 작품에 해를 끼치는 일인가?

-예술 작품은 모두 인간에 대해 이야기하고 있는가?

-예술이 인간과 현실과의 관계를 변화시킬 수 있는가?

• 과학 영역

-과학의 용도는 어디에 있는가?

-무의식에 대한 과학은 가능한가?

-현실이 수학적 법칙을 따른다고 할 수 있는가?

-오류는 진리를 발견하는 과정에서 어떤 역할을 하는가?

-우리는 과학적으로 증명된 것만을 진리로 받아들여야 하는가?

• 정치와 권리 영역

-차이는 곧 불평등을 의미하는가?

-의무를 다하지 않고도 권리를 행사할 수 있는가?

-법에 복종하지 않는 행동도 이성적인 행동일 수 있는가?

-자유는 주어지는 것인가 아니면 싸워서 획득해야 하는가?

-권리를 수호한다는 것과 이익을 옹호한다는 것은 같은 뜻인가?

• 윤리 영역

-의무를 다하는 것만으로 충분한가?

-무엇을 비인간적인 행위라고 하는가?

－일시적이고 순간적인 것에도 가치가 존재하는가?

－종교적 믿음을 가지는 것은 이성을 포기한다는 것을 뜻하는가?

－도덕적으로 행동한다는 것은 반드시 자신의 욕망과 싸운다는 것을 뜻하는가?

　　논술문 주제에 따라 초고를 완성한 다음, 동료들과 돌려 읽기를 하거나 토론을 하여 고쳐 쓸 때 필요한 정보를 모으는 것이 중요하다. 돌려 읽는 과정이나 토론을 하는 과정에 논리의 허점이나 오류를 발견할 수도 있고, 더 타당성이 있고 신뢰성이 있는 근거 자료를 확보할 수 있기 때문이다. 평가 반응을 바탕으로 하여 논술문의 초고를 수정하고 고쳐 쓰면 무엇을 고쳐 써야 할지가 다소 분명하여 후행 활동을 수행하는 것이 보다 수월하다. 평가 반응을 위해 활용할 수 있는 평가 기준은 다음과 같은 것을 참고할 수 있다.

　　〈평가 기준〉
　　• 논술문에 문제 파악과 문제 해결의 구조가 잘 드러나 있는가.
　　• 논술문의 논리 전개 과정은 합리적으로 이루어졌는가.
　　• 논술문의 논리 전개 과정에 쓰인 근거는 타당성과 신뢰성이 있는가.
　　• 논술문에서 내린 결론은 타당성이 있으면 용인 가능한가.
　　• 논술문에 쓰인 어조는 객관적이며 일관성이 있는가.

■ 활동의 아이디어
　－다음 중에서 주제를 정해서 논술문 쓰기를 해 볼 수 있다.
　　안락사를 허용할 것인가
　　유전 공학을 이용한 복제 기술 어디까지 가능한가.
　　교사의 정년을 60세로 낮추는 방안은 타당한가.
　　교장을 선출로 뽑는 것이 타당한가, 임명하는 것이 타당한가.

4. 예시문

▶ 예시문 1 (학생 글)

인류 역사의 올바른 인식

이필립

　역사가인 '랑케'는 '가위와 풀'이란 말로서 역사란 현재까지 있었던 일들을 있는 그대로 기록하는 것이라 말한 바 있고, '랑케'의 뒤를 이은 구미의 역사가들은 인류의 보편적인 역사에 관한 견해를 피력한 경우가 많다. '토인비'는 그의 저서인 '서양문명사'에서 서양의 역사에 관한 보편적인 법칙에 관해 이야기하였고 '마르크스'의 역사관에서도 그런 면을 엿볼 수 있다. 그러나 역사에 관한 이들의 견해가 반드시 옳다고 생각할 수는 없으며 넓은 관점에서 역사를 바라본다면 다른 탐구 방법이 필요함을 알 수 있다. '인류의 역사'를 정확히 알기 위해서는 보편적인 역사 인식으로 설명하기 힘든 부분이 많다.

　보편적인 역사의 법칙을 찾기 위한 첫단계로 인간 사회의 변천 과정을 있는 그대로 알아봐야 하는데 이것은 불가능하다. 현대의 남아 잇는 사료들의 대부분은 그 당시의 지배자들의 기록이라는 것이 그 문제점이다. 인류의 역사는 지배자들만의 힘으로 만들어진 것은 아니다. 피지배인들이 절대 다수를 차지하던 과거의 시대를 지배자만의 관점에서 보는 것은 절대로 정확한 역사 인식이 될 수가 없다. 역사 시대에 기록된 거의 기록들은 지배층들이 기록한 것이고 유적이나 유물들고 지배층이 쓰던 것들이 주를 이룬다. 이집트에 남아 있는 거대한 건축물인 피라밋은 그 당시 이집트의 민중들의 힘으로 지은 것이지만 우리가 피라밋에서 찾을 수 있는 것은 왕의 생활과 신화 등이 대부분이다. 어떤 사람들은 이런 유적과 유물들에 남겨진 그림이나 글자 등을 해석해서 그 당시 민중들의 생활상을 알게 된다고 할지 모르나, 정확하지 않은 추측이며 그 확인 여부도 지배층들의 사료에 비해 극도로 제한된다. 트로이의 유적을 찾아낸 '쉴리만'이나, '투탕카멘'의 무덤을 찾아낸 '하워드' 박사도 일반 민중의 삶을 찾은 것이라 말하기 힘들다. 다시 말해서, 현재 남아 있는 사료만으로 모든 사실을 정확히 기록하기는 힘들며 발견한 사료들 중의 대부분은 지배자들과 관련이 깊어서 있는 그대로의 기록은 불가능한 일이 되는 것이다.

두번째로 역사가들이 보편적인 역사라고 부르는 것의 주체가 일정하지 않다는 것이 문제가 된다. 앞서 말했던 역사가 '랑케'나 영국의 '카' 같은 역사가는 역사의 기록이 정치적 변화에 맞추어져 있으며 '토인비' 같은 이는 서양의 입장에서 본 문명의 변화에 역사적인 초점을 두고 있다. '콜린 윌슨'은 그의 저서 '잔혹'의 제1권에서 역사적인 인식의 초점을 인간의 잔혹성에 두고 있다. '마르크스' 또한 그의 공산주의 이론에서 역사를 유물론적인 관점에 따라 '계급투쟁의 역사'로 보고 있다. 이렇게 역사에 대한 해석은 다양하며 다양한 역사적 해석에 쓰인 자료들도 다양하다. 앞서 본 많은 역사가들이 서로 다른 관점에서 인류 역사의 보편적인 법칙을 발견하려고 했으며 그 결과도 모두 다르다. 하지만 이들 중 그 누구의 견해도 보편적인 '인류의 역사'라고 이름을 붙일 수는 없다. 각 역사가들은 '인류'의 역사를 이루는 다양한 사실 중에서 일부분을 가지고 역사적 해석을 한 것이 때문이다. 우리가 보편적인 '인류의 역사'라고 부를 수 있는 것은 인류의 생활을 변화시킨 모든 분야를 고려한 것일 테니 말이다. 인류의 생활상은 다양한 분야로 구성되어 있으며 이 각기 다른 분야들의 유기적 결합에 의해 서로 영향을 주고받으며 변화한다. 그래서 가장 이상적인 '인류의 역사'에 관한 해석은 모든 분야를 고려한 총체적 해석이 될 것이나 앞서 말했다시피 사료의 제한이나 개인의 관점의 차이 등의 요인이 있기 때문에 모든 분야에 관한 해석은 사실상 불가능하다. 역사적 해석이 보편적일 수 없고 하나의 사건에 대해서 또는 역사 인식에 대해서 다른 관점을 보이는 상대적 해석이 나타나는 이유가 바로 여기에 있는 것이다.

마지막으로 하나의 견해가 모든 지역에서 적용이 될 수 없다는 것이 또다른 이유다. 세계의 모든 지역을 공통점을 가진 지역으로 볼 수는 없다. 한 곳에서 적용되는 법칙이 다른 지역에서 적용되지 않을 수가 있으며 이것은 이미 보편적인 역사 발전이 아니게 되고 만다. 역사적으로 볼 때 현대 사회는 세계적으로 별다른 차이가 없는 상태로 어떤 지역을 가더라도 건물이나 문화 등이 비슷하다고 반박할는지 모른다. 하지만 유럽이 현대 사회를 이루기까지의 과정과 중국이 현대 사회를 이루기까지의 과정은 차이가 있으며 비슷한 모습을 지닌 현대 사회에서도 유럽인들이 지닌 가치관과 일본인들이 지닌 가치관에는 차이가 있다. 유럽은 다민족간의 경쟁과 종교적 갈등 등이 역사상 비일비재하게 일어났으나 중국 역사에서 그런 일을 찾기란 쉽지 않다. 또 유럽인들이 말하는 종교와 중국인들이 이해하는 종교는 중국인들은 종교를 학문의 관점에서 유럽인들은 사상적인 관점에서 이해하는 등 많은 부분에서 하나의 법칙으로는 설명할 수 없는 차이가 있다. 유럽인들의 보편적인 입장에 해당하는 개인주의로 일본인들의 보편적인 가치관인 집단주의를 이해하기도 힘들다. 이렇게 지역별로, 문화권에 따라, 좁게는 나라에 따라 존재하는 역사적 차이를 하나의 보편적인 법칙으로 설명할 수는 없으며 설명했다면 그 법칙은 이미 보편적이 아닌 상대적인 관점에서 역사를 보고 있는 것일 것이다.

요컨대, 역사를 인식하는 관점에서 인류의 역사를 이루는 보편적인 법칙이 존재하며 이것을 찾는 일이 역사 연구라는 견해가 있지만, 이것은 역사적 사료와 개인의 관점에서 오는 상대적인 차이와 다양한 분야가 존재하는 인류 역사에 대한 총체적 인식의 불가능, 세계의 지역적 차이 때문에 보편적 법칙을 찾는 것은 불가능함을 밝혔다. 그렇기 때문에 역사 연구는 역사의 상대성과 다양성을 인식해서 다양한 방향의 이해를 목표로 해야 함이 옳을 것이다. 보편적 법칙의 탐구가 아닌 인류 전체의 다양한 인식과 해석이 가능할 것이다.

　－"제3회 전국 중 고등학생 논술 경시대회 시행 보고서", 서울대학교 국어교육연구소, 1997. 65~67쪽.

▶ 예시문 2

과학기술 발전에 능동적인 인류의 미래상

양상모

우리는 자동차 공자에서 로봇이 명령에 의해 자동차를 생산해 배는 과정을 텔레비전을 통해서 자주 본다. 이것은 이른바 '제3차 산업혁명'의 물결이 다가옴을 말해주고 있다. 제3차 산업혁명이란, 과학기술 혁명의 성과를 산업에 도입함으로써 인간의 노동력이 기계로 대체되는 과정이 본격화되고 있는 것을 가리킨다. 지금껏 과학기술의 발전이 사회에 막대한 영향을 끼친 것을 볼 때, 제3차 산업혁명의 영향력은 지금까지의 영향력을 능가할 것이다. 이에 따라 일부에서는 인류사회의 미래에 대한 비관론과 낙관론이 대두되고 있다. 따라서 우리는 앞으로의 상황에 현명하게 대치하기 위하여, 과학 기술의 발전에 딴 인류 사회의 미래상을 전망해 볼 필요가 있다.

그러면 우선, 미래에 대한 비관론과 낙관론에 대해 살펴보자. 비관론은 기계가 인간을 대신하는 상황에 대한 우려를 나타낸 견해이다. 제3차 산업혁명은재화의 생산과 유통 등에 기계가 주로 사용됨으로써 수많은 노동자들의 실업을 불가피하게 한다. 즉, 인간이 해야 하는 일은 고작 기계를 작동시키는 일에 불과하다. 이처럼 기술적 실업은 앞으로 심각한 인류사적 문제가 될 것이다. 더욱이 실업이 계속 누적된다면, 다수의 대중은 실업자로 전락하고 국가의 구제대상이나 사회적 자선 대상이 될 수밖에 없다.

뿐만 아니라 비인간화 현상이 만연할 것이다. 국가는 다수의 대중이 골칫거리로 여겨질 것이고, 자본가난 경영자에게는 기계만이 노동자로 생각될 것이다. 이런 사회에서는 기계가 최고의 가치이고, 일부 계층을 제외한 인간은 그 가치를 상실하게 된다.

더구나, 권력층에게 발전된 과학기술이 악용된다면, 그 결과는 매우 심각하다. 권력층은 일반 대중을 이전보다 더 철저하게 통제할 수 있게 된다. 그렇게 되면, 인류 사회는 유례없는 전체주의적 통제사회가 될 것이다.

한편, 낙관론은 기술의 증대에 따라 인간이 풍요로워지고 편리해진다는 견해이다. 제3차 산업혁명은 인류 전체에게 풍요로운 물질적 생활을 보장하고도 남을 정도의 생산력을 지니고 있다. 이 때문에 인간에게는 절대적 빈곤이라는 것은 사라지고 만인이 풍요로워질 것이다.

그리고 기계에 의한 노동력의 대체로 노동시간이 매우 줄어들게 될 것이다. 이렇게 되면, 우리는 남는 시간동안 각자 자신에게 맞는 취미생활이나 그 밖의 여가 활동시간이 늘어나게 된다. 즉, 인간은 힘겨운 노동에서 벗어나 자유로운 창작활동이나 유희활동을 즐길 수 있는 것이다. 결과적으로 모든 사람들이 문명 발전의 혜택을 공유하게 되고, 인류 사회는 정의롭고 새로운 공동체를 형성할 수 있을 것이다.

그러나, 이 두 가지 견해는 모두 극단적 견해로서, 인간을 변화에 대한 수동적 대상으로 보고, 인간의 본성을 잘못 파악하였다. 인간은 언제나 변화에 수동적이지만은 않다. 비관론은 과학기술의 놀라운 발전에 인간이 무기력하게 반응할 것이라 예견한다. 그러나 인간은 항상 상황에 맞게 대처한다. 가까운 예로 1930년대 초에 발생한 경제 공황 때 미국의 경우를 보자. 미국의 당시 대통령은 위기를 극복하기 위해 여러 지역에 탄광을 개발하였고, 이로써 대량의 실업자를 구할 수 있었다. 다시 말해서, 제3차 산업혁명의 여파로 기술적 실업이 필연적이라 하더라도 또 다른 대책으로 극복해 나갈 수 있을 것이다.

그리고, 이제 대중의 힘은 약하지 않다. 특권층이 아무리 통제를 강화시키더라도, 인간의 본성에 의해 이것을 타도할 것이다. 이것은 프랑스 대혁명시 바스티유

감옥을 부수어 버리는 데서 쉽게 알 수 있다.

또한, 낙관론은 인간의 나태하고 무사안일한 근성을 간과하고 있다. 만일, 노동을 제외한 여가시간이 생긴다면, 인간 스스로 자유로운 인격적 발전이나 공적 생활에 참여할 수 있을까? 꼭 그렇지만은 않다. 어떤 사람에게는 그 시간이 무의미하게 지나갈 것이다. 뿐만 아니라, 모든 사람이 풍요로운 가운데서 삶의 의욕이나 인생의 목표가 설정되기는 어려울 것이다. 이것은 공산주의 사회를 보면 쉽게 알 수 있다. 내가 일을 하지 않아도 내가 남만큼이나 풍요롭다면, 인간은 향락에 젖거나 존엄한 인간성을 상실하기 쉽게 된다.

따라서 인류 사회의 미래는 낙관적이라고, 또는 비관적이라고 말하기 어렵다. 그보다는 오히려 인류 자신이 주체로서 앞으로 닥쳐올 상황에 능동적으로 대응하고, 자신들의 앞날을 최선의 방향으로 이끌고 나갈 것이다. 그것은 인류의 역사를 돌이켜보면 확연해진다. 원시사회에서 불의 영향은 엄청난 변화를 가져왔지만, 인간은 이것을 현명하게 사용하였다. 농경사회에서 물은 없어서는 안 될 중요한 것으로 때로는 홍수나 가뭄으로 막대한 피해를 입혔다. 그러나 인간은 제방이나 저수지를 이용하여 그 문제를 해결하였다. 그 후로도 인류는 많은 난관을 헤치며 살아왔다.

요컨대, 앞으로 닥쳐올 제3차 산업혁명의 영향은 사회 전반에 걸쳐 엄청날 것이다. 그렇다고 해서 인류 사회의 미래가 전체주의적 통제사회나 정의롭고 풍요로운 사회가 된다고 단정 짓기는 어렵다. 다시 말해서, 인류의 미래가 비관적이거나 낙관적이라는 극단적 모습이 아니라는 것이다. 위기가 생긴다면 대책을 강구하여 해결하고, 문제점이 발생한다면 개선하고 보완해나가는 자세가 인류 사회의 미래상이라고 할 수 있다.

따라서 우리는 '결자해지'라는 말이 있듯이 우리가 만들어 낸 문제는 우리가 풀어야 한다. 격변하는 기술에 따라 변화되어서는 안 된다. 즉, 인류사회의 미래상은 과학기술의 급속한 발전만큼이나 사고력과 인간성의 증대로 인류자신이 주체가 되어 최선의 방향으로 끌고 나가는 모습이다.

–"제3회 진국 중 고등학생 논술 경시대회 시행 보고시", 시울대학교 국이교육연구소, 1997. 74~76쪽.

5. 논술문 쓰기

※ 앞에 제시한 〈논술문 쓰기 주제의 예〉 중에서 하나를 골라 깊이 생각해 보
　고 논술문을 작성해 보자.

제 13 강 감상문 쓰기

1. 개념 및 필요성

감상문이란 정서적 감흥을 불러일으키는 어떤 대상을 '감상'하고 쓴 글이다. 감상문을 쓰기 위해서는 '감상'이라는 인지적 작용의 발생이 중요한데, 이 인지적 작용은 우연히 발생하는 것이 아니라 어떤 적절한 대상을 접했을 때에 일어나는 것이다. 감상의 바탕을 이루는 정서적 감흥이 어떠한 상황에서 일어나는가를 떠올려 보면 적절한 대상과의 접촉의 우선성을 확인할 수 있다. 정서적 감흥을 불러일으키는 대상은 흔히 아름다움을 추구하는 예술 작품을 꼽는다. 예술작품을 꼽는 이유는 그것이 예술작품이기 때문이 아니라 아름다움을 추구하기 때문이다. 그래서 아름다움이 깃들어 있다고 판단되는 대상에 대해서는 '감상'이라는 인지적 작용이 어색하지 않다. 예를 들면, 음악 감상도 가능하고 미술 감상도 가능하지만, 가을 경치의 감상도 가능한 것이다. 인공적인 것이 아니지만, 가을 경치의 감상이 가능한 것은 가을 경치에는 아름다움이 내포되어 있다고 판단되기 때문이다. 기행문에서 감상의 표현이 자연과 밀접한 관련을 맺고 있는 것도 이와 무관하지 않다.

감상문을 쓰는 목적은 독자를 설득하는 데 있지 않고 오직 필자 자신의 정서적 감흥을 표출하는 데 있다. 감상문의 목적이 필자 자신의 감상을 드러내는 데에 있기 때문에, 감상문에서는 감상의 깊이를 따질 수는 있어도 감상 자체에 대해 시시비비를 논할 수 없다. 예를 들어, 표현된 감상이 잘못 되었다거나, 이 작품에 대해서는 이러한 감상이 불가능하다거나 하는 비판이 적어도 감상문에서는 불가능하다. 이런 점에서 감상문은 다른 어떤 글보다도 필자 개인이 중심적인 위치를 차지하는 장르라고 할 수 있을 것이다. 감상문 쓰기를 과제로 부여하기 때문에 학생들이 책 읽기를 싫어한다는 주장들이 제기되기도 하는데, 이는 근본적으로 감상문이 독자와의 의사소통을 지향한다기보다 필자 중심적인 감상을 단순히 풀어놓는 데에서 비롯된 것으로 보인다.

그러나 감상문이 가치가 없다거나 작문 학습이 되지 못하는 것이 아니다. 위에서 지적한 내용들은 감상문의 특징을 지적한 것이지 이의 한계 내지 단점을 지적한 것이 아니다. 필자 중심으로 이루어진 심리적 수준의 감상을 언어화하여 문자로 표현해 내는 것은 여전히 고차적인 인지 과정이며 자신의 생각이나 느낌을 능동적으로 표현하는 작문 능력과 관련된다. 이러한 점에서 감상문은 감상문으로서의 의의를 지닌다.

감상문은 대상의 요약과 그에 따른 감상을 주요 구성 요인으로 삼는다. 대상에 대한 요약이란, 예를 들어 서사 구조를 가진 작품의 경우라면 그 서사 과정을 압축적으로 제시하는 것을 일컫는다. 우선적으로 이 요약을 제시하고, 그 작품의 여러 요소와 관련되어 형성된 감상을 제시하는 것이 일반적이다. 이 부분 중에서도 핵심적인 것은 후자인 감상 부분이다. 감상문이란 말 그대로 '감상'을 적은 것이기 때문에 '감상'이 핵심을 이룬다고 보는 것은 합리적이다. 그래서 근래에 감상문을 활성화하기 위해서 이를 적극적이고 능동적으로 수행할 수 있도록 하는 다양한 전략들이 제안되고 있다(한철우 외, 2001).

감상의 방법으로 여러 가지가 제안되고 있지만 흔히 활용되는 것은 필자의 경험과 작품의 내용(인물들의 행동이나 삶)을 연관짓는 것과, 텍스트와 텍스트의 관련성을 바탕으로 한 상호텍스트성(inter-textuality)을 활용하는 것이다. 필자 자신의 경험을 바탕으로 하여 작품의 내용과 관련짓는 감상은 매우 보편적인데, 이는 흔히 도덕적 공감으로 끝나게 될 우려가 있다. 도덕적 공감이란 작품의 내용이나 감상의 유형과는 무관하게, 이 책에서 이러저러한 것을 배웠다고 하거나 앞으로 성실하게 생활해야겠다는 식의 감상을 말한다. 이는 작품의 내용을 자신의 삶을 비추어보는 순서도 산수하기 때문에 나타나는 현상인데, 도덕적 공감이 일반화되면 작품을 감상하는 것보다 자신을 반성하고 재단하는 것이 앞설 수 있으므로 주의할 필요가 있다. 미숙한 필자일수록, 그리고 나이가 어린 필자일수록 필자 자신의 경험을 바탕으로 한 감상에서 도덕적 공감을 드러내는 빈도가 더 흔하다.

상호텍스트성을 활용할 때에는 작품과 작품을 비교하거나 대조하는 방법이 흔히 사용된다. 소설이라면 인물의 성격의 공통점이나 차이점을 중심으로 하여 감상이 이루어지거나, 주제의 유사성을 중심으로 하여 감상이 이루어질 수 있다. 작품과 작품을 견주는 방식에서는 장르를 넘나들 수도 있다. 동일한 서사를 다룬 소설과 영화를 대립시켜 감상의 방법을 전개하는 것이 가능하다는 것이다. 이 외에 작품의 내용이나 형식과 관련하여 자유로운 상상을 감상의 중점으로 삼을 수도 있다.

감상이 잘 드러나는 글 중의 하나는 기행문이다. 기행문은 여행에 관한 정보가 자세하게 드러난다는 점에서 정보를 전달하는 장르로 보기도 하지만, 견문에 대한 감상이 짙게 배어난다는 점에서는 표현적인 글의 장르로 이해된다. 앞에서 언급했던 것과 같이, 자연의 미를 감상의 대상을 하였기 때문에 기행문에서 감상이라는 인지적 작용은 자연스러우며 합리적이다. 그래서 기행문에서 감상이라는 부분을 삭제하면 건조한 글이 되고 마는 것은 이러한 이유 때문이다. 감상문이 필자를 중심으로 하여 전개되듯이, 감상을 주요 요소로 삼는 기행문도 필자를 중심으로 하여 전개된다. 필자의 시야가 놓이는 방향, 필자의 발길이 닿는 곳, 필자의 인식이 미치는 범위에 따라 감상의 대상이 결정되고 감상의 깊이와 폭이 결정된다. 감상이 필자 중심으로 이루어지는 만큼, 기행문을 포함한 감상문은 주관적인 표현이 허용되고 적극적으로 권장되기도 한다. 주관적인 표현이 허용되고 권장됨으로써 필자는 자신의 감상을 더욱 적극적으로 표현할 수 있고 더욱 개성적으로 표현할 수 있다. 그래서 대상에 대한 묘사를 할 때에도 감상이 드러나는 부분에서는 주관적인 묘사가 주를 이룬다.

이러한 점에서 감상문 쓰기는 작문 학습의 필요성을 느낄 수 있다. 인지적 영역만이 아니라 정의적 영역, 감성적인 영역이 동등하게 중요하다고 한다면 감상문 쓰기의 의의를 폄하하기 어렵다. 특히 심리적 수준에서 진동하는 감상을 언어의 형태로 표출하는 것은 새로운 차원으로 전화시키는 능력이 요구된다는 점에서 감상문 쓰기는 작문 학습의 주요 대상이 된다고 할 수 있다.

2. 활동의 절차

• 간이 수업을 바탕으로 하여 감상문의 의의와 특징에 대해 이해한다. 감상문을 읽었던 경험이나 썼던 경험을 발표하여 감상문의 특징을 올바로 이해한다.

• 감상문이 어떠한 점에서 유용한지 조사하여 발표한다. 감상문을 쓰는 경우와 쓰지 않는 경우는 어떠한 차이가 있는지 토의한다. 감상의 대상이 될 수 있는 것은

무엇인지 조사하여 발표하고 토의한다.
- 예시문을 읽고 감상문을 구성하는 주요 요소에 대해 이해한다. 그리고 감상문의 표현 전략이나 특징에 대해 이해하고 감상문 쓰기에서 활용한다.
- 주어진 과제에 따라, 혹은 자신이 선정한 과제에 따라 감상문을 쓴다.

3. 활동의 응용

감상문 쓰기는 감상의 대상을 다양하게 하여 응용할 수 있다. 감상문을 써야 하는 보편적인 대상은 문학 작품이었으나, 감상의 대상을 이외의 예술작품으로 확대할 수 있다. 대상을 영화, 연극, 미술, 음악, 자연 경치 등으로 확대하면 감상문 쓰기를 다양화할 수 있고 학생들의 쓰기 능력을 일정 부분 고려할 수 있다. 예를 들어, 감상문 쓰기가 수월하지 않은 학생들에게는 서사성이 강한 대상이 더 적절하다. 서사성이 강한 대상은 요약이 용이하고 그 서사적 전개 과정을 필자의 삶과 관련짓는 것이 더 쉽기 때문이다. 서사성이 거의 드러나지 않는 음악 작품이나 미술 작품에 대한 감상이 더 어려운 것은 여기에는 서사성이 잘 드러나지 않기 때문이다. 음악 작품이나 미술 작품에서 서사성을 발견해 낼 수 있다면 좋은 감상문을 쓸 수 있는 조건을 갖추었다고 할 수 있는데, 그렇게 되려면 풍부한 배경 지식을 익히지 않으면 안 된다. 음악 작품이나 미술 작품에 대한 감상문 중에서 재미있게 읽었던 경험을 떠올려 보면, 그러한 감상문들은 작품과 서사를 일정하게 관련지어 쓴 것들임을 알 수 있다. 따라서 서사적인 요소의 포함 여부를 기준으로 삼아 감상문 쓰기의 대상을 일정부분 위계화하여 적용할 수 있을 것이다.

그리고 지금까지는 감상의 대상을 예술 작품을 중심으로 하여 논의하였지만, 더 폭을 확대하여 텔레비전의 드라마나 어떤 프로그램에 대한 감상문을 쓸 수도 있다. 학생들이 정기적으로 시청하는 드라마가 있다면 이를 활용하여 감상문을 쓸 수도 있을 것이고, 큰 인기를 끌었던 드라마가 있다면 그것을 대상으로 삼아 감상문을 쓸 수도 있을 것이다. 보편적으로 감상문은 필자의 개인적인 차원에서 성립되는 것으로서 감상의 대상을 공유하지 못하면 감상문을 올바로 읽어내는 것이 쉽지 않다. 대상에 대한 감상의 수준도 가늠하기 힘들 뿐만 아니라 감상의 원천도 파악하기 어렵기 때문이다. 따라서 다른 사람과 공유할 수 있는 대상을 감상의 대상으로 삼는 것은 활동의 확장과 응용에 유익한 점이 있다. 드라마를 대상으로 하여 감상문을 쓰지 않고 다른 프로그램, 예를 들면 사회의 어두운 면을 조명한 다큐멘

터리 프로그램이나 어떤 사람의 미담을 다룬 프로그램 등에 대해서도 감상문을 쓰는 것도 가능하다. 단편으로 제작된 것이라면 장치와 설비를 이용하여 학생 전체가 같이 보고 감상문을 쓰는 것도 좋은 응용 방법이 될 것이다.

감상문을 쓴 다음에는 같은 대상을 다룬 사람들이나, 같은 내용을 다룬 사람들이 모둠을 이루어 자유롭게 감상을 대화하는 것도 감상문 쓰기의 응용의 예가 될 것이다. 감상은 시시비비의 대상이 되기 어렵기 때문에 감상을 토론의 대상으로 삼는 것이 쉽지 않다. 따라서 자유로운 분위기에서 자신의 감상을 바탕으로 하여 자유롭게 대화하며 다른 사람의 감상을 듣고 차이를 확인할 수 있는 활동을 수행하는 것이 좋다. 이 과정을 통해 각 필자들은 자신의 감상을 더욱 심화할 수 있다. 감상문 쓰기에 부담을 크게 느끼는 경우라면, 이 대화를 감상문 쓰기 전에 둘 수도 있을 것이다. 먼저 감상에 대해 자유롭게 대화하고, 그것을 바탕으로 하여 감상문을 쓴다면 더 용이할 것이다. 이는 감상에 대한 대화를 구술 작문의 한 형태로 응용하는 것이 된다.

이상에서 언급된 것을 바탕으로 하여 활동 응용의 예를 정리하면 다음과 같다.

〈활동의 응용〉

- 감상의 대상을 확대하여 문학, 영화, 연극, 미술, 음악, 자연 등을 대상으로 삼아 감상문을 쓴다. 서사성이 포함되어 있는 것은 가능하면 감상문 쓰기의 초심자에게 적용한다.
- 문학, 영화, 연극, 미술, 자연 등을 대상으로 삼아 감상문 쓰기가 적절하지 않을 때에는 사진과 같은 다른 매체 자료를 활용할 수 있다.
- 텔레비전의 드라마나 다큐멘터리를 대상으로 하여 감상문을 쓴다. 이 때 감상 대상을 공유한다는 장점을 적극적으로 활용한다.
- 감상문을 쓴 후, 감상을 주요 화제로 삼아 다른 동료들과 자유롭게 대화한다. 이를 통해 감상의 폭을 넓히고 깊이를 심화한다.

감상문의 초고를 완성한 다음에는 동료들과 돌려 읽으면서 평가반응을 듣는다. 이 평가반응은 초고를 고치고 수정하는 데에 일정한 지침 역할을 하므로 평가 활동에 적극적으로 참여한다. 평가반응을 위해 활용할 수 있는 평가 기준은 다음과 같은 것을 참고할 수 있다.

〈평가 기준〉
 • 감상문의 대상은 적절하게 선정되었는가.
 • 감상문의 구성 요소를 모두 포함하여 씌어졌는가.
 • 감상문은 감상을 잘 드러낼 수 있는 표현을 취하고 있는가.
 • 감상문에는 필자의 개인적인 감상이 잘 드러나 있는가.
 • 감상문에 나타난 감상의 전개가 일관성이 있는가.
 • 감상문에서 표현하는 태도가 적극적이며 능동적인가.

4. 예시문

▶ 예시문 1(학생글)

전쟁의 의미

박소영

　전쟁에 있어서 진정한 승자는 없다. 더 많은 살인과 비겁한 이익의 차원에서 말 뿐이 승자일 뿐이지, 결과적으로 보면 승자와 패자 양쪽 모두 전쟁이라는 바보같은 싸움의 피해자이다.

　신문에 미국과 이라크 여섯 살 동갑내기 두 소년의 비극적인 사진이 실렸다. 해병대 대위로 이라크 전에 참전했다가 사고로 사망한 아버지의 영결식이 열린 교회 앞에서 곰인형을 꼬옥 안은 채 우는 미국 아이. 그리고 바그다드 폭격으로 중상을 입고 쿠웨이트시티의 한 병원에 누워있는 이라크 아이. 더 더욱 나의 가슴을 아프게 한 것은, 전쟁터 한 가운데서 포로용 두건을 슨 아버지가 사막의 뜨거운 햇볕을 등으로 가리고 같이 포로로 잡혀 열에 들뜬 네 살짜리 아들을 안고 있는 사진이었다.

　전쟁에 대해 시비를 기리는 사람들의 의견은 너무나도 분분해서 누가 정확히 옳고 그른지 쉽게 판단할 수 없다. 하지만 정말 잊지 말아야 할 중요한 것은 선량한 시민들의 희생이 마치 높은 산꼭대기에서 굴러 내려오는 눈덩이처럼 그 뒤를 따른다는 것이다.

　박완서의 소설 '그 여자네 집'에서의 만득이와 곱단이는 전쟁의 피해자이다. 그리고 두 사람 사이에서 한 평생 심적으로 고통 받는 순애라는 인물도 피해자의 피해자라는 복잡한 위치에 서 있다. 사랑하지도 않는 남자에게 시집을 간 곱단이. 다른 여자를 사랑하는 남편과 살면서 죽는 그 순간까지도 피해 의식만 각득했을 순애. 전쟁에서 살아 돌아왔지만, 삶의 의미를 잃은 만득이. 민족적 비극으로 얽히고 설킨 이 사람들의 이 사람들은 전쟁이라는 한 단어 아래에서 엄청난 고통과 슬픔을 감수해야만 했다. 힘없이 무너지고 이리저리 휘둘리는 사랑, 그리고 이별   . 민족사의 수난이 개인에게 남긴 큰 상처이다.

내가 처음 '수난이대' 라는 제목을 접했을 때, 나는 제목을 보고 그저 '수난이다' 라는 말을 사투리로 특이하게 쓴 것이라고 생각하고 가볍게 여겼었다. 그러나 후에 정확한 제목이 수난 이(二) 대(代)라는 뜻임을 알고 갑자기 읽기도 전에 뭔가 전쟁의 아픔을 다룬 내용이 아닐까 라는 왠지 모를 착잡한 심정이 들었다. 역시나 아버지 박만도와 아들 박진수의 현실의 아픔을 극복하려는 감동적인 삶의 의지를 그린 소설이었다.

"집에 앉아서 할 일은 니가 하고, 나댕기메 할 일는 개가 하고, 그라면 안 되겠나, 그제?"

라는 아버지 박만도의 대사는 삶의 의욕을 잃은 아들 박진수에게 커다란 희망을 안겨 주고, 전보다 훨씬 즐거운 마음으로 생을 살아갈 수 있기에 충분했다.

지구 반대편에서 여느 때와 같이 바쁜 생활을 하고 있는 우리는 그저 한 편의 영화를 보는 듯하기만 하다. 전쟁이 더욱 진행될수록 주변 국가들의 반전운동은 심해져 가지만, 반면 부시 미국 대통령을 지지하는 미국 세력들이 증가한다는 소리에 정신이 번쩍 들었다.

틱낫한 스님은 그의 저서 '화'에서 미국과 이라크 간의 불협화음을 에를 들며 서로 협의를 해서 화해의 조약을, 그것도 사랑이라는 기초 위에서 참 사랑을 위한 조약을 체결해야 한다는 말과 함께 타인을 응징하는 것은 지혜로운 방법이 아니라는 것을 깨달아야 한다고 주장하였다. 그렇다. 전쟁은 어리석은 싸움이다. 서로에게 잊지 못할 상처를 남길 뿐인, 감정을 격하게 만들기만 하는 어리석은 몸부림이다.

전쟁은 어떠한 이유에서든지 더 이상 무고한 사람들의 희생을 막기 위해 중지되어야만 한다.

▶ 예시문 2 (학생 글 2편)

'삼대(三代)'를 읽고…….

김진아

 삼대는 조덕기가 친구인 김병화를 만나 술집 '바커스'에 가서 경애를 만나는 것으로 시작한다. 경애와 아버지 조상훈 사이에는 네살바기 여자아이가 있다. 덕기가 자신의 여동생인 경애의 딸을 보곤 어떤 생각이 들었을까?

 기독교 신자인 아버지가 자신의 친모를 두고 자기와 나이가 비슷한 경애와   .
경애가 '바커스'라는 술집에 들어간 장본인이 자기 아버지라는 생각에 미안하기도 가엽게도 보였을지 모르겠다.

 이야기는 족보 사건으로 넘어간다. 친기 때문에 온 가족이 모두 모인데서 싸움이 잦은 조의관과 조상훈은 어김없이 싸우게 된다. 조의관이 대동보소를 만드는데 너무 많은 돈을 썼기 때문이다. 결국 불같이 화를 내던 조의관은 조상훈에게 자기의 재산을 한 푼도 물려주지 않고 덕기에게 대부분을 물려주겠노라고 말한다. 그래도 자기 자식인데 어떻게 손주를 더 예쁘게 보는지.

 솔직히 조상훈의 입장에서 보면 그 점이 서운할지도 모른다는 생각이 들었다. 돈에 눈이 먼 새 부인 수원댁은 결국 유서 변조를 계획하여 조의관을 독살하고 만다.

 의사들이 조의관의 죽음이 비소 중독임을 판명하자 조상훈은 더 정확한 원인을 위해 시체 부검을 해야 한다고 주장하지만 집안 어른들의 반대에 부딪혀 범인 찾기는 흐지부지된다. 그리고 덕기가 나타나 수원댁의 계획은 수포로 돌아가고 만다.

 조의관의 말처럼 덕기는 재산을 관리하는 금고지기가 되고 자신보다 아들의 유산이 더 많은 것을 알고 조상훈은 방탕한 생활을 하게 된다. 나중에슨 금고의 토지 문서를 훔쳐 젊은 첩과 도망가다가 붙잡혀 심문을 받게 되지만 덕기의 도움 덕분에 상훈은 무사히 풀려난다.

 그놈의 돈이 무엇인지. 결국 상훈과 덕기 사이에 언짢은 일을 만들어 놓은 것이다. 이런 일을 보면 그 당시에도 부모님보다 돈이 더 중요하고 덕기처럼 하기 못했을 것이다. 결국 돈 때문에 한집안이 풍비박산 나는 이야기인 것 같다.

 한편 상훈에게 버림받고 '바커스'에서 일한 경애는 과거에 얽매이지 않고 자신의 삶을 개척하려고 애 쓴다. 홍경애의 이런 점은 우리가 꼭 본받아야 한다고 생각한다.

『삼대(三代)』를 읽고······.

김현정

　상·하 두 권으로 되어 있는 삼대를 구입했는데 장편 소설이라서 꽤 두꺼웠다. 이 책을 읽고 나서 가장 기억에 남는 건 인물들의 개성 있는 성격이었다. 갈등을 일으키기 위해 설정된 각기 다른 세대를 나타내는 인물로 조의관, 조상훈, 조덕기가 있었다.

　다른 책에서 내용을 빌라자면 조의관은 양반 행세를 하기 위해 족보를 사들일 정도로 명분화 형식에 얽매인 구세대의 전형이고, 조상훈은 신문물을 받아 들였으나 이중생활에 빠지고 재산을 탕진하는 과도기적 인간형이다. 조상훈의 아들인 덕기는 선량한 인간성의 소유자이나 조부와 아버지의 부조리 속에서 재산을 지켜 나가는 일에 한정되어 적극성을 잃은 우유부단한 인간형으로 그려진다.

　이렇듯 책에서 그려지는 많은 사건들은 세 인물의 성격과 사상이 모두 달라서 일어나게 된 것이다. 거기에 족보와 재산이라는 것이 이들 사이를 더 격화시키는 데 큰 몫을 하기도 했다.

　나는 세 인물에 대해 생각해 보았다. 먼저 조의관은 유교적인 사상이 머리에 박혀 신앙이 다른 아들에게도 많은 걸 바랐다. 하지만 기독교 신자인 아들이 아버지가 바라는 것을 해 줄 리 없다. 이에 화가 난 조의관은 재산을 덕기에게 물려준다고까지 하는데 너무나 권위적이고 족보에 대해 크게 집착하는 걸 보면 신분 상승에 대한 욕심이 많고 이기적이라고 생각한다.

　그의 아들 조상훈은 외국 유학도 다녀왔지만 홍경애와 김의경이란 첩을 두고 항상 주점을 찾아다니는 방탕한 생활을 하면서 타락해 갔다. 나중에 재산을 노리고 유서를 조작하는 행동을 보여주기도 했지만 지식인으로서 교육사상을 중요시하여 교육과 문화사업에 힘쓰기도 했었다. 하지만 아버지와 같이 돈에 대한 집착은 같았다.

　삼대에서 제일 답답하게 느껴졌던 인물은 조덕기. 어른들에게 예의바른 인물이지만 할아버지와 아버지 사이의 갈등을 해소해 주지 못하여 너무나 답답했다. 할아버지가 자신에게 재산을 물려준다고 해서 일부러 할아버지와 아버지의 싸움을 보고만 있었는지도 모른다. 만약에 덕기가 할아버지와 아버지 사이에서 역할을 제대로 하여 갈등을 해소해 주었다면 집안이 망하는 일까지 벌어지지 않았을 것이라고 내 나름대로 생각해 보았다.

　마지막으로 이 집안이 몰락하게 된 것은 돈에 대한 인간의 집착과 끝없는 욕심이 불러일으킨 결과라고 생각한다. 하지만 예나 지금이나 돈에 대한 집착과 인간의 욕심은 사라지지 않은 것 같다. 그래서 이 책을 통해서 한 집안의 몰락 과정을 보면서 지금 세대의 행동을 반성해야 할 것이다.

▶ 예시문 3

'산정무한(山情無限)'에서

정비석

오를수록 우세(雨勢)는 맹렬했으나, 광풍(狂風)이 안개를 헤칠 때마다 농무(濃霧) 속에서 홀현홀몰(忽顯忽沒)하는 영봉(靈峰)을 영송(迎送)하는 것도 가히 장관이었다.

산마루가 가까울수록 비는 폭주(暴注)로 내리붓는다. 만 이천 봉이 단박에 창해(滄海)로 변해 버리는 것일까. 우리는 갈데없이 물에 빠진 쥐 모양을 해 가지고 비로봉 절정에 있는 찻집으로 찾아드니, 유리창 너머로 내다보고 섰던 동자(童子)가 문을 열어 우리를 영접하였고, 벌겋게 타오른 장독 같은 난로를 에워싸고 둘러앉았던 선착객(先着客)들이 자리를 사양해 준다. 인정이 다사롭기 온실 같은데, 밖에서는 몰아치는 빗발이 어느덧 우박으로 변해서 창을 때리고 문을 뒤흔들고 금시로 천지가 뒤집히는 듯하다. 용호(龍虎)가 싸우는 것일까? 산신령이 대로(大怒)하신 것일까? 경천동지(驚天動地)도 유만부동(類萬不同)이지, 이렇게 만상을 뒤집을 법이 어디 있으랴고, 간담(肝膽)을 죄는 몇 분이 자나자, 날씨는 삽시간에 잠든 양같이 온순해 진다. 변환(變幻)도 이만하면 극치에 달한 듯싶다.

비로봉 최고점이라는 암상(巖上)에 올라 사방을 조망했으나, 보이는 것은 그저 뭉게뭉게 피어오르는 운해(雲海) 뿐, ─ 운해는 태평양보다 깊으리라 싶었다. 내외 해(內外海) 삼 금강(三金剛)을 일망지하(一望之下)에 굽어 살필 수 있다는 한 지점에서 허무한 운해밖에 볼 수 없는 것이 가석(可惜)하나, 돌이켜 생각건대 해발 육천 척에 다시 신장(身長) 오 척을 가하고 오연(傲然)히 저립(佇立)해서, 만학 천봉을 발 밑에 꿇어 엎드리게 하였으면 그만이지, 더 바랄 것이 무엇이랴. 마음은 천군만마(千軍萬馬)에 군림하는 개선 장군보다도 교만해진다.

비로봉 동쪽은 아낙네의 살결보다 흰 자작나무의 수해(樹海)였다. 설 자리를 삼가, 구중심처(九重深處)가 아니면 살지 않는 자작나무는 무슨 수중(樹中) 공주이던가! 길이 저물어 지친 다리를 끌며 찾아든 곳이 애화(哀話) 맺혀 있는 용마석(龍馬石). 마의 태자의 무덤이 황혼에 고독했다. 능(陵)이라기에는 너무 초라한 무덤.

철책(鐵柵)도 상석(床石)도 없고, 풍우(風雨)에 시달려 비문조차 읽을 수 없는 화강암 비석이 오히려 처량하다.

무덤가 비에 젖은 두어 평 잔디밭 테두리에는 잡초가 우거지고, 석양이 저무는 서녘 하늘에 화석(化石) 된 태자의 애기(愛騎) 용마의 고영(孤影)이 슬프다. 무심히 떠도는 구름도 여기서는 잠시 머무르는 듯, 소복(素服)한 백화(白樺)는 한결같이 슬프게 서 있고, 눈물 머금은 초저녁 달이 중천에 서럽다.

태자의 몸으로 마의를 걸치고 스스로 험산(險山)에 들어온 것은, 천년 사직(社稷)을 망쳐 버린 비통을 한 몸에 짊어지려는 고행(苦行)이었으리라. 울며 소맷귀 부여잡는 낙랑 공주의 섬섬옥수(纖纖玉手)를 뿌리치고 돌아서 입산(入山)할 때에 대장부의 흉리(凶裏)가 어떠했을까? 흥망(興亡)이 재천(在天)이라, 천운(天運)을 슬퍼한들 무엇하랴만 사람에게는 스스로 신의가 있으니, 태자가 고행으로 창맹(蒼氓)에게 베푸신 도타운 자혜(慈惠)가 천년 후에 따습다.

천년 사직이 남가일몽(南柯一夢)이었고, 태자 가신 지 또다시 천년이 지났으니, 유구(悠久)한 영겁(永劫)으로 보면 천 년도 수유(須臾)던가!

고작 칠십 생애에 희로애락(喜怒哀樂)을 싣고 각축(角逐)하다가 한 움큼 부토(腐土)로 돌아가는 것이 인생이라 생각하니, 의지 없는 나그네의 마음은 암연(黯然)히 수수(愁愁)롭다.

5. 감상문 쓰기

※ 최근에 읽었던 문학 작품이나 감상했던 예술 작품이 있다면 이를 떠올려 보고, 그것을 바탕으로 하여 감상문을 써 보자.

제 14 강 문학 비평문 쓰기

1. 개념 및 필요성

문학 비평문은 문학 작품을 대상으로 하여 씌어진 비평문이다. 그러므로 문학 비평문은 비평문의 하위 범주에 속한다. 영화 비평, 연극 비평, (대중)음악 비평, 미술 비평, 문화 비평, 역사 비평, 교육 비평, 정치 비평 등이 가능하다는 점에서 볼 때, 문학 비평문은 비평문의 한 하위 범주에 속한다는 점을 쉽게 알 수 있다. 문학 비평문은 비평문의 하위 범주에 속하므로 비평문이 지니는 일반적인 특징을 공유한다.

비평문은 대상에 대한 필자의 비평적 견해를 화제, 논평, 근거/반응의 구조에 따라 쓴 글이다. 비평문은 주관적 성격과 객관적 성격이 교차한다는 점에서 여러 가지 특징이 드러난다. 즉, 비평의 대상에 대한 필자의 비평적 견해를 쓴 글이라는 점에서 주관적 성격이 강하게 드러나지만, 이를 읽는 독자의 설득을 목적으로 삼고 있다는 점에서는 객관적인 성격이 드러난다. 그리고 비평문을 쓰기 위해 비평 대상을 해석하고 이해하는 것은 주관적인 성격을 보이지만, 그 해석이나 이해에 대한 근거를 요구한다는 점에서는 객관적인 성격을 보인다. 비평 대상에 대한 필자의 비평적 견해는 주관적인 성격을 보이지만, 그 견해에 대한 근거를 요구한다는 점에서는 객관적인 성격을 보인다. 이와 같이 주관적인 성격과 객관적인 성격이 교차함으로 인해 비평문에는 다양한 특징들이 파생된다. 그것은 해석적 성격, 상호텍스트적 성격, 비판적 성격, 통합적 성격, 메타적 성격 등이다.

비평문 쓰기에서는 필자가 비평의 대상을 어떻게 해석하고 이해하는가에 따라 비평문의 내용 전개가 달라질 수 있다. 비평문의 내용 전개는 어디까지나 필자의 해석 여하에 달려 있다고 해도 과언이 아니다. 이러한 이유에서 비평문에서는 필자의 개성적이고 창조적인 관점을 흔히 만날 수 있는 것이다. 이와 같이 비평문이 필자의 해석과 이해에 의존하는 것을 해석적 성격이라고 부를 수 있다. 그리고 비평문, 특히 문학 비평문 쓰기는 다른 텍스트와의 관련성을 맺어가는 활동이기 때문에 상호텍스트적 성격은 매우 자연스러운 것이다. 비평이라는 인지적 작용은 '평가'를 하기 위한 기준이 필요한데, 흔히 다른 텍스트와의 관련성 속에서 그 기준을 찾는 경우가 흔하다. 이러한 기준의 발견과 적용도 텍스트와의 관련성을 근간으로 하고 있기 때문에, 비평문이 상호텍스트적 성격을 보인다고 하는 주장에 대한 근거가 될 수 있다.

비평은 비판이라는 인지적 행위를 바탕으로 삼고 있기 때문에 비평문에는 자연스럽게 비판적인 관점이 드러난다. 비평문이 비판적 성격을 지니고 있다는 것은 문학 비평의 영역에서도 동일하게 확인할 수 있다. 우리 나라 근대의 프로문학은 문학 비평을 중심으로 하여 전개되었는데, 이는 프로 문학의 본격적인 등장과 비평 문학의 융성이 맞물려 있다는 것을 보여주는 것이다. 이와 같은 상관성이 확보될 수 있었던 것은 프로 문학의 철학적 기반이 바로 비판적 사회 과학의 대표적인 조류인 마르크스주의에 있었기 때문이다. 비평문 쓰기는 비평 대상을 해석하고 읽는 행위를 필연적으로 수반하기 때문에 통합적인 성격을 보여준다. 문학 비평문의 경우에는 다른 문학 텍스트를 읽는 것이 필수적이기 때문에 텍스트를 읽는 행위와 비평문을 쓰는 행위가 통합적으로 일어난다.

비평문, 특히 문학 비평문은 작문에 대한 작문이라는 점에서 메타적인 성격을 확인할 수 있다. 문학 비평문의 영역에서는 비평문의 메타적 성격을 극단화하여 메타 비평문을 쓰기도 한다. 문학 작품에 대한 비평문이 문학 비평문이라면, 이 비평문에 대한 비평문이 메타 비평문이 된다. 비평문 쓰기에서는 이러한 메타성이 무한정으로 일어날 수 있는데, 이러한 가능성을 내포하고 있는 것은 비평문이 메타적 성격을 중요한 특징으로 삼고 있기 때문인 것이다. 비평문의 메타적 성격이 주는 이점은 비평문이 반성적 글쓰기를 촉진한다는 점이다. 비평적 성격이 반성적 글쓰기를 자극함으로써 언어의 메타적 운용 능력이 내면화된다. 이를 통하여 언어 사용에 관한 능력과 그것을 적절하게 통제하면서 운용할 수 있는 능력을 동시에 갖추게 된다.

그리고 비평문은 특별한 형식의 통제 없이 비평적 대상에 대해 자유롭게 분석하고 비판하는 메타적인 작문의 한 장르로서, 글을 쓰는 주체를 선명하게 드러내면서 그 주체의 개성을 자유롭게 표출하는 특징을 지니고 있다. 이러한 특징에 의하여 비평문에서는 개성적인 글쓰기가 가능해짐으로써, 다른 사람과 구별되는 필자만의 문체나 독특한 형식을 개발할 수 있게 된다. 이로 인해 비평문에서는 글을 쓰는 사람의 주체성, 즉 비평적 주체성이 선명하게 드러나는 특징이 있다.

문학 비평문은 문학 감상문과 다르다. 문학 감상문은 문학에 대한 감성적 반응을 바탕으로 하여 자기 표현적인 차원에서 작문이 이루어지지만, 문학 비평은 문학에 대한 비판을 바탕으로 하여 설득적이고 논증적인 차원에서 작문이 이루어진다. 즉, 문학 비평문과 문학 감상문은 글을 쓰는 목적에서부터 차이가 난다. 그래서 문학 감상문이 자기 지향적이라면, 문학 비평문은 타자 지향적이다. 그리고 문학 감상문이 필자 중심의 감상을 드러내고 있어서 비판이나 비난의 대상이 되기 어렵지만, 문학 비평문은 타자와의 상호작용을 지향하기 때문에 다른 사람의 거센 비판을 불러오기도 하고 비난의 대상으로 몰리기도 한다. 이런 점에서 비평문은 타자, 예상독자를 강하게 의식하면서 씌어지는 특징이 있다. 문학 비평문에서의 타자나 예상독자는 대상으로 삼은 문학 작품의 작가일 수도 있고, 다른 동료 비평가(적대적이든 동조적이든)일 수도 있고, 문학에 관심을 두고 있는 일반 대중일 수도 있다. 이러한 점들을 통하여 문학 비평문이 문학 감상문과 여러 모로 차이가 있음을 알 수 있을 것이다.

문학 비평문 쓰기는 작문학습에서 여러 가지 이점을 제공해 준다. 특히 비평문 쓰기는 비평 대상에 대한 명료한 인식뿐만 아니라 예상독자에 대한 강한 인식을 바탕으로 한다는 점에서 중요한 의의가 있다. 작문을 잘 하기 위해서는 예상독자를 가능하면 분명하게 인식하는 것이 중요한데, 비평문 쓰기에서는 바로 예상독자나 타자에 대한 인식이 매우 중요한 기제로 작동한다. 비평의 대상이 되는 문학 작품을 쓴 작가를 인식해야 하고, 다른 동료 비평가를 의식해야 하기 때문이다. 또한 문학에 관심을 두고 문학적 담론에 귀를 기울이는 일반 대중도 의식하지 않을 수 없다. 그리고 필자 자신이 해석하고 이해한 것을 텍스트의 내적 구조에 따라, 혹은 외부적 이론의 적용에 따라 근거를 뒷받침해야 하기 때문에 '주장-근거'를 중심으로 한 작문 학습에 유용한 점이 있다.

2. 활동의 절차

• 간이 수업을 통해서 비평문이 무엇인지, 그리고 비평문의 의의와 중요성은 무엇

인지를 이해한다. 이러한 바탕 위에서 문학 비평문의 특징과 작문 학습에서의 의의를 이해한다.

- 문학 비평문과 문학 감상문의 차이를 예시문의 비교, 텍스트의 분석, 전문가 인터뷰 등을 통해서 이해하고 확인한다. 문학 비평문을 잘 쓰기 위한 조건을 이해한다.
- 문학 비평문과 관련된 경험을 발표하고 토의한다. 문학 비평문을 읽었던 경험, 문학 비평문이 독서에 끼친 영향, 문학 비평문을 써 보고 싶었던 욕구와 그 이유 등에 대해서 발표하고 토의한다.
- 예시문을 읽고 문학 비평문의 형식, 구조, 내용, 표현의 특징을 이해한다. 이를 바탕으로 하여 문학 비평문을 쓸 때 지향해야 할 점과 주의해야 할 점을 파악한다. 그리고 이를 내면화하여 문학 비평문을 쓸 때 적용하고 활용한다.
- 제시된 과제에 따라, 혹은 학생 자신이 선정한 주제에 따라 문학 비평문 쓰기를 한다.

3. 활동의 응용

문학 비평문 쓰기는 몇 가지 방향으로 활동을 응용할 수 있다.

문학 비평문 쓰기는 문학 토론 등과 관련을 지어 활동을 확장할 수 있다. 대학에서는 문학 토론 동아리가 결성되어 있기도 하거니와, 이러한 문학 토론의 장과 연결을 지으면 문학 비평문 쓰기를 용이하게 할 수도 있고 이 자체를 응용할 수도 있다. 문학 토론이 문학 비평문 쓰기와 연관되어 활용될 수 있는 것은, 문학 작품에 대한 토론은 그 작품의 해석의 차이가 존재하기 때문이다. 토론과 같이 논리적이고 설득적인 말을 하기 위해서는 해석에 대한 근거를 작품 내외적으로 마련해서 제시해야 하고, 상대의 해석이나 주장의 오류나 허점을 발견하여 지적해야 하기 때문에 문학 비평문 쓰기에 응용될 수 있는 것이다. 상황에 따라서는 직접 문학 토론에 참여하지 않고 토론의 장면을 보고 문학 비평문 쓰기에 응용할 수도 있을 것이다. 토론에 직접 참여를 하든 다른 사람의 토론을 관찰하든 문학 작품 토론을 비평문 쓰기에 응용한다는 점에서는 특징을 공유한다. 근래에 독서 클럽 활동이 활발하게 전개되고 있는 것은 문학 비평문 쓰기도 활성화할 수 있는 기본적인 토대의 형성과 관련된다는 점에서 매우 고무적인 일이다.

문학 비평문 쓰기와 문학 토론은 그 연결의 전후를 달리 할 수 있다. 우선 문학 비평문을 쓰고 나서 토론에 참석하거나 참관하는 방법이 있고, 토론 참여의 경험을 문학 비평문 쓰기에 연결짓는 방법이 있다. 어떠한 순서로 연결되든 문학 비평문 쓰기를 위해 문학 토론을 응용한다는 점에서는 동일한데, 문학 비평문 쓰기에 기여하는 방식에서는 차이가 있다. 문학 비평문을 쓰고 토론에 참여하거나 참관한다면, 완성된 비평문을 다른 관점에서 읽어주는 동료 평가 활동의 효과를 기대할 수 있다. 필자 자기 자신은 깨닫지 못했던 점을 토론에 참여 참관하면서 파악할 수 있기 때문이다. 토론에서 알게 된 내용은 필자의 의식에서 타자로서의 역할을 하여 동료 평가활동에서와 같이 글을 수정하고 고쳐 쓰는 데 도움을 준다. 이와 달리, 문학 토론에 참여하거나 참관한 뒤 문학 비평문을 쓴다면, 그 토론의 경험은 문학 비평문 쓰기의 내용 생성의 한 방법으로 기능하게 된다. 주요 내용이 무엇인지를 토론을 통해 파악할 수 있고 토론의 관점 가운데 하나를 선택하여 그것을 뒷받침하는 내용의 전개가 용이해질 수 있다.

문학 비평문을 응용하는 활동 중에서 다른 것은 문학 감상문을 비평문으로 바꾸어 쓰도록 하는 것이다. 앞에서 지적한 바와 같이 문학 감상문은 문학 비평문과 여러 가지 점에서 차이가 있다. 따라서 문학 감상문을 비평문으로 바꾸어 쓰면 내용 생성과 관련된 활동의 부담, 논리 전개의 부담을 줄일 수 있어 효율적인 응용의 예가 될 수 있다. 필자의 자기 표현적인 문학 감상문은 문학 비평문 쓰기에 비해 상대적으로 수월한 면이 있다. 예상독자에 대해 상대적으로 적은 부담을 느끼며, 자기표현 중심의 글인 만큼 내용의 표현과 구성에서 상대적으로 용이하기 때문이다. 따라서 문학 감상을 중심으로 하여 쓴 감상문을 토대로, 문학 비평문 쓰기를 한다면 작문의 목적에 따른 내용, 형식, 표현의 차이에 대한 작문학습을 동시에 겸할 수 있어 유용하다.

문학 비평문 쓰기는 문학 작품을 대상으로 한다는 점에서 영화와 관련지어 활동을 응용할 수 있는 기회를 마련해 준다. 문학 작품, 특히 소설이나 희곡 등은 영화로 만들어지는 예가 흔히 있기 때문이다. 경우에 따라서 영화로 제작된 것이 소설로 간행되기도 하므로 문학 비평문 쓰기를 영화평 쓰기와 관련지을 수 있다. 문학 작품과 영화 작문에서 취하는 서사 구조의 공통점과 차이점을 토대로 하여 비평문의 내용으로 삼을 수도 있고 표현의 차이, 작품을 다루고 해석하는 방식의 차이, 주제나 전달하려는 메시지의 차이 등에 대해서도 다룰 수 있다. 문학 작품만을 대상으로 할 때보다는 영화 작품을 대척점에 세움으로써 비교와 대조의 준거를 마련할 수 있어 비평문의 내용 구성과 전개가 더욱 다채로울 수 있다.

그리고 문학 비평문 쓰기의 대상을 더욱 확대하여 일반적인 문화 비평으로 나아갈 수도 있다. 이 때에는 사회나 문화와 같이 거시적인 것을 대상으로 삼을 수도 있지만, 학교나 학생의 문화와 같이 범위를 축소하여 비평의 대상으로 삼을 수도 있다. 학교 사회나 문화, 학생 사회나 문화는 그 나름대로 비평의 대상이 될 수 있다. 이러한 비평문은 학생들의 다양한 비평적 견해가 드러나게 되어 비평문 쓰기에 역동성을 부여할 수도 있다. 즉, 글을 통한 논쟁이나 토론의 전개가 가능해지는 것이다. 비평문이라는 장르를 이용하여 자신의 비평적 견해를 옹호하고 상대를 비판하기 위한 논쟁적 글쓰기가 가능하다. 흔히 논쟁은 토론과 같이 말하기를 통해 이루어졌지만, 비평문과 같은 작문을 통한 논쟁이나 비판, 반비판 등도 가능하다. 비평문의 대상이 추상적이고 철학적일수록 치밀한 논리와 사고의 전개가 필요할수록 비평문을 통한 논쟁, 토론이 유용하다.

이상에서 언급된 것을 바탕으로 하여 활동 응용의 예를 정리하면 다음과 같다.

〈활동의 응용〉

• 문학 비평문 쓰기와 문학 토론을 선후의 관계로 관련지어 활동한다.
• 동일한 작품을 다룬 문학 작품과 영화 작품을 관련지어 문학 비평문 쓰기 활동을 한다. 이는 영화평 쓰기와 자연스럽게 연관된다.
• 문학 작품의 장르를 다양하게 하여 문학 비평문 쓰기를 한다. 초심자에게는 서사성이 강한 짧은 작품(예를 들면, 단편 소설 등)을 적용한다.
• 문학 비평문 쓰기를 사회나 문화 비평문 쓰기로 비평의 대상을 확장한다.
• 문학 비평문 쓰기의 대상을 학생 사회, 학생 문화로 한정하여 비평문 쓰기를 응용한다. 초심자에게는 생활과 매우 친밀하거나 밀접한 것을 적용한다.

문학 비평문의 초고를 완성한 다음에는 동료들과 돌려 읽기를 통하여 평가 반응을 듣는다. 어떤 사회나 문화에 대한 비평문이라는 그와 밀접한 관련이 있는 구성원이나 전문가에게 읽도록 하고 평가 반응을 구할 수 있다. 이 때 얻은 평가 반응은 문학 비평문의 초고를 수성하고 고쳐 쓰는 데 매우 유용하다. 문학 비병문에서는 다른 사람들의 평가 반응이 더욱 중요한데, 문학 비평문은 다른 어떤 장르보다도 예상독자를 고려하여 씌어지기 때문이다. 평가 활동에 참고할 수 있는 기준을 제시하면 다음과 같다.

〈평가 기준〉
- 비평문에는 필자의 비평적 관점이 명료하게 드러나 있는가.
- 비평문에서 필자가 비평적 대상을 다루는 태도는 일관성이 있는가.
- 비평문에서 필자는 대상에 대해 비평적 거리를 확보하고 있는가.
- 필자의 비평적 견해와 주장에 대한 근거(텍스트 내적 근거 및 텍스트 외적 근거)는 타당성이 있는가.
- 비평문은 예상독자(문학작품의 작가, 동료 등)를 적극적으로 고려하고 있는가.
- 비평문의 표현은 상호 주관적(inter-subjective) 성격을 잘 드러내고 있는가.

■ 활동의 아이디어
　-문학 비평문은 필자의 비평적 관점이나 견해를 드러낸다는 점에서 1인칭의 성격이 강한 장르이다. 그러므로 주어를 사용할 때 비평의 주체인 '나'를 적극적으로 드러낼 필요가 있다. 그런데 문학 비평문은 자기 표현적인 장르가 아니라 다른 사람의 설득을 염두에 둔 장르이기 때문에 객관성과 논리성을 중시하지 않으면 안 된다. 따라서 문학 비평문은 주관적이면서도 객관성과 논리성을 유지해야 하는 특징이 있는데, 이를 문학 비평문에서의 상호주관성(inter-subjectivity)이라고 한다. 그래서 비평문 쓰기에서는 이러한 상호주관성을 확보할 수 있는 내용의 전개와 표현의 방법이 요구된다.
　-문학 비평문은 필자의 비평적 관점을 드러내야 하므로 1인칭 대명사 '나'를 적극적으로 사용하는 것이 좋다. 1인칭 주어가 잘 드러나는 장르에는 편지, 일기 등이 있는데 문학 비평문에서도 이의 사용이 적절한 면이 있다. 그러나 이에 대해 거부감이 크다면, 중성화된 주어인 '우리'와 같은 대명사를 사용할 수도 있을 것이다.

4. 예시문

▶ 예시문 1

영화의 시대와 문학 비평

1996년 여름, 여기 한 사람의 비평가 지망생이 있다. 예리한 감식안과 풍부한 독서, 예술 전반에 대한 다채로운 이해, 광범한 인문학적 교양, 문화와 예술에 대한 순수한 열정, 글쟁이로서의 생래적인 끼 등등을 갖춘 그가 '비평'이라는 글쓰기의 양식을 선택한다면, 아마도 그 비평의 형태는 십중팔구 대중문화 비평, 그중에서도 '영화비평'이 될 가능성이 높을 것이다. '비평' 하면 당연히 문학비평가 문학비평가를 먼저 떠올릴 수밖에 없었던 지난 연대와 달리 이제 문학비평 분야가 비평가 지망생에게 가장 매력적이며 일반적인 선택으로 간주되던 시기는 분명히 지나갔다. 대중문화에 대한 남다른 열정과 현란한 첨단 문화이론으로 무장한 일련의 대중문화비평가들이 이제 우리 문화의 새로운 주역으로 부상하고 있는 것이다 (예컨대 정성일, 강한섭, 유지나, 강헌, 강영희 등의 몇몇 평론가와 문화평론가는 이제 문화적 '스타'라고 불림직한 명성과 자신들의 고유한 문화적 헤게모니 및 비평적 권력을 획득해나가고 있다. 또한 최근에 영화비평가를 꿈꾸는 젊은이들은 얼마나 많으며 대중문화와 문예강좌는 얼마나 흔한가). 또한 몇몇 문학비평가들은 영화비평을 비롯한 대중문화 비평 분야로 눈길을 돌림으로써 이 시대의 문화적 지형에 순발력 있게 자신을 적응시켜가고 있다.

그들은 이제 본능적으로 영화비평을 위시한 대중문화 비평 분야가 이 시대 비평 문화의 가장 매혹적인 '꽃'이며 찬란한 '선택'이라는 사실을 깨닫고 있는 것이다. 아울러 그들은 그 선택이야말로 비평가로서의 존재 이유를 가장 효과적인 형태로 제공할 것이라는 사실도 너무나 명석하게 인식하고 있는 것이다 또한 대중문화야말로 이 시대 대중에게 가장 커다란 영향력을 행사하는 문화적 형태라는 사실에 대한 사각이 그늘로 하여금 기꺼이 '대중분화 비평'으로 달려나가게 만드는 요인이기도 할 것이다(몇 년 전에 한 문학비평가가 유수한 문예 계간지에 영화평을 기고했다가 당시 잘 나가는 영화비평가로부터 집중적인 사격을 받으면서 격추된 사건은, 물론 그 문학비평가와 영화비평가의 관점 차이에서 연유하는 관점도 있겠지만, 다른 한편으로 영화를 둘러싼 밥그릇 싸움, 기득권 다툼이 얼마나 치열한가를 상징적으로 보여주었다). 실상 대부분의 주간지와 월간지들은 고정적으로 문화비평 코너를 제공하고 있으며 현재 우리 사회에는 다소 부정직한 의미에서의 '영화 신드롬' 현상까지 나타나고 있다.

이러한 일련의 징후들은 다음과 가은 의미심장한 물음과 맞닿아 있다. 우선 『씨네 21』을 비롯한 영화 주간지들이 낙양의 지가를 올리는 데 반해서 왜, 문학 분야에는 지적 품위를 유지하면서도 다채로운 정보를 전달하는 본격적인 주간지가 발간되지 못하는 것인가? 문학은 그토록 더디고 고상한 장르이기 때문에? 대중문화 계간지 『리뷰』의 득의의 영역인 비평가들의 '리뷰' 순서에는 왜 문학이 끝에서 두 번째쯤에야 등장하는 것인가? 왜 일간지의 문화면에는 최근 문학에 대한 기사보다 영화나 대중문화에 대한 기사가 점차 커다란 비중을 차지하고 있는가? 영화 평론가 정성일이나 대중음악 평론가 강헌에 비견될 남큼 해당 장르에 강력한 문화적 영향력을 행사하는 문학비평가는 과연 존재하는가? 영화월간지 『KINO』만큼 성실하고 꼼꼼한 기획과 편집에 의해 제작되어 항상 민감한 화젯거리를 생성해 내는 문학 월간지가 존재하는가? 왜 최근의 젊은 소설가들은 그들의 소설 제목에 영화 제목이나 팝송 제목을 자주 사용하며 -『택시 드라이버』, 『자전거 도둑』, 『호텔 캘리포니아』, 『검은 상처의 블루스』, 『바그다드 카페는 커피가 없다』, 『노란 잠수함』 등등- 소설의 내용에도 영화나 음악 얘기를 그토록 빈번하게 등장시키는 것을까? 지금까지 언급한 일련의 질문과 현상에 대해서 둔감한 문학 평론가라면 그는 자폐적인 문학순결주의자이거나 최근의 문화적 추세에 어울리지 않는 안테나를 지닌 문학비평가일 것이다.

단순하게 보자면, 우리의 문화적 지형에서 문학비평이 차지하고 있는 문화적 비중은 궁극적으로, 전체 문화에서 '문학'이 차지하고 있는 역할과 반비례를 맺고 있다. 그러므로 최근에 문화적 지형에서 '문학'이 차지하고 있던 비중의 상대적인 하락은 궁극적으로 문학비평의 위상에도 결정적인 영향을 미치고 있다고 생각된다. 문학이 예술의 중심이며 문학은 시대정신의 지표이며, 동시에 문학이야말로 인간의 삶을 가장 구체적으로 반영하고 있으며 문학이 다른 예술보다도 현실에 치열하고 민감하게 대응하고 있다는 논리를 여전히 견지하는 문학지상주의자의 입장에 선다면, 최근의 이러한 문화적 지형의 변모는 우울한 비가에 가까울 것이다. 그러나 최근의 문화적 지형에서 문학의 위상 변모를 문학의 위축이나 죽음이 아니라, 진정으로 문학적인 것에 대한 근원적인 탐문을 통한 문학의 새로운 혁신기로 인식한다면, 어떤 의미에서는 이 시대야말로 과연 문학비평이 무엇인지에 대한 심원한 탐구를 수행할 수 있는 문제적인 시기가 될 것이다. 그리하여, 1980년 이른 바 '서울의 봄'에 고(故) 김현이 문학비평에 대해 던졌던 "나는 이제야말로 문학비평가가 정말 해야 하는 것은 무엇인가를 명확하게 생각해야 할 시기라고 생각한다."([비평의 방법])는 테제를 바로 지금 이 시기에 던져 볼 수 있는 것이 아닐까.

　-권성우(2001:209~212), "대중문화시대의 문학비평", 『비평의 희망』, 서울: 문학동네.

▶ 예시문 2

윤동주 시 세계의 특성

　시집 『하늘과 바람과 별과 시』를 관류하는 것은 그리움의 정서라 해도 지나친 말이 아니다. 소학교 때 친구들에 대한 그리움, 어머니·동생 등 가족에 대한 그리움, 떠나온 고향에 대한 그리움, 그리고 지금은 흘러가 버린 지난날에 대한 그리움 등 헤아릴 수 없을 만큼 많은 종류의 그리움이 시의 밑바탕을 이루고 있는 것이다. 이러한 그리움들을 묶어서 우리는 향수라 일컬을 수 있으며, 이 향수는 윤동주 시의 모티프가 되어 지속적으로 나타난다.

　제비는 두 나래를 가지었다.
　시산한 가을날-
　어머니의 젖가슴이 그리운
　어린 靈은 쪽나래의 鄕愁를 타고
　南쪽 하늘에 떠돌뿐-　　　　-[南쪽 하늘]

　햇살은 미닫이로 틈으로
　길죽한 一字를 쓰고…… 지우고……
　까마귀 떼 지붕 우으로
　둘, 둘, 셋, 넷, 자꼬 날아 지난다.
　쑥쑥, 꿈틀꿈틀 北쪽 하늘로,

　내사……

北쪽 하늘에 나래를 펴고 싶다.　–[黃昏]

　　평양 숭실학교 재학시에 쓴 이 두 초기작은 여러모로 공통점을 지니고 있다. 새 "제비·까마귀"와 그 날개의 역동적 이미지와 고향 북간도에 대한 향수를 연결함으로써 주제를 효과적으로 드러낸다. 또한 "어린 영은 쪽 나래의 향수를 타고/ 남쪽 하늘에 떠돌 뿐–"과 "내사…… / 북쪽 하늘에 나래를 펴고 싶다."를 각각 결구로 하여 고향에 대한 그리움을 애절하게 노래하는 것이다.

　　이러한 그리움과 향수의 마음은 초기작에서 뿐 아니라 후기작까지 거의 대부분의 작푸에서 나타나는 윤동주 시의 원형 심상을 이룬다.

　　–김재홍(2002:219~220), 『현대시와 삶의 진실』, 서울: (주)문학수첩.

　▶ 예시문 3 (학생 글)

이별의 승화

강연숙

　　사랑을 해 본 사람만이 이별의 아픔을 안다. 어찌보면 이별의 아픔이란 진정으로 사랑해 본 사람만이 느낄 수 있는 특혜이고, 앞으로 더 성숙된 사랑을 하기 위한 밑거름이 아닐까 한다. 그래서 아픔을 딛고, 새로운 사랑을 찾았을 때는 다시금 아픈 기억을 만들지 않기 위해 더욱 준비된 사랑을 할 수 있을 것이다.

　　'진달래꽃'과 '선운사 동백꽃'에 드러나는 시적 화자는 모두 사랑하는 이에게서 버림받은 상황에 놓여 있다. 이들에게 사랑이란 삶의 큰 의미였던 것 같다. 때문에 이별이라는 것도 그만큼 매우 큰 아픔이고 충격으로 느껴졌을 것이다. 하지만 이 두 화자는 이별을 수용하고, 자신의 감정을 표출함에 있어서 상당한 차이를 보이고 있다.

　　'진달래꽃'에서 화자는 맞닥들인 이별을 묵묵히 수긍하는 것 같다. 역겹다는 표현을 통하여, 진정 내가 싫어져서 나를 버리는 것이라면 굳이 구차하게 붙잡지 않겠노라고 이야기하고 있다. 여기에서 화자는 사랑하는 이와의 이별에 있어서 여하의 미련이 남아있지 않은 것처럼 보인다. 하지만 진달래꽃을 아름따다 뿌리는 행위를 통해 전혀 그렇지 않다는 것을 금새 알아차릴 수 있다. 꽃을 뿌리는 행위는 사랑하는 이를 위한 행위라기보다는 바로 자신을 위한 자기위안의 방어적인 표현으로 보인다. 끝까지 자신의 사랑에 대해 최선을 다함으로써, 후에 그 사랑에 대해 후회하거나 자신을 탓하지 않기 위한 것이다. 이별을 경험해 본 사람이라면, 한 번쯤 이런 생각을 해 보았을 것이다. "곁에 있을 때 좀더 잘 해줄 것을...." 혹은 "아직 못 해준 것이 너무 많은데...." 하는 등의 생각 말이다. 진달래꽃의 화자의 행위도 이별 후 이런 미련과 후회를 남기지 않기 위한 행위로 이해할 수 있을 것이다. 이별을 감당하기 위하여 스스로 강해지려고 하는 화자의 몸부림 같다. 혹여 이 행위가 사랑을 추억하기 위한 것이라고 해도 화자는 사랑하는 이가 그 꽃을 주저없이 사뿐히 즈려밟고 가는 냉정한 모습을 보면서 다시 돌아올지도 모른다는 헛된 기대와 희망을 버리게 될 것이다. 겉으로 근사해 보일지 모르나, 꽃을 뿌리는 화자의 행위 속에는 슬픔과 고통이 내재하고 있다. 화자는 또한 '죽어도 아니 눈물 흘리우리다' 라는 반어적 표현을 통하여 이별의 슬픔을 내적으로 삭히는 절제된 모습을 보이고 있다.

이에 반해 '선운사 동백꽃'에서의 화자는 가식적인 모습없이 솔직하게 자신의 감정을 표출하고 있다. 살얼음, 맨발, 아리는, 시린... 등에서도 엿볼 수 있듯이, 화자는 자신의 고통과 슬픔을 겉으로 다 내보이고 있다. 또 그까짓 사랑, 그까짓 여자라는 표현을 통하여 이별을 받아들이는 자신의 감정을 표출하고 있다. 그까짓 이라고 말하며 울지 말자 다짐하지만 끝내는 울음을 터뜨리고마는 화자의 모습에서 나약하지만 훨씬 인간적인 면을 느낄 수 있다. 사람은 신이 아닌 불완전한 동물이기 때문에 사랑을 져버리는 이를 사랑이라는 단어로 감싸 안는다는 것은 쉽지 않을 것 같다.

필자는 이별의 감정을 진솔하게 표현한 선운사 동백꽃의 화자에게 더욱 공감이 간다. 슬픔에 목놓아 우는 화자의 모습이 훨씬 인간적이며 현실적으로 납득하기 쉽다. 사랑을 함에 있어서는 물론이거니와 이별을 함에 있어서도 거짓이나 숨김이 없이 솔직해야 한다고 생각한다. 이점에서 진달래꽃의 화자는 자신의 감정을 너무 속이고 내색하지 않으려 한다는 생각이 든다. 이별의 상황에서 서로 축복으로써 헤어지는 것이 전혀 없다거나 불가능하다고 생각지는 않는다. 하지만 대부분의 이별의 상황에서 사랑의 감정은 점차 배신감과 미움으로 바뀌는 것이 대반이다. 위에서도 언급했듯이 진달래꽃의 화자가 꽃을 뿌리는 행위도 결국은 사랑하는 이에 대한 축복이 아니라 자기위안의 행위라고 생각한다. 따라서 진달래꽃의 화자는 자신의 감정을 한꺼풀 포장하여 드러낸 것에 불과하다.

이별이란 슬프고 아픈 것이다. 하지만 아이러니하게도 우리는 이별의 승화를 통하여 더 크고 참된 사랑을 배울 수 있다. 이별을 받아들이고 그것에 대처하는 두 화자의 모습이 겉으로 보기에 많이 상이하지만, 결국 모두 실연의 아픔을 겪으며 가슴 아파하는 모습을 보이고 있다. 이별의 상황에서 그것을 수용하는 모습들은 개개인의 가치관과 삶의 방식에 따라서 얼마든지 달라질 수 있으며, 위에 언급된 내용도 필자의 가치관에 기인하는 것일 뿐이다. 중요한 것은 이것을 얼마나 잘 극복하고, 아름답게 승화시킬 수 있느냐는 것이라고 생각한다. 그래서 그 아픔을 딛고 새로운 사랑을 찾았을 때, 다음 사람에게는 그런 아픔을 주지 않도록 더욱 성숙된 사랑을 하여야 할 것이다. 진정한 사랑이란 사랑할 준비가 된 자의 몫이다.

5. 문학 비평문 쓰기

> ※ 시나 소설 등의 문학 작품을 읽고 비평문을 써 보자. 또는 다음을 참고하여 문학 작품들을 비교하여 읽고, 공통점과 차이점을 중심으로 하여 비평문을 써 보자.
> • 이인성, '당신에 대하여' / 최인훈, '광장(廣場)' / 박완서, '나목(裸木)'
> • 이문열, '우리들의 일그러진 영웅'과 황석영의 '아우를 위하여'
> • 김소월의 '진달래 꽃'과 김용택의 '선운사 동백꽃'

제 15 강 서평문 쓰기

1. 개념 및 필요성

서명문은 비평문의 하위 장르로서 '책'을 비평의 대상으로 삼은 글이다. 서평문도 비평문의 일반적인 특징을 공유하지만, 비평의 대상이 특정한 분야인 '책'으로 한정되어 있고, 독자에게 정보를 제공하는 성격이 강하다는 점에서 독립적인 항목을 설정하여 다룰 필요가 있다.

서평문이 중요한 의미를 지니는 것은 현대에는 책에 관한 고급 정보가 절실하게 요청되고 있기 때문이다. 컴퓨터 등에 의해 인쇄 문화가 더욱 발전하면서 매우 많은 도서 간행되고 있으며, 책에 관한 매우 많은 정보가 유통되고 있다. 그래서 민감하지 않은 독자나 배경 지식이 풍부하지 않은 독자는 자신에게 적합한 책이나 자신에 필요한 책을 찾는 것이 쉽지 않다. 그리고 그 책에서 다루고 있는 정보가 과연 타당성이 있고 신뢰성이 있는지, 어떤 태도와 맥락에서 그러한 정보와 지식을 다루고 있는지 등에 대해서도 파악하기가 어렵다. 이런 점에서 서평문은 매우 긴요한 장르의 글이라고 할 수 있다.

근래에 들어 책을 읽자는 사회적인 분위기가 조성되면서 책에 대한 담론이 풍성해졌다. 이러한 상황은 동시에 서평의 필요성 내지 중요성을 부각시키고 있다. 책에 대한 이야기, 책에 대한 소개는 단순히 그 책에 대한 정보를 단순히 전달해 주는 데에서 그치는 것이 아니라, 그 책이 다루고 있는 대상, 태도, 관점 등을 분석하여 보여주고 또한 그 책이 가지고 있는 한계 내지 문제점을 지적함으로써 필연적으로 '평문'의 성격을 띨 수밖에 없다. 최근 서평을 테마로 한 책들이 많이 발행되고 있는 것도 이러한 사회적 환경과 무관하지 않다.

서평의 대상은 책이다. 그런데 책이 다루는 내용도 다양한 만큼, 간행되는 책도 매우 다양하다. 한권 한권에 대해서 서평을 쓴다는 것이 불가능할 정도로 폭도 넓고 양도 많다. 따라서 서평을 쓰기 위해서는 그 대상이 될 수 있는 여러 책 중에서 한 권을 선정하는 것이 중요한데, 여기에는 책을 선정하는 관점, 곧 해석의 관점이 영향을 미치게 된다. 서평문을 쓰는 필자의 관점에서 중요하다고 판단되는 책, 서평이라는 안목으로 검토해 볼 가치가 있다고 판단되는 책이 선정되는 것이다. 책이 넘쳐 나는 현대에서는 서평문을 쓰는 필자의 시선에 서평의 대상으로 포착되었다는 것 자체가 의미 있는 일로 간주되는 것은 이러한 상황과 관련되어 있다. 그래서 서평문에는 서평의 대상으로 삼은 책이 어떻게 하여 서평의 대상으로 포착되었는지를, 그 책의 내용적 가치에 비추어 설명하지 않으면 안 된다. 이는 서평의 대상이 다른 것과 구별되는 가치나 특징을 가지고 있다는 것을 증명하는 과정이 될 것이다.

　비평문의 중요한 특징 중의 하나는 비평 대상을 비판적 관점으로 검토해야 한다는 점이다. 이러한 특징을 비평문의 비판적 성격이라고 하거니와, 비평이 비판을 근본적으로 전제하고 있기 때문에 비평문에서는 대상에 대한 비판을 필연적으로 수반하게 된다. 서평문은 비평문의 하위 장르에 속하므로 이러한 비판적인 성격이 드러나게 되는데, 이는 비평 대상이 되는 책의 한계가 무엇이고 오류가 무엇인지를 밝혀내는 작업과 관련된다. 서평문에서 서평 대상의 의의 및 가치와 아울러 한계와 오류를 지적해 둠으로써 그 책에 대한 정확한 정보와 가치를 평가할 수 있게 된다.

　서평문은 책에 대한 평문이므로 기본적으로 책 전체를 비평의 대상으로 한다. 문학 비평문의 경우에는 작품의 내적 구조와 특징, 의의를 밝힘으로써 텍스트의 내용에 한정되는 경향이 있으나, 서평문에서는 책의 목차, 체제, 구성뿐만 아니라 책의 외형이나 가격까지를 비평의 대상으로 삼을 수 있다. 책의 외형이라고 하면 책의 디자인이나 판형, 글자의 크기 등을 말하는 것인데, 이것들은 독서의 가독성과 관련을 맺고 있기 때문에 서평의 대상으로 삼을 수 있고, 책의 가격 등은 대중 독자들과의 유통 방식에 영향을 미칠 수 있기 때문에 역시 서평의 대상으로 삼을 수 있다. 근본적으로는 책과 관련된 제반 요소를 다루는 것이 서평이므로 이들을 포괄적으로 수용할 수 있다.

　근래에는 ‘출판 평론가’와 같은 새로운 평론가들이 등장하여 서평 분야를 전문화하고 있다. 이들은 단순히 내용에 대한 평가를 넘어 외형적 체제, 출판사의 경영과 관련된 다양한 배경 지식을 동원함으로써 한 권의 책을 종합적으로 이해할 수 있도록 이끌어준다. 도서 출판과 유통의 시장이 사회의 변화 발전과 함께 크게 변화하고 있는 상황에서 서평문의 의의와 중요성은 점점 더 커지고 있다.

서평문이 지닌 특징을 생각해 보면, 작문 학습의 필요성을 발견할 수 있다. 특히 서평문 쓰기는 그 자체가 독서와 작문을 구조적으로 연관짓고 있다는 점에서 통합적 작문 학습의 모습을 띠고 있다. 서평문은 비평의 대상이 되는 책을 읽지 않고서는 결코 쓸 수 없다. 서평문을 쓰기 위해서 읽어야 하며 서평문을 쓰는 과정에서도 읽어야 한다. 독서와 작문의 통합이 강조하는 관점에서는 서평문 쓰기가 좋은 방법이 된다.

또한 서평문에서 대상이 되는 책의 가치와 한계를 동시에 밝히기 위해서는 책을 분석적, 비판적으로 읽어야 할 뿐만 아니라, 그렇게 읽은 내용을 논리적으로, 객관적으로 풀어내지 않으면 안 된다. 논리성과 객관성이 강조되는 것은 서평문 쓰기에서도 예상독자(대상인 책의 저자와 동료 등)를 염두에 두어야 하기 때문이다. 작문 학습에서 예상독자에 대한 인식은 중요한 의의를 지니는 바, 서평문 쓰기는 이 점에서 긍정적인 효과가 기대된다.

2. 활동의 절차

- 간이 수업을 바탕으로 하여 서평문의 의의와 특징, 필요성과 중요성에 대해 이해한다. 서평문과 관련된 경험을 발표하여 서평문에 대한 개념적 이해를 넓힌다.
- 서평문이 어떤 점에서 유용한지 조사하여 발표한다. 특히, 책을 구입하는 과정에서 서평문(인터넷 서점의 서평이 책의 구입에 어떤 영향을 미치는지 등)이 어느 정도 영향을 미치는지를 조사하여 발표한다. 또는 학생 자신이 책을 구입할 때 서평문에 의해서 영향을 입었던 경험을 발표하고 서평문의 기능에 대해서 토의한다.
- 최근 대두하고 있는 책 읽기의 문화적 관심과 서평문이 어떠한 관련이 있는지를 조사하고 발표한다.
- 예시문을 읽고 서평문의 구성, 형식, 내용, 표현의 특징을 이해한다. 필요에 따라 서평 예시문을 더 찾아 읽는다. 이러한 특징을 내면화하여 서평문 쓰기에 활용한다.
- 주어진 과제에 따라, 혹은 자신이 선정한 과제에 따라 서평문을 쓴다.

3. 활동의 응용

서평문의 형식을 변화시킴으로써 서평문 쓰기를 응용할 수 있다. 서평문 쓰기는 정해진 형식이 있는 것이 아니지만, 특징적인 형식을 취하도록 함으로써 다양한 형태로 응용할 수 있다. 예를 들면, 기사문 형식의 서평문 쓰기, 인터뷰 형식의 서평문 쓰기, 논문 형식의 서평문 쓰기 등이 가능하다. 기사문 형식의 서평문은 일간 신문에서 취하는 서평문을 떠올리면 이해가 쉬울 것이다. 기사문의 형식을 취하면 흥미로운 내용을 표제나 부제로 제시하여 독자의 흥미를 끌 수 있도록 하는 활동을 전개할 수 있고, 좀 평이한 수준에서 비평 대상을 평가할 수 있다. 인터뷰 형식을 취하면, 저자의 역할이나 독자의 역할을 수행하면서 기술할 수 있어 서평문을 새로운 형태로 표현할 수 있다. 논문 형식의 서평문은 전문적인 학자들이 흔히 쓰는 서평의 방식인데, 비평문을 학술 논문처럼 논증 과정을 중시하여 쓰는 것이다.

이러한 형식적인 응용 이외에 책의 선정을 변화하는 응용도 가능하다. 보편적인 서평문 쓰기의 형식은 한 권을 책을 대상으로 삼는 것이다. 그러나 상호텍스트성을 고려하여 두 권 이상을 대상을 삼아 서평문을 작성할 수 있다. 주제를 중심으로 하여, 또는 소재를 중심으로 하여 두 권 이상의 책을 선정하고, 그것을 비교·대조하는 방법으로 서평문을 쓰는 것이다. 이러한 방법은 비교와 대조의 준거를 비교적 쉽게 구할 수 있어 내용의 구성을 다양하게 할 수 있다는 장점이 있다.

서평문 쓰기에서도 토의·토론을 응용할 수 있는데, 서평의 대상을 선정할 때 토의·토론을 활용할 수 있다. 간행되는 책이 매우 많은 만큼 서평의 대상을 선정하는 것이 쉽지 않은데, 이 때 토의나 토론을 활용하면 이 과정에서 책에 대한 다양한 정보와 관점을 미리 파악할 수 있어 유용하다. 책을 선정하는 토의·토론 과정에서 책의 가치와 의의, 한계와 오류 등이 자연스럽게 드러날 수 있기 때문이다. 독서 클럽 활동에서도 활동 초기에 어떤 책을 읽을 것인가를 놓고 토론을 하기도 하는데, 이것이 클럽 활동의 전반에 긍정적인 효과를 미친다는 점은 이미 검증된 바 있다(강원경, 1999). 이와 마찬가지로 서평문 쓰기에서도 서평 대상 선정을 위한 토의·토론 활동은 긍정적인 영향을 미친다.

토의·토론 형식에 부담을 느낄 때에는 좌담회 형식으로 진행할 수도 있다. 토의·토론이 경직되고 격식화된 형식을 벗어나 자연스럽고 심리적 부담이 적은 좌담회 형식으로 편안한 분위기 속에서 대화하도록 하는 것이다. 이 때 서평 대상을 선정하는 대화를 진행할 수도 있고 서평문 쓰기를 위하여 서평 대상과 관련된 대화를 진행할 수도 있다.

이상에서 언급된 것을 바탕으로 하여 활동 응용의 예를 정리하면 다음과 같다.

〈활동의 응용〉
- 기사문, 인터뷰, 논문 형식으로 서평문을 쓴다. 특히 기사문이나 인터뷰의 형식은 서평문을 흥미롭게 꾸밀 수 있다는 장점이 있다.
- 상호텍스트성을 바탕으로 하여 두 권 이상을 책을 비평 대상으로 삼아 서평문을 쓴다.
- 서평의 대상을 선정하기 위한 토의 토론을 진행한다. 또는 서평 좌담회의 형식을 꾸며 자유롭게 대상 선정을 위한 대화나 서평문 쓰기를 위한 대화를 한다.

서평문의 초고를 완성하면 동료들과 돌려 읽기를 하고 평가 반응을 듣는다. 이때 서평의 대상이 되는 책을 읽은 동료와 읽지 않은 동료 모두에게 평가 반응을 들어보는 것이 좋다. 읽은 동료를 서평문의 내용과 표현에 대해 더 구체적으로 지적하여 줄 수 있고, 읽지 않은 동료는 서평문의 논리적 설득의 정도를 판단해 줄 수 있기 때문이다. 적어도 서평문을 읽은 독자가 그 책을 사고 싶다는 느낌이 들 수 있도록 평을 하였다면 성공적이라고 할 수 있을 것이다. 평가 반응을 위해 활용할 수 있는 평가 기준은 다음과 같은 것을 참고할 수 있다.

〈평가 기준〉
- 서평에는 어떠한 내용이 포함되어 있는가.
- 서평 대상에 대한 구체적인 정보와 평가를 담고 있는가.
- 서평 대상에 대한 긍정적인 평가와 부정적인 평가가 있는가.
- 서평문의 논리 전개는 타당성과 설득력이 있는가
- 서평문을 읽고 그 책을 읽어보고(구입하고) 싶은 마음이 들었는가.
- 서평문은 예상독자를 염두에 두고 형식, 내용 등을 고려하였는가.

■ 활동의 아이디어

-서평문 쓰기를 위해서 새로 책을 읽는 것은 활동에 큰 부담이 따를 수 있다. 그리고 서평문 쓰기를 할 때 학과 교재나 교과서를 서평의 대상으로 삼는 경우도 있다. 이러한 문제를 극복하기 위해서는 서평 대상을 선정하기 위한 토의 · 토론 활

동을 활성화하는 것이 좋다. 학생들이 서로의 의견과 생각을 조율하면서 문제가 될 수 있는 책을 피할 수 있고 공통의 흥미를 가진 책을 대상으로 선정할 가능성이 높기 때문이다. 상황에 따라서는 전에 감명 깊게 읽었던 책을 대상으로 하여 서평 문을 쓰도록 하는 것도 한 가지 해결 방법이 될 것이다.

－소설 등의 문학 작품을 서평의 대상으로 할 경우에는 문학 비평문 쓰기와 혼동 될 우려가 있다. 그러나 서평의 경우는 작품의 내용에만 한정하는 것이 아니라 그 책과 관련된 전반적인 비평이 요구된다는 점에서 성격이 다르다. 작품이 한권의 책으로 간행된 경우(예를 들면, 장편 소설 등)라면, 내용 이외의 것을 비평 대상으 로 삼음으로써 문학 비평문 쓰기와 구별지을 수 있다.

4. 예시문

▶ 예시문 1

자연주의 미학 개념의 재정의

최준식/ 이화여대 한국학과 교수

조요한 지음, 『한국미의 조명』, 열화당, 1999.

역시 대가의 글다웠다. 게다가 조요한 선생은 서양철학 혹은 미학을 전공한 분 아닌가? 나는 서양철학이나 미학을 전공한 이가 이렇게 한국미에 관해 관심을 갖 는 경우를 별로 보지 못했다. 서양철학에 함몰되다 보니 자국의 예술 전통에 무관 심하기 쉬웠을 게다. 뿐만 아니라 그들 가운데 조요한 선생 모양 예술철학을 연구 해 그것을 한국미와 연관시켜 주밀하게 연구한 학자는 보지 못했다. 설령 그런 학 자가 있다 하더라도 선생만큼 수많은 영역을 섭렵한 학자는 더 더욱 없었다. 이 책 을 읽고 있노라면 선생의 박학다식이 선영(鮮妍)하게 들어온다. 책의 내용 가운데 특히 내가 주목하고 싶은 것은 대부분의 이른바 고급 철학을 히는 이들은 민속 전 통에 관해서는 고의적 무관심한 경우가 많은데 선생은 무교(巫敎)와 거기서 비롯 된 민속 예술에 대해서도 확실한 관심을 나타냈다는 것이다. 철학, 그것도 서양철 학을 전공한 이들에게는 한국의 무교가 별로 매력적으로 보이지 않을 것이다. 그 러나 한국 예술미(특히 가무의 경우)를 말할 때 무교를 제외한다면 이것은 논의를 하지 않겠다는 것과 같다. 전통 음악과 무용을 전공한 사람들도 무교를 별로 연구하지 않는 상황인데 선생은 그런 학문적인 부정직함 혹은 무식함을 학자적인 양심으로 넘어선 것이다.

이 책은 선생이 이전에 써 놓은 글들과 새로 쓴 글들을 섞어 만든 것이다. 한국학계의 이런 관행에 대해서는 할 말이 많다. 전작에 여러 학회지에 발표한 글들을 모아 마치 새로운 연구처럼 단행본으로 만드는 경우를 우리는 수없이 보았다. 이렇게 하면 물론 여러 곳에 산재되어 있는 저자의 글들을 단번에 볼 수 있다는 이점은 있다. 그러나 그럴 경우에는 "글모음집"이라는 식의 제목을 달아두는 게 양심적이다. 이 책도 상황은 비슷한 게 책의 제목만 보면 한국미에 대해 저자가 따로 연구한 인상을 받는다. 그러나 목차를 보면 곧 이 책이 여러 글들의 모음집이라는 것을 알 수 있다. 나는 이 책을 읽는 동안 내내 이 글들이 언제 그리고 어디에 발표된 것이었는지 매우 궁금했다. 언제 어디서라는 것은 그 글의 상황성을 알려 할 때 대단히 중요한 요소이기 때문이다. 한참을 읽은 뒤에야 책의 맨 끝에 글의 수록처와 발표 연대가 있는 것을 발견할 수 있었다. 이런 것은 좀더 잘 보이는 곳에 실어 놓아야 하는데(책을 하나의 주제로 일관된 단행본처럼 보이게 하는) 출판사의 이런 편법은 결코 바람직하지 못하다.

예상할 수 있는 것처럼 이렇게 여러 곳에 실은 글들을 모은 것이니 -개수로는 7개- 이 책의 내용이 일관되게 전개될 것이라는 기대는 처음부터 가지지 않는 것이 좋다. 그러니까 정확히 말해서 이 책은 제목을 '한국미의 조명'이 아니라 한국미의 '산발적인 조명'이라고 해야 한다. 가령 '한국인의 미의식'과 같은 큰 제목의 글이 있는가 하면 '한국인의 해학미'나 '한국의 정원미' 같은 하위 개념에 대한 글들도 있다. 사실 그나마 일관되게 쓰려 했다면 뒤의 두 글은 '한국인의 미의식'에 아(亞) 항목으로 들어가야 한다. 아울러 이 책의 마지막 글인 '한국예술의 정신'은 한국미를 보는 방법론에 대한 글이라 이 책의 앞부분에 들어갔으면 좋았을 터인데 왜 이렇게 편집했는지 알 수가 없다.

그러나 그렇다고 해서 이 책의 가치가 떨어진다는 것은 결코 아니다. 가령 첫 번째 글인 '한국미의 탐구를 위한 서론'과 두 번째 글인 '동양의 아름다움과 서양의 아름다움'에서 보여준 필자의 선행 연구의 섭렵은 후학들에게 큰 귀감이 될 것이다. 기왕에 있었던 한국 예술사가들의 논의를 정리 비평한 것도 그렇지만 에카르트나 매쿤, 프라이, 설리번, 오스본, 젝켈 등과 같은 서양 학자들의 미학 연구를 소개하고 응용한 것은 앞으로 한국미학을 연구하는 데에 큰 도움이 될 것으로 보인다. 여기서 저자가 소개한 여러 학설을 다 볼 수는 없으니 그가 주장한 논의의 핵심만 보기로 하자.

저자는 우선 다른 미학자들과 달리 한국미의 대강을 꿰뚫고 있음을 알 수 있다. 최근에 활동하는 다른 미학자들의 논의들을 보면 한국미 형성에 끼친 사상적 영향을 말할 때 대부분 한편에 치우쳐 있는 것을 발견할 수 있다. 가령 지나치게 불교나 유교 같은 고등종교의 영향만 강조하는 것이 그것이다. 이것은 대부분의 미학자들이 고등전통만 수학한 데에서 연유할 것이다. 그러나 앞에서도 언급한 것처럼 한국미를 이야기하면서 무교를 언급하지 않는 것은 차라리 어불성설에 가깝다. 무교는 과거나 지금이나 한국인과 가장 가까운 종교이기 때문이다. 저자는 고등철학을 전공한 학자임에도 불구하고 무교의 영향을 놓치지 않는다. 이것은 저자가 그만큼 솔직하게 학문을 했음을 뜻한다. 사실 그의 논의의 핵심은 머리말에 다 나온다. 그는 머리말에서 한국예술의 특징을 '비균제성(고유섭의 용어)'과 '자연 순응성(김원룡의 자연주의의 변형)'으로 잡고 이 특징이 어디에서 유래했는가에 대해 큰 관심을 표명한다. 여기서 비균제성이란 중국이나 일본의 예술처럼 좌우대칭적인 예술이 우리나라에는 별로 보이지 않는다는 데에서 나온 것이고 자연순응성이란 한국미의 자연친화적인 특징을 말한 것이다. … (하략) …

-최준식(2003:209~212), "자연주의 미학 개념의 재정의,"『철학과 현실』 2003년 봄호, 서울: 철학문화연구소.

▶ 예시문 2

내 사랑 윤이상이여 영원히!

현대 음악계에서 최고 거장의 한 사람으로 평가받는 윤이상(1917-95)의 아내 이수자(71)씨가, 누구보다도 가까이서 지켜본 이 위대한 예술가의 열정과 인간적 면모를 그린『내 남편 윤이상』을 출간했다. 창작과 비평사 펴냄, 전 2권.

지은이는 해방 직후인 48년 9월 부산사범학교 국어교사로 재임하였던 시절, 같은 학교에 음악교사로 있던 윤이상을 만난다. 당시 윤이상은 결핵으로 각혈이 심해 죽음의 문턱까지 갔다온 환자였다 지은이의 집안은 건강을 이유로 그와의 결혼에 반대했지만, 두 사람은 집안을 설득해 결국 결혼에 성공한다. 이미 몇 곡의 소품을 작곡한 바 있던 윤이상은 56년 본격적으로 음악 공부를 하기 위해 마흔살의 나이에 늦깎이로 프랑스 유학을 떠난다. 파리에서 다시 베를린으로 옮긴 윤이상은 쇤베르크의 무조음악과 12음기법 등 서양현대음악의 첨단기법에 동양사상을 담은 〈가사〉〈가락〉〈바라〉〈뢰양〉등의 작품을 발표한다.

지은이는 윤이상의 삶과 작품에 지울 수 없는 흔적을 남긴 67년 초여름의 이른 바 '동백림사건'에 대해서도 상세히 기술하고 있다. 당시 중앙정보부장 김형욱이 지휘한 이 사건은 재유럽 유학생·교수·노동자 가운데 북한에 다녀왔거나 북한 대사관과 접촉한 일이 있는 사람 17명을 서울로 데려와 '간첩단'으로 엮은 사건을 말한다. 67년 6월 기관원에게 속아 서울로 끌려온 윤이상 부부는 물고문 구타 등 갖은 고초를 겪고 1년 8개월의 옥고를 치른 뒤 풀려난다.

이 사건은 윤이상을 군사독재 타도와 조국의 민주화 운동에 적극 나서도록 만들었다. 이 시기 그가 벌인 김대중 김지하 구출운동과 한국 민주화를 위한 활동은 가장 전위적인 예술이 동원된 민주화 운동으로 기억될 것이다. 74년 9월 도쿄에서 열린 '윤이상의 저녁' 특별연주회, 76년 8월 12 - 14일 도쿄에서 열린 제3회 아시아인회의, 78년 일본 사회당을 주최로 역시 도쿄에서 열린 '평화와 인권을 위한 음악회' 등은 좋은 예이다. 특히 76년 아시아인회의에서는 알제리 시인 사이히가 즉석에서 지은 시에 윤이상이 곡을 붙여 '국제연대'의 노래가 탄생하기도 했다. 이 노래는 한국어 일본어 프랑스어 영어 러시아어 등으로 번역돼 참가자들 사이에서 불렸다.

80년 광주의 참상을 독일의 텔레비전으로 지켜본 윤이상은 이 '악마적 사건'을 인류 역사에 길이 남기고자 교향시 〈광주여 영원히!〉를 작곡한다. "이 작품을 쓸 때 그는 자신의 스타일에서 과감히 벗어나 온 세계인이 알아들을 수 있는 전시적인 표제음악을 썼다. 그는 집필하는 동안 눈물을 흘리며 온 집안을 왔다갔다 하며 분노와 슬픔의 격한 감정을 진정시키지 못했다."

80년대 들어서면서 윤이상 부부는 북쪽의 조국을 자주 찾는다. 79년 통일문제 논의를 위해 방문한 것이 계기가 되어서였다. 이 때문에 윤이상은 끝내 고향 통영 땅을 밟아보지 못하고 생을 마감한다.

문민정부가 세워진 뒤인 94년 한국에서 윤이상음악제가 열렸다. 윤이상은 이제야 고향 통영에 돌아가볼 기회라고 여겼으나, 문민정부도 달라진 게 없었다. 정부에서는 "국민에게 심려를 끼쳐 미안하며 앞으로는 예술활동에만 전념하겠다."는 각서를 요구했고, 윤이상은 이를 거부했다. 지은이는 윤이상이 고인이 된 뒤인 97

년 〈월간조선〉 4월호에서 "윤이상씨가 김영삼 대통령에게 귀국을 애원한 두 통의 편지"라는 제목으로 공개한 편지는 "필체도 다른 완전히 조작한 편지"라고 주장한다.

귀국이 좌절된 윤이상은 그 때문에 지병이 약화돼 입원과 퇴원을 돼풀이하면서도 작품을 계속 썼다. 분신자살한 학생들을 추모하는 내용의 〈화염 속의 천사〉와 〈에필로그〉는 그의 마지막 작품이 됐다. 그의 묘비명에는 그의 삶을 압축한 듯한 불경 한 구절이 새겨졌다. "어떤 곳에도 물들지 않고 항상 깨끗하다(處染常淨)."

지은이는, 평양에서 윤이상 부부를 놀라게 해주기 위해 사전에 알리지 않고 연주회장에 초대해 〈광주여 영원히!〉를 연주한 일, 김일성 주석이 이 곡을 세 번이나 돼풀이해 들었다며 극찬한 일, 91년 한총련 대표로 방북한 박성희 성용승 두 학생을 평양에서 만난 일 등 잘 알려지지 않은 일화와 함께, 윤이상의 음악세계를 엿볼 수 있는 작품 해설까지 덧붙이고 있다.   —이상수 기자, 〈한겨레 신문〉

▶ 예시문 3 (학생글)

『학문의 즐거움』에 대한 서평

김정환

즐겁게 공부하다 인생에도 도통해 버린 어느 늦깎이 수학자의 인생 이야기, 학문의 즐거움.

어린 시절은 다른 사람과 별반없이 평범하게 지낸 수학자의 이야기이다. 이 책의 저자인 히로나카 헤이스케는 수학의 노벨상이라는 필드상을 받았다. '특이점 해소'라는 문제를 해결하기까지 10년이라는 시간이 걸렸다. 그 문제에 대해 저자가 만난 모든 수학자는 지도 교수만 제외하고 부정적인 입장이었다. 그러면서도 불굴의 의지로 10년이라는 시간 끝에 문제를 해결했다. 이 책의 저자가 우리에게 던져주고자 하는 것은 무엇인가?

책의 표지나 내용, 추천의 글 모두 '평범하다'는 말이 들어간다. 평범한 수학자의 인생 이야기. 가우스나 모차르트 같은 천재 위인전이 아니라 평범한 인생을 산 저자의 살아있는 이야기다. 책은 저자의 어린 시절부터 시작을 한다. 어린 시절을 겪으면서 자신이 느낀 점을 지금의 생각과 같이 하여 읽기 쉽게 풀이하고 있다. 평범한 어린 시절로부터 화두를 시작해 독자가 부담 없이 접근할 수 있다. 보통 위인 전이나 자서전 비슷한 책들은 주인공의 천재성부터 이야기가 시작되어서 책을 읽는 독자와는 거리가 있게 느껴지나 이 책에서는 그런 독자와의 거리감이 느껴지지 않는다.

1장 배움의 길, 2장 창조의 여행, 3장 도전하는 정신, 4장 자기 발견 이렇게 네 개의 장(章)으로 이루어져 있다. 학문을 하는데 있어서의 필요한 점을 저자의 경험에 비추어 하나하나 진술해 놓았다. 예를 들어 자기가 가르치던 아이가 전날 배운 것을 몰라서, 벌써 잊어버렸냐고 꾸짖었을 때, "나는 바보니까요." 라는 아이의 대답은 저자의 불필요한 경쟁이나 목표에 맞지 않는 난해한 일을 피하는데 도움을 주었다. 한번은, 기하학적 문제인 근사 문제를 가지고 세미나에서 저자가 발표한 적이 있었다. 세미나에 참석한 다른 교수들로부터 아름답다(Beautiful)라는 최고의 찬사를 받아 그 문제를 일반화시키려고 연구에 몰두하였다. 하지만 일반론에 이르는 진전이 없어 거의 포기할 무렵, 다른 젊은 학자가 일반론을 완성하였다는 소식을 들었다. 큰 충격을 받은 것은 당연했다. 하지만 저자는 다시 일어설 수 있었다. "나는 바보니까"라는 자세로 체념하고 다시 일어설 수 있었던 것이다. 그러면서 저자는 자신이 처음에 착상한 방법을 너무 고집하게 되면 벽에 부딪힐 수 있고 회복하기 어려운 상태가 될 수도 있으니 연구는 항상 소심심고(素心深考)해야 한다고 했다. 즉 마음을 소박하고 겸손하게 가지고 자기 생각이 틀릴 수도 있다는 유연한 사고를 할 수 있어야 한다고 강조하였다. 이러한 예 뿐만 아니라 학문을 하는 사람은 역지사지(易地思之)의 자세를 가져야 한다, 사실과 억측을 구분하자, 등등 학문을 하는 사람으로서의 자세를 경험에 비추어 쉽게 설명해 놓았다. 천재성이 아닌, 인내와 투지를 가지고 계속 노력하는 자세를 받아들이기 쉽게 설명했다.

학문을 하는 이유는 무엇인가? 책에서 다음과 같이 말했다. 나는 "지혜"를 얻기 위해서라고 말하고 싶다. 배어 나가는 과정에서 지혜라고 하는 눈에 보이지는 않지만 살아가는데 있어 매우 중요한 것이 만들어진다고 생각한다. 대학교에 들어와서 진정한 의미의 학문을 탐구하는 이유라는데 동감을 한다.

5. 서평문 쓰기

> ※ 다음 책을 읽고 서평문을 써 보자. 근래에 읽었던 책 중에서 기억에 남는 것이 있다면, 그 책에 대한 서평문을 써 보자.
> - 허경진, 『사대부 소대헌 호연재 부부의 한 평생』, 푸른역사, 2003.
> - 조동일, 『우리 학문의 길』, 지식산업사, 1996.
> - 토마스 쿤, 김명자 역, 『과학 혁명의 구조』, 까치, 1999.

제 16 강 영화 비평문 쓰기

1. 개념 및 필요성

영화 비평문은 영화를 비평의 대상으로 하는 비평문의 하위 장르이다. 영화 비평문이 비평문의 한 하위 영역에 속하므로, 비평문이 보이는 일반적인 특징을 공유한다. 그러나 다른 평문과 달리 영화라는 영역을 한정적으로 다루기 때문에 영화 비평문의 특징이 있어 이를 별도로 다룰 필요가 있다.

영화는 문학이나 책과 달리 전문적 배경 지식을 많이 요구하는 영역이다. 영화의 발달 과정 자체가 기계 과학의 발달과 밀접한 관련을 맺기 때문에, 이와 관련된 배경 지식이 필연적으로 요청되는 것이다. 영화를 촬영하고 상영하는 데에는 기계나 장비의 도움이 절실하게 필요하다. 영화는 편집 기술에 의해 좌우된다는 말은 이를 빗댄 것이다. 영화가 이러한 기계적인 도움에 크게 의존하고 있다는 점은, 영화를 올바르게 이해하기 위해서는 이러한 것과 관련된 내용에 대해서도 충분한 지식을 갖추어야 함을 알려준다. 영화의 서사의 구성과 촬영, 편집과 상영에 간여하는 기계적 요소에 대해서 잘 알면 알수록 영화에 대해서 더 깊이 이해할 수 있게 된다. 그래서 영화 자체는 매우 대중화되었지만, 영화에 대한 비평문을 쓰는 것은 여전히 쉽지 않은 일이다. 서평에서는 텍스트의 내용만을 다루는 것이 아니라 가독성과 관련되는 텍스트 외적인 부분을 같이 다루어야 한다고 했는데, 이는 영화 평문에서도 마찬가지인 것이다. 영화의 서사적인 흐름만으로는 영화를 충분히 이해하고 해석하는 데에 한계를 지닐 수밖에 없다.

그리고 영화에 대한 비평이 쉽지 않은 또 다른 이유는 영화가 연예의 속성을 지니고 있기 때문이다. 문학과 책에 관한 담론은 인문학적 성격이 강해서 친숙한 영역이지만, 영화는 연예라는 다른 공동체의 담론에 의존하기 때문이다. 서사적인 흐름과 구성에 대해서 분석하는 것도 중요하지만, 극중의 인물로 분장한 배우들과 관련된 내용, 그 영화의 감독이나 제작자, 각색자 등과 관련된 정보도 한 텍스트로서의 영화를 이해하는 데 중요하다. 서서의 흐름이 긴밀한지, 영상의 미적 수준은 어떠한지와 더불어 감독의 역량은 어떠한지, 이전 작품과 비교해서 어떠한 차이가 있는지, 배우의 역할 연기는 어떠한지 등에 대한 비평적 판단을 내리는 데에 이러한 배경 지식이 중요한 영향을 미친다.

이러한 이유들로 인해서 영화 자체는 대중적이고 익숙한 장르이지만, 그것을 깊이 이해하고 해석하여 평문을 쓰는 것은 쉬운 일이 아니다.

영화 비평문은 영화에 대한 필자의 비평적 견해를 요약, 논평의 구조에 따라 구성한 글이다. 따라서 영화 비평문은 영화에 대한 감상문과 일정한 차이를 지닌다. 이는 문학 작품에 대한 감상문이 문학 비평문과 차이를 보이는 것에 상응한다. 영화 감상문은 영화에 대한 정서적 감응을 자기표현의 차원에서 서술되지만, 영화 비평문은 비평적 견해를 논리적으로 드러내어 독자를 설득하는(독자를 필자 자신의 비평적 견해에 동조하도록 하는) 목적을 위해서 서술된다. 그래서 영화 비평문은 필자 자신의 비평적 견해에 바탕을 두는 주관성과, 그 견해를 논리적으로 설득하는 객관성을 동시에 요구한다. 이는 서평문에서도 확인되었던 것이다.

영화 비평문의 목적을 충분히 달성하기 위해서는 비평 대상에 대한 비평적 거리를 충분히 확보하는 것이 중요하다. 비평의 다른 대상과 달리, 영화는 시각과 청각을 동시에 사용하여 내용을 받아들이기 때문에 전달되는 메시지의 충격이 크고 직접적이기 때문이다. 문학 작품은 필자가 읽어가면서 속도를 조절할 수 있고 필요에 따라 앞뒤의 내용을 참조할 수도 있지만, 영화에서는 이것이 매우 어렵다. 영화의 상영의 시간으로 설정된 영역들 탈피하거나 역전시키는 쉽지 않다. 그래서 전달되는 이미지와 메시지가 직접적으로 전달되어 오는 것이다. 따라서 영화 비평문을 쓸 때에는 이 점에 주의하지 않으면 안 된다. 감정적으로, 인지적으로 비평의 대상과 거리를 충분히 확보해야 한다.

영화 비평문의 이러힌 특징에 비추이 볼 때 엉화 비펑문 쓰기는 작문 학습의 의의가 충분하게 발견된다. 특히 영화가 매우 대중적인 장르라는 점에서 이와 관련된 정보를 제공하고 영화에 관한 정당한 평가를 내리기 위해서 영화 비평문 쓰기가 필요하기 때문이다. 그리고 영화를 비평 대상으로 선정할 경우, 그 대상을 매우 다양하게 할 수 있어 다양한 비평문 쓰기가 가능해질 수 있다.

2. 활동의 절차

- 간이 수업을 바탕으로 하여 영화 비평문의 의의와 특징에 대해 이해한다. 영화 비평문을 읽었던 경험에 대해서 발표하여 영화 비평문에 관련된 개념적 이해를 넓힌다.
- 영화 비평문이 어떤 점에서 유용한지 조사하여 발표한다. 특히, 영화를 보는 데에, 또는 영화를 이해하는 데에 어떠한 영향을 미치는지를 조사해 보고 발표한다. 영화 비평문을 찾아 읽는 때가 있는지를 조사하여 영화 비평문의 효용성을 알아본다.
- 예시문을 읽고 영화 비평문의 구성, 형식, 내용, 표현의 특징을 이해한다. 필요에 따라 영화 비평 예시문을 더 찾아 읽는다. 이러한 특징을 내면화하여 영화 비평문 쓰기에 활용한다.
- 주어진 과제에 따라, 혹은 자신이 선정한 과제에 따라 영화 비평문을 쓴다.

3. 활동의 응용

영화는 종합 예술로 간주되는 만큼 그 활용이나 응용의 범위는 다양하게 찾을 수 있다. 영화 비평문을 쓰는 데에 쉽게 응용할 수 있는 방법은 영화 소개하기 활동과 접목하는 것이다. 학생 자신이 감명 깊게 본 영화나 재미있게 본 영화를 소개하는 활동(말하기 및 글쓰기)을 수행하도록 하고 그것을 비평적 관점에서 재해석하여 영화 비평문을 쓰도록 하는 것이다. 영화 비평문의 대상을 자신이 이미 본 영화, 그것도 좋은 기억으로 남아 있는 영화를 대상으로 하기 때문에, 비평문을 쓰기 위해서는 두 가지의 활동을 같이 수행해야 한다. 첫째, 영화를 다시 보고 영화의 세세한 부분을 다시 확인하는 것이다. 이렇게 함으로써 추상적인 진술, 기억에 의존하여 발생하게 될 오류를 줄일 수 있다. 둘째, 비평 대상에 대한 비평적 거리를 확보하는 것이다. 감명 깊게 본 영화나 재미있게 본 영화는 긍정적인 이미지만 남아 있는 경우가 흔하여 비판의 내용을 찾는 것이 쉽지 않다. 비평을 위해서는 비판적인 관점으로 볼 필요가 있는데, 이를 위해서는 비평적 거리의 확보가 중요한 것이다.

또 다른 방향으로의 응용은 논쟁적 토론을 가능하게 하는 영화를 보고 토론 활동과 연계하는 것이다. 영화가 전달하는 메시지를 중심으로 하여 논쟁적인 토론이 가능하다면, 그것을 비평 대상으로 한 비평문 쓰기는 훨씬 용이하다. 토론을 통해서 영화에 대한 내용을 요약적으로 파악할 수 있고, 그 영화가 전달하려는 메시지가 가진 문제점이나 극복을 위한 대안 등을 미리 발견할 수 있기 때문이다. 토론을 내용 생성의 한 방법으로 활용하는 것은 앞의 여러 활동에서도 많이 이루어졌는데, 이는 작문의 어려움을 구술 작문으로 극복할 수 있다는 점을 보여준 예들이다.

비평의 대상을 삼는 영화의 장르를 다양하게 하는 방법을 통해서 활동을 응용하는 것도 중요하다. 영화의 장르도 매우 다양하게 분류되는 만큼, 어떤 영화를 비평의 대상으로 삼을 것인가가 중요한 문제이다. 상황에 따라서는 비평 대상으로 삼을 영화를 선정하는 토의 과정을 거칠 수도 있다. 이는 서평문 쓰기에서 서평 대상으로 삼을 책을 선정하기 위해서 토의를 진행하도로 한 것에 상응하는 것이다. 학생들이 흥미와 관심에 따라, 비평문 쓰기라는 목적에 따라 자발적으로 토의하여 선정함으로써 영화 비평문 쓰기의 능동적인 참여를 기대할 수도 있다. 물론 이 과정에서 이루어지는 토의 활동은 영화에 대한 이해뿐만 아니라 영화 비평문을 쓰는 데에도 큰 도움을 제공하게 될 것이다.

영화 신문을 만드는 방법도 활용할 수 있다. 영화의 다양한 장를 포함하여 신문을 만듦으로써 영화에 대한 비평문 쓰기와 아울러 영화 관련 대담 나누기, 영화 소개문 쓰기, 영화 포터 그리기, 영화 광고문 쓰기 등의 활동을 할 수 있어 영화와 관련된 종합적인 활동이 가능하다. 이 활동을 할 때에는 학생들이 모둠을 이루어 한 모둠에서 영화 신문 하나를 만들 수도 있고, 수강생 전체가 영화 신문 하나를 만들 수도 있다.

이상에서 언급된 것을 바탕으로 하여 활동 응용의 예를 정리하면 다음과 같다.

〈활동의 응용〉
• 말로 영화를 소개하거나 글로 영화를 소개하는 활동을 한다.
• 영화를 보고 논쟁적 토론을 한다. 그것을 바탕으로 하여 비평문 쓰기를 한다.
• 다양한 장르의 영화를 선정하여 비평문 쓰기를 한다.
• 비평 대상 영화를 선정하기 위한 토의 활동을 한다.
• 영화와 관련된 다양한 언어활동을 위하여 영화 신문을 만든다.

영화 비평문의 초고를 완성한 뒤에는 동료와 돌려 읽고 평가 반응을 듣는다. 영화를 본 동료에게 평가 반응을 들을 수도 있고 보지 않은 동료에게 평가 반응을 들을 수도 있다. 그리고 영화에 대해 비교적 풍부한 배경지식을 갖춘 동료에게 평가 반응을 들을 수도 있을 것이다. 초고를 읽는 동료에 따라서 기대되는 평가 반응에 차이가 있는데, 누구의 것이든 독자를 설득하는 것이 영화 비평문의 목적이므로 이를 중시할 필요가 있다. 따라서 초고는 평가 반응을 고려하여 수정하거나 고쳐 쓴다. 평가반응을 위해 활용할 수 있는 평가 기준은 다음과 같은 것을 참고할 수 있다.

〈평가기준〉
- 영화에 대한 이해가 전제되어 있는가.
- 영화의 의미(메세지)를 적절하게 해석하고 있는가.
- 영화평이 갖추어야 할 요소를 포함하고 있는가.
- 영화의 가장 중요한 장면을 잘 포착하였는가.
- 영화를 둘러 싼 여러 가지 사회적 맥락을 적절하게 반영하고 있는가.
- 영화만의 독특한 기법과 관련된 설명과 해석이 있는가.
- 주연 배우의 연기에 대한 평이 나타나 있는가.
- 감독의 연출 능력에 대한 평가가 나타나 있는가.
- 평론가의 영화에 대한 호감이 균형감 있게 나타나 있는가.

▣ 활동의 아이디어
  - 비평적 거리를 확보하기 위해서는 여러 가지 방법을 사용할 수 있는데, 영화를 여러 번 보는 방법, 그 영화에서 전달하려는 내용과 반대되는 메시지를 담고 있는 영화를 보는 방법, 그 영화에 대해서 비판적인 관점에서 분석한 자료를 찾아 읽는 방법 등이 있다. 어떠한 방법을 적용하는 것이 좋은지는 비평문 쓰기의 수업이 이루어지는 교실의 상황에 따라 다소 다를 수 있다.

4. 예시문

▶ 예시문 1

스피드와 유머의 절묘한 안배 - '택시'

할리우드의 상업적 테크놀로지에 경도돼 있던 프랑스 뤼크 베송 감독은 80년대 작품들인 '서브웨이', '그랑블루', '아틀란티스'의 감성적 스타일에서 점차 액션의 비중을 늘려나가기 시작했고 90년대들어 '니키타', '레옹', '제5원소'로 프랑스 감독들이 애써 외면해 온 액션 영화의 전문가가 되고 있다.

할리우드와 손잡고 만든 블록버스터 '제5원소'로 큰 돈은 번 뤼크 베송 감독은 자신의 프로덕션을 차렸고 그 첫 작품 '택시'로 액션물 제작에 가속도를 붙였다. 뤼크 베송이 직접 각본을 썼지만 연출은 유럽의 자동차 광고를 20편이상 찍은 제라르 피레에게 맡겼다.

마르세유 시내에서 스쿠터로 피자를 배달하던 다니엘(사미 나세리 분)은 고대하던 택시 운정면허를 따고 '총알택시' 기사가 된다. 과속 질주하는 그를 붙잡은 형사 에밀리앙(프레드릭 디애폰달 분)은 운전면허가 없다. 그런데 벤츠를 몰고 다니며 은행을 터는 독일인 갱단을 잡아야 한다. 운전면허를 취소하지 않는 조건으로 다니엘을 운전기사로 고용한 에밀리앙은 벤츠갱단을 추적하고 나선다.

뤼크 베송의 영화에는 이른바 '문제적 영웅(Anti-hero)'들이 등장한다. '니키타'의 길들여진 살인기계, '레옹'의 고독한 살인청부업자, '택시'에서는 혼혈의 스피드광이다. CF감독 출신인 피레는 뤼크 베송의 우울한 주인공들 대신 가볍고 즉흥적인 캐릭터를 선택했다.

영화의 5할은 스쿠터와 자동차의 스피드가 차지하고 나머지는 등장인물들의 유머에 할애하고 있다. 그래서 자동차 추적신의 속도감은 긴장감보다는 시각적 즐거움을 준다. 이를 찍기 위해 모두 6대의 택시를 동원했는데, 평범한 영업용 택시와 엔신을 개소한 고속실수용, 누성을 마음내로 뺄 수 있노록 실체한 내부촬닝용, 운전대를 2개 만든 스턴트용, 후진기어 없는 경주용, 질주하는 택시와 같은 속도로 달리며 촬영할 수 있도록 개조한 카메라용 택시 등이다.

자동차갱단을 독일인으로 설정하고 경찰이 이를 나치의 제2침공이라고 너스레를 떨면서 벤츠와 푸조의 차종 대결로 몰아가는 것은 프랑스의 독일에 대한 피해

의식의 일단을 살짝 보여 준다.

-『문화일보』

▶ 예시문 2 (학생글)

유주얼 서스펙트

박소령

내가 가장 재미있게 본 영화는 유주얼 서스펙트이다. 이 영화는 대형 유혈극과 거액 탈취사건의 진범을 놓고 수사관과 지능범이 벌이는 두뇌 싸움을 다룬 범죄 스릴러 영화이다. 제목인 유주얼 서스펙트는 범죄 발생시 가장 먼저 소환대상에 오르는 용의자를 뜻한다. 이 영화는 6백만 불이라는 저예산으로 35일간 촬영했으나 비평과 흥행에 모두 성공했다. 아카데미 두 개 부문, 각본과 연출이었던 걸로 생각된다. 95년 동경 영화제 영시네마부분 대상, 95년 칸느 국제영화제 초청작등 많은 영예를 안은 이 영화를 살펴보자.

줄거리는 생략하겠다. 혹시 이 영화를 아직도 안 본 사람이 있을 것 같기도 하고 줄거리가 그렇게 중요한 것도 아니기 때문이다. 이 영화는 줄거리는 한 마디로 거짓말이다. 자세히 말하면 영화내내 관객들은 한 지능범의 꾸며낸 거짓말을 들은 것이다. 그래서 이 영화는 처음에 관객에게 굉장한 혹평을 받기도 했다 쓸데없이 내용이 어렵다거나 허풍의 내용밖에 없다는 등의 이야기를 한다. 하지만 이 영화를 보는 재미는 내가 생각하기에는 영화가 끝나고 부터이다. 물론 영화를 하나도 놓치지 않고 봤다는 전제하에...

만약 그렇지 못했다면 영화를 두 번쯤 되풀이 해 보면서 복선을 하나 하나 발견하고, 어디까지가 사실이고 어디까지가 거짓말인지를 생각해보는 것이 이 영화의 진짜 재미이다. 누가 범인인지는 감(?)으로 다 알 수 있다.

이 영화가 다른 추리영화와 크게 다른 점은, 보통의 추리영화에서는 결말에 가면 친절한 설명이 있고, 단서가 되는 지나간 장면들을 다시 보여주는 경우도 있다. 그래서 내내 헤맸던 관객이라도 영화를 다 보고 나면 그런 내용이었군하고 그것으로 고민이 끝난다.(예를 들자면 '자카르타' 정도가 될 것이다. 그 영화도 무척 재미있는 영화이다.) 그런데 유주얼 서스펙트는 친절한 설명이 없는 채로 결말을 맺는다. 그것도 영화 전체의 플롯을 뒤흔들어 놓고... 감독과 각본가가 지나칠 정도로 치밀하게 잔뜩 깔아놓은 복선과 단서들을 미처 파악하지 못한채로... 이 영화가 대단하다고 여겨지는 것은 단순히 마직막의 반전 때문이 아니라 그런 결말을 가능하게 한 영화 전체의 기막힌 구성 때문이다.

이 영화를 다시 생각하려니 머리가 아프다. 아직도 이 영화의 복선들을 다 찾지 못했고, 가장 큰 의문점은 왜? 그 대단한 '카이저 소제'가 잡혔는지를 모르겠다. 영화를 찍기 위해서 인가? --; 어서 다시 보고 싶은 마음 뿐이다.

이 영화는 단순한 추리영화가 아니다. 대학와서 녹슨 머리를 풀어줄 상쾌한 영화라고 생각한다. 물론 이 영화를 싫어하는 사람도 많지만, 하지만 이 영화는 대단히 치밀하고 세련된 퍼즐과도 같은 영화이다. 그 점을 알아준다면 무척 재미있는 영화가 될 것이다. 음...다시 말하면 이 영화의 진가는 범인이 누구인가보다도 관객을 속인 방식에 있다고도 생각된다. 유주얼 서스펙트는 사실 깊이있는 영화는 아니다. 진지한 주제는 없다. 그런 영화를 두 번 이상 본다는 게 시간이 아깝다고 생각할 수도 있지만, 그러나 이 영화는 돈만 퍼붓는 헐리우드 블록버스터보다는 훨씬 볼 만한 가치가 있고 생각한다.

▶ 예시문 3 (학생 글)

〈파니 핑크〉에 대한 평

허수정

세상에는 두 가지 인간이 있다. 술이 반이 담긴 술잔을 보고, 술이 반만 있다고 말하는 사람과 술이 반이 비었다고 말하는 사람. 이 이야기는 삶을 긍정적으로 보느냐 부정적으로 보느냐에 대해 많이 알려진 이야기다. 그런 점에서 보면 파니 핑크는 우리에게 삶을 긍정적으로 볼 수 있는 여유를 주는 영화다.

여주인공 파니핑크는 공항에서 여객의 소지품을 검사하는 보안 검색원으로 일하며, 비록 낡고 고층 아파드이지만 집도 있고, 친구 등 필요한 모든 깃을 다 가지고 있지만 정작 사랑할 남자가 없는 올해 30살이 되는 노처녀이다.

"나는 예뻐, 나는 강해, 나는 똑똑해, 나는 사랑하고 사랑 받게 될 거야" 라는 카세트 테이프를 들으면서 마인드 콘트롤을 하고, 한편으로는 죽음의 과정을 연습하는 강좌를 들으면서, 자신이 앞으로 잠들 관을 손수 만들어서 방에 두기도 하는 우리로써는 약간 이해할 수 없는 행동을 하는 여자다. 그러던 어느 날, 아파트 엘리베이터에서 심령술사인 오르페오를 만나게 되는데, 그는 파니에게 운명의 한 남자를 예언해 준다. 고급 옷을 입고, 좋은 차를 가진 30대 초반의 금발남자이고 23이라는 숫자가 징표인데, 그 남자가 파니의 인생에 있어 마지막 남자라고 강조한다.

2323의 번호판을 단 아파트 관리 책임자 로타르의 차를 보았을 때, 운명을 믿게 되고 로타르에게 접근하지만 결국 파니의 친구와 사랑하는 사이라는 걸 알게되고 파니는 마음의 깊은 상처를 입게 된다.

한편 게이 바의 여장가수이기도 한 오르페오는 자신의 연인에게 버림받고, 월세를 못내 결국 아파트에서조차 쫓겨나는 신세가 되고 만다. 현실적으로 파니보다 더 힘든 상황이지만 오르페오는 파니를 진심으로 위로한다. 이제 상처받은 두 영혼(파니와 오르페오)의 애틋한 사랑이 꽃피게 되는데, 에디뜨파이프의 'Non Je Regrette Rien'가 흐르는 속에 파니는 30회 생일을 맞이하게 된다. 하지만 얼마 안 있어 오르페오는 "죽음의 소리를 듣지 말고 현실 속에 살아라"는 말을 남기고 병으로 죽게되고 파니에게는 마지막 사랑의 기회가 오는데, 죽음을 연습하는 모임의 동료인 라쎄가 사랑을 고백해오고, 또 그의 등에는 23이라는 숫자가 새겨져 있는 것이다. 그 후 파니는 먹구름 뒤의 파란하늘을 보며 자신의 관을 아파트에서 바닥으로 용감히 떨어뜨린다. 이로써 자신의 지금까지의 생활에 반전을 가져오며 긍정적으로 살려고 하는 의지를 보인 것 같다.

영화는 파니 핑크의 인생 찾기 여정을 따라가며 그녀를 둘러싼 다양한 환경, 사람들을 보여준다. 객관적으로도 누구보다 삶이 힘겨운 오르페오, 육체적인 남녀관계가 인생의 전부라 믿는 어머니와 친구 샬로테, 파니의 주위를 눈에 띄지 않게 빙빙 도는 라쎄, 그리고 삶에 지치고 힘겨운 이웃사촌들… 이들은 모두 알게 모르게 파니에게 영향을 주고 새로운 관계를 쌓아 가는 데 중요한 역할을 한다. 하지만 파니는 가장 약하고 상처가 많은 오르페오를 통해 삶의 희망을 발견한 것이다. '아무도 나를 사랑해주지 않는다'고 읊조리던 파니는 '죽음의 소리를 듣지 말고 현실에 살라'는 오르페오의 애정 어린 말과 사랑으로 거듭나게 되는 것이다.

이 영화는 독일의 여성감독 도리스 되리(Doris Dorrrie)의 독특한 언어로 만든, 여성을 주인공으로 하는 용기와 아름다움과 사랑을 발견하게 되는 페미니즘 영화이다. 에디뜨 피아프의 'Non Je Ne Regrette Rien'(아니야, 나는 아무 미련이 없어)은 비련의 주인공 목소리여서 더욱 애틋하고 감동적으로 스며들게 한다. 파니의 30번째 생일 때와 파니와 라쎄의 극적인 반전의 마지막 부분에 동네 사람들과 춤을 출 때는 더욱 가슴에 다가오는 곡이다. 특히 파니의 생일 파티 때 이 노래와 오르페오의 멋진 해골 분장이 어우러져 보는 사람 모두가 감탄을 하게 된다. 이 부분이 이 영화의 하이라이트이지 않나 싶다.

처음에 이 영화를 볼 때는 자신의 생활에 불만이 많은 파니가 이해가 되지 않았지만 영화를 보면서 파니에게서 많은 것을 느꼈다. 나 역시 파니처럼 컵에 담긴 반 정도의 물을 보고 물이 모자란다라고 생각한 적이 많은 것 같다. 하지만 파니를 괴롭히는 건 그녀의 현실이 아니라 그녀의 마음에서 비롯되는 것처럼 나의 부정적인 사고도 나의 마음에서 나타나는 것이라는 것을 느낄 수 있었다. 영화에서 파니는 '아무도 날 사랑하지 않아'가 아니라 '난 누구도 사랑할 수 있고, 누구도 날 사랑할 수 있다'가 되었다. 이 영화는 나에게 컵 속의 물을 보는 시각과 나의 현실에서 긍정적인 생각을 갖게 해 주었다.

5. 영화 비평문 쓰기

> ※ 기억에 남아 있는 영화나 근래에 감상했던 영화에 대해 비평문을 써 보자.
> 또는 다음 주제 중에서 하나를 선택하여 비평문을 써 보자.
> • 전편을 능가하는 속편은 없다는 말은 사실인가?
> • 소위 '대박' 영화는 어떤 조건을 갖추어야 하는가?
> • 영화에 등장하는 인물들과의 동일시는 바람직한가?
> • 영화의 특수 효과는 눈속임이므로 정직하지 못한 것인가?
> • 어떤 영화를 명화(名畵)라고 하는가?

II. 작문 교육의 이론

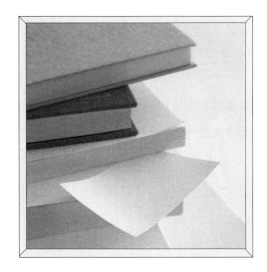

1. 언어와 사고

2. 표현과 작문

3. 작문과 의사 소통

4. 작문의 효과적인 표현

5. 작문 이론의 동향

6. 작문 교육의 전개

7. 작문 워크숍의 이론적 근거

II. 작문 교육의 이론

1. 언어와 사고

작문 워크숍에 관한 논의를 진행하기에 앞서 언어, 사고, 표현, 작문의 연관 관계를 검토하기로 한다. 작문은 언어의 한 양식이고 사고의 과정과 결과를 반영하는 표현의 한 방식이기 때문이다. 이들의 연관성에 대한 이해를 바탕으로 할 때 작문에 대해서 더 깊이 이해할 수 있고, 작문 워크숍에서의 실제적 수행에 대해서도 그 의도를 올바로 파악할 수 있다.

언어와 사고는 밀접한 관련을 맺고 있다. 굳이 이론을 끌어들이지 않더라도 경험적으로 정상적인 언어 발달이 이루어지지 않는 경우에는 사고의 발달도 찾아보기 어렵다는 점에서 이는 쉽게 확인된다. 그래서 많은 학자들은 언어와 사고가 어떻게 관련을 맺고 있는지를 밝히기 위해서 노력해 왔다. 그 결과, 언어가 사고의 발달을 견인하면서 영향을 미친다는 주장이 제기되기도 했고, 반대로 사고가 언어의 발달을 이끈다는 주장이 제기되기도 했다. 두 입장의 설명이 그 나름대로 타당한 점이 있어 양쪽의 입장을 긍정적으로 수용하는 상호 작용의 이론이 등장하기도 했다. 이제 각각에서 주장하는 내용의 면면을 검토하기로 한다.

가. 언어가 사고에 영향을 미친다는 관점

이 관점은, 언어는 어떤 것을 이루어내는 에너지를 포함하고 있어서 언어의 사용이 사고의 형성과 작용을 견인하며 영향을 미친다고 본다. 이 관점에 따르면, 사고의 차이를 낳는 가장 큰 원인은 서로 차이가 있는 말을 사용하기 때문이다. 사고의 차이는 곧 언어의 차이에 대응한다고 보는 것이다.

어떤 언어에서는 어떤 사물에 대한 어휘가 매우 세분되어 잘 구별되나 어떤 언어에서는 미분화된 상태로 남아 있는 경우가 있는데, 이러한 언어의 차이는 곧 사고의 차이를 초래한다고 본다. 상대가 표현하는 말이나 글을 보고 그 사람의 정신 세계나 내면 세계를 규정하는 것도 이러한 관점과 맥을 같이 하는 것이다. 언어를 다르게 쓰는 사람은 곧 사고의 체계도 다르다고 파악하기 때문이다.

이러한 관점은 언어를 가르치는 초기 단계에서 광범위하게 확인된다. 다양한 언어를 습득하는 단계에 있는 아이들, 또래 집단과 어울리면서 성장 과정에 있는 아이들은 비속어에 쉽게 노출되고 그 말을 금방 배우는 경향이 있다. 그래서 아이들은 또래 집단에서 배운 비속어를 거리낌 없이 그리고 상황 분별없이 사용하곤 한다. 그런데 이러한 언어를 사용하는 아이들에 반응하는 어른이나 부모들의 태도를 보면 공통적이면서도 특징적인 반응의 패턴을 발견할 수 있다. 아이가 그러한 말을 입에 올리게 되었을 때 부모들은 그에 대해 제재를 가하며 그러한 말을 쓰지 못하도록 교육한다. 이것이 비속어에 대한 일반적인 반응의 패턴인 것이다. 학교 교육 장면에서도 이와 유사한 모습이 발견된다.

아이들에게 비속어를 쓰지 못하도록 가르치는 것은 그러한 언어가 사고에 나쁜 영향을 미친다고 보기 때문이다. 즉 건전하지 못한 언어, 바르지 못한 언어를 사용함으로써 아이의 성품이나 성격, 사고에 부정적인 영향을 미칠 것을 우려하고 있는 것이다. 이러한 반응은 언어가 사고에 영향을 미친다는 견해를 바탕으로 삼은 것으로서, 언어 교정은 곧 사고의 교정이자 성품의 교정이 되며, 언어에 대한 학습은 곧 사고 능력에 대한 학습으로 간주된다.

이러한 관점은 매우 보편적이어서 상대방이 사용하는 말이나 글을 보고 그 사람의 됨됨이를 논한다거나 인지적 능력을 판단하는 경우가 많다. 전통적으로 이루어져 온 언어 교육도 이러한 인식을 보편적으로 보여 준다. 어떤 말을 하는가에 따라 성품이 달라지고 어떤 글을 읽는가에 따라 인격이 달라질 수 있기 때문에, 말과 글을 가려 읽고 듣고 말하도록 가르쳐 왔던 것이다. 예(禮)가 아니면 말하지 말고, 예가 아니면 듣지도 말라고 하는 언명이나, 유교의 정도(正道)에서 벗어나는 내용을 담고 있다 하여 조선시대의 사대부들이 '소설'을 배척했던 일들이 이러한 관점을 바탕으로 삼고 있는 것이다. 그래서 성품과 인격을 도야하기 위해서는 좋은 글을 읽고 말을 가려듣는 자세가 중요하다고 교육해 왔다.

이러한 관점을 대표하는 학자들은 훔볼트(Humboldt), 사피어-워프(Sapir-Whorf) 등이 있다. 훔볼트는 언어 발달이 그 말을 사용하는 사람의 사고나 정신의 발달을 상징하는 것이라고 한 비 있다. 워프는 언어의 문법 범주에 대한 연구가 문화적 통찰을 깊게 해 주고, 그리하여 민족학의 발전에 매우 중요하며, 결국 우리 사고의 무의식적 경향을 밝혀줄 수 있다고 보았다.

나. 사고가 언어에 영향을 미친다는 관점

앞의 주장과는 달리, 사고가 언어에 영향을 미친다는 관점을 주장하는 학자들도 있다. 이러한 학자들은 언어는 사고의 표현 형태이므로, 표현의 내용을 이루고 근원을 이루는 사고가 언어에 영향을 미친다고 보는 것이다. 사고를 치밀하게 전개하면 언어의 사용이 정밀해지고, 사고를 상상력과 창의력을 바탕으로 폭넓게 전개하면 언어의 사용이 탄력성을 얻는다. 그래서 언어를 직접 발달시키는 것보다는 사고 전개의 논리적인 방법을 익히고 발산적으로 운용하는 방법을 익히면 언어는 자연스럽게 이러한 성향을 담게 된다고 본다.

이러한 주장을 하는 학자 중 대표적인 사람은 피아제(Piaget)를 꼽을 수 있다. 피아제는 아동의 발달이 네 가지의 지적(知的) 단계에 따라 이루어진다고 주장하였는데, 여기에 전제되어 있는 개념은 일정한 지적 단계에 도달하지 않으면 언어의 발달과 같은 학습은 일어나지 않는다는 것이다. 예를 들어, 어린이들이 만 한 살 때부터 낱말을 조금씩 배우기 시작하는데, 이것이 가능한 것은 먼저 그렇게 할 수 있는 지적 능력이 이루어졌기 때문에 가능한 일이다. 따라서 이러한 관점으로 보면, 언어의 발달보다 먼저 이루어져야 하는 것은 사고의 발달이며, 이것이 갖추어져 기초가 형성되었을 때 언어의 습득과 발달이 가능해지게 되는 것이다(김진우, 1992).

이와 또 다른 학자로는 촘스키(Chomsky)를 예로 들 수 있다. 인간은 누구나 언어를 습득할 수 있는 심리적 구조를 가지고 태어났는데, 이 기제의 작용에 의해 인간은 자연스럽게 언어를 습득하며, 그 과정에서 언어를 창조적으로 활용할 수 있게 된다. 인간이 언어를 습득하면, 적격한 문장과 그렇지 않은 문장을 직관적으로 파악할 수 있으며, 한 번도 들어본 경험이 없는 문장(표현)을 구성하여 낼 수 있다. 이러한 능력이나 현상은 언어의 습득과 발달을 가능케 하는 구조 또는 체계가 인간의 심리 안에 내재하기 때문인데, 촘스키는 이를 언어 능력(Language Competence) 또는 언어 습득 장치(LAD, Language Acquisition Device)로 설명한 바 있다. 이러한 관점도 언어의 습득과 발달 이전에 존재하는 심리적 체계, 심리적 구조를 인정하고 있다는 점에서 넓게는 사고가 언어에 영향을 미친다고 보는 관점의 예로 설명할 수 있을 것이다. 이러한 사고의 체계가 선험적으로 존재하지 않는다면 언어 습득이나 발달은 일어날 수 없기 때문이다.

다. 언어와 사고가 상호 작용을 한다는 관점

언어와 사고가 상호 작용을 한다는 관점에서는 언어가 전적으로 사고에 영향을 미치는 것도 아니고 사고가 언어에 절대적인 영향을 미치는 것도 아니라고 본다. 언어와 사고가 상호 작용하면서 각각이 서로에게 영향을 준다는 점이다. 언뜻 생각하기에 언어와 사고의 관계를 상호 작용의 관점에서 파악하는 것이 단순한 절충론은 아닌가 하는 의심이 들 수도 있는데, 상호 작용으로 보는 데에는 그 나름대로의 근거가 있다. 사고 없는 언어가 존재할 수 있으며, 반대로 언어 없는 사고가 가능할 수도 있기 때문이다.

　우선 구체적인 사고 없이 언어가 존재할 수 있다는 점에 대해 더 구체적으로 살펴보기로 하자. 일상 생활에서 특정한 사고 없이 발설하게 되는 언어가 존재하는데, 한 예로 '잠꼬대'나 놀랐을 때 지르는 '비명'과 같은 것을 들 수 있다. 잠꼬대나 비명은 언어적 표현이고 일정한 음성적 연결을 지니면 의미를 표현하기도 하나, 이는 구체적인 사고가 이루어지지 않은 언어라는 점에서 사고 없이 존재하는 언어의 예가 된다(이삼형 외, 2000). 잠꼬대는 거의 기억을 할 수 없으며, 비명도 순간적인 반사에 의해서 이루어진 언어적 표현이기 때문에 사고와의 관련성을 찾기가 매우 어렵다.

　언어 없는 사고가 가능하다는 점은 음악이나 미술과 같은 예술 활동에서 쉽게 확인된다. 음향을 이용한 음악적 표현이나 색채를 이용한 미술적 표현은 예술적 사고로서 언어의 작용 없이, 직관이나 감각 등에 의해 사고가 이루어지는 예라고 할 수 있을 것이다. 카시러(E. Cassirer)는 『상징 형식의 철학』에서 인간의 인식 형식을, 언어적 인식 형식, 신화적 인식 형식, 예술적 인식 형식, 과학적 인식 형식으로 나누었는데, 언어적 인식 형식과 예술적 인식 형식이 별도의 범주로 표시된 것은 이 둘이 종속적 영향 관계에 있지 않음을 보여 주는 것이라고 할 수 있다. 이에 따르면, 굳이 언어적 형식에 의존하지 않더라도 사고는 독자적으로 존재할 수 있으며 다른 매체를 통해서 표현될 수도 있다.

　이와 같이, 구체적인 사고 없는 언어가 가능하다는 점이나, 구체적인 언어적 표현이 없는 사고가 가능하다는 점은 어느 하나가 다른 대상에 대해 절대적인 우위에 놓일 수 없음을 보여 주는 것이다. 언어와 사고는 내상에 대해 어떤 우위를 점한다기보다는 오히려 상호 관련을 맺으며 생성되고 표현되는 관계에 있다고 할 수 있다. 발달의 양상을 관찰하더라도 언어 발달은 곧 사고 발달과 거의 동일한 궤적을 보이며, 어느 경우에는 언어의 발달과 사고의 발달이, 또는 언어와 사고가 거의 동일한 의미로 파악되기도 한다.

아동의 언어 발달이나 사고 발달을 보더라도, 언어의 발달은 사고의 발달을 촉진하며, 사고의 발달은 또한 언어의 발달을 확고하게 해 준다. 언어적 표현을 통해 촉진된 사고의 발달은 다시 언어적 표현을 정교화하는 데 영향을 미치게 되는 것이다. 이는 언어와 사고가 상호 작용의 관계를 맺고 있다는 점을 분명하게 보여 준다. 인간의 사고 능력을 판단하는 검사에서 언어 능력이 차지하는 비중이 절대적으로 높은 것도 언어와 사고의 상호 작용적 관련성과 무관하지 않다. 어느 한 쪽이 절대적인 우위를 점하면서 일방적인 영향을 미친다면 사고 능력 검사의 중요한 지표로 삼을 수 없기 때문이다.

2. 표현과 작문

'표현(expression)'은 인간의 견해나 관점, 사고나 판단, 생각이나 느낌을 의도적으로 드러내는 행위이다. 표현의 방법은 다양한데, '작문'과 관련된 층위에서는 '언어'를 사용하여 의도적으로 드러내는 언어적 표현이 관심의 대상이다. 표현의 여러 방법 중에서 언어를 사용하는 언어적 표현이 구체적이고 논리적인 의미를 드러낼 수 있다는 점에서 중요하다. 언어에서도 해석의 문제가 따르지 않는 것은 아니지만, 음악이나 미술 등의 예술적 표현과 같이 추상적이거나 단면적이지 않다. 그래서 정교하고 정밀한 의미의 전달을 하는 데에는 언어적 표현이 흔히 이용된다.

표현이 의도적인 행위인 것처럼 언어적 표현도 의도적인 행위이다. 그래서 언어적 표현의 행위는 적극적인 행위이며 전략적인 행위이다. 주체의 내부적인 것을 겉으로 드러내고자 하는 적극성이나 자발성이 없다면 표현 행위는 존재하지 않는다. 강제적인 표현이 단조롭고 의미 구성이 단절적이며 일관된 주제가 형성되지 않는 이유는 표현의 적극성이 훼손되었기 때문이다. 그래서 표현 행위에서는 무엇보다도 표현하려는 사람의 자발성과 적극성이 중요하다. 그리고 표현이 의도적인 만큼 전략적이기도 하다. 즉, 표현은 그 목적을 효율적으로 도달하기 위한 방법을 추구하며 표현의 과정에서 부딪히게 되는 여러 가지 문제를 기술적으로 해결하지 않으면 안 된다는 것이다. 그래서 표현에는 들을 사람이나 읽을 사람을 능동적으로 고려하여 가장 효율적인 표현은 어떤 것인지를 판단하고 그를 수행하게 된다.

언어적 표현의 방법은 수단을 무엇으로 삼는가에 따라 두 가지로 나뉜다. 즉, 음성 언어(말)를 중심으로 하는 '구어적 표현(oral expression)'과 문자 언어(글)를 중심으로 하는 '문어적 표현(literal expression)'이 그것이다. 그런데 어떤 매체를 표현의 중심으로 삼는가에 따라 의미 구성의 방식의 차이, 표현 방식의 차이 등이 달라진다. 그래서 주체인 사람의 의견이나 관점, 생각이나 느낌을 겉으로 드러낸다는 점에서는 동일하지만, 말을 중심으로 삼는가, 아니면 문자를 중심으로 삼는가 하는 문제는 또 다른 본질적인 차이를 초래한다. 외현적 표현 여부는 현상적이지만, 의미 구성의 방식과 표현의 방식은 본질적이고 표현 주체의 인지적 과정과 관련된 문제이기 때문이다.

구어적 표현과 문어적 표현은 다음과 같은 차이가 있는 것으로 정리된다.

첫째, 구어적 표현은 화자와 청자가 동일한 상황 맥락을 공유하지만, 문어적 표현은 필자와 예상독자가 동일한 상황 맥락을 공유하지 않는다. 동일한 상황 맥락을 공유함으로써 구어적 표현은 생략이나 유추 등이 자유롭고, 대화의 화제나 내용의 전환이 용이하다. 그러나 문어적 표현은 필자와 예상독자가 상황 맥락을 직접적으로 공유하지 않기 때문에 생각이나 유추, 화제나 내용의 전환 등에 일정한 제약이 따른다. 작문에서 의미적 통일성(coherence)을 강조하는 것은 이러한 문제와 관련된 것이다.

둘째, 구어적 표현은 화자와 청자의 의사 소통이 직접적으로 이루어지지만, 문어적 표현은 필자와 예상독자의 의사 소통이 간접적이다. 의사 소통이 직접적이기 때문에 구어적 표현에서 화자는 청자의 반응을 직접 듣고 확인할 수 있으며, 이에 따라 말하는 방식이나 표현 등을 전략적으로 보완하거나 수정하는 것이 가능하다. 그러나 문어적 표현에서 필자는 예상독자의 반응을 말 그대로 '예상'하는 것이기 때문에, 즉각적인 표현의 수정이나 내용 구성의 보완 등이 거의 불가능하다. 그래서 필자는 표현하고자 하는 대상에 대하여 예상독자의 이해를 높이기 위해 구체적으로, 단계적으로 서술하지 않으면 안 된다.

셋째, 구어적 표현은 비(非)언어적 및 반(半)언어적 표현이 중요한 역할을 하나, 문어적 표현은 이러한 요소들이 거의 개입되지 않는다. 구어적 표현에서는 표정, 몸짓, 손짓, 의상, 자세 등의 비언어적 표현이나 크기, 강약, 높낮이, 장단, 억양, 어소 등의 반언어적 표현을 어떻게 조직하고 배치하는가에 따라 전달하려는 뜻을 더 분명하게 나타낼 수 있다. 그러나 문어적 표현에서는 이러한 비언어적 및 반언어적 표현의 활용이 거의 불가능하다.

넷째, 구어적 표현은 '말'에 의존하기 때문에 시간과 공간의 제약을 받는 물리적 제한이 따르지만, 문어적 표현은 '문자'를 사용함으로써 이러한 제한으로부터 비교적 자유롭다. 구어적 표현은 물리적 제한이 따르는 만큼 주의 집중해서 의사 소통에 참여하지 않으면 안 된다. 그러나 문어적 표현은 이러한 물리적 한계를 극복함으로써 더욱 폭넓고 더욱 깊이가 있는 의사 소통이 가능하다. 문어적 표현이 매우 논리적인 학문적 의사 소통 등에 중심적으로 활용되고 있는 것은 바로 이것이 물리적 한계를 일정 부분이나마 극복할 수 있었기 때문이다.

3. 작문과 의사 소통

작문을 이해하는 관점은 작문 이론에 따라 다르게 변화되어 왔다. 특히 작문의 본질적인 특징은 인지주의 작문 이론에 의해서 밝혀진 바가 많은데, 이 이론에서는 작문을 의미 구성의 과정, 또는 문제 해결의 과정으로 본다. 이 작문 이론에서는 필자의 인지적인 작문 과정을 중시한 것으로서 그 과정을 능동적으로 수행함으로써 의미 구성의 실체인 텍스트를 산출할 수 있다고 이해한다. 그런데 이러한 설명의 방식은 작문의 목적을 충분히 설명해 주지 못한다. 작문이 어떠한 심리적 과정을 통해서 의미를 구성하며, 그 의미가 구성되는 과정에서 필자는 어떠한 일을 하는지가 다소 분명하게 밝혀지기는 하였지만, 왜 그러한 고통스럽고 어려운 작문을 해야만 하는지에 대해서는 충분한 설명을 제공하지 못했다.

인지주의 작문 이론의 관점에서 보면, 작문은 필자의 인지적 곤란을 유발하는 고통스러운 과정이다. 작문이란 결코 쉬운 일이 아니다. 전문적 필자의 대표인 소설가들도 글 쓰는 것이 고통스러운 과업이며 천형(天刑)에 가깝다고 호소하기도 한다. 그런데 이러한 고통스러운 작문을 해 해야 하는 것일까? 학생 필자들도 글 쓰는 것을 매우 싫어한다. 많은 인지적 부담이 따르는 힘든 과정이기 때문인데, 왜 이렇게도 싫어하는 작문을 교육시켜야 하는 것일까?

그 이유를 간명히 답하라고 하면 이렇게 답할 수 있다. 작문이 중요하기 때문이다. 그렇다면 작문이 왜 중요한가라는 질문이 뒤를 잇게 될 것이다. 작문이 중요한 이유, 작문이 꼭 필요한 이유가 무엇인가? 이에 대한 작문의 목적을 검토함으로써 마련할 수 있다.

작문의 목적은 독자에게 정보를 전달하거나, 필자의 주장을 드러내어 독자를 설득하거나, 필자 자신의 정서를 표현하여 독자의 공감을 얻거나, 독자와의 친교를 형성하거나 하는 데에 있다. 작문의 목적은 이와 같이 네 가지로 정리하여 볼 수 있는데, 이렇게 정리한 목적은 필자가 모두 독자와의 의사 소통을 지향하고 있다는 점을 확인할 수 있다. 필자의 작문은 모두 독자에게 일정한 관련을 맺거나 영향을 미치고자 하기 때문이다. 작문을 해야 하는 이유는 바로 작문을 통하여 필자와 독자의 의사 소통이 이루어지기 때문인 것이다.

현대 사회는 의사 소통이 중요한 기능을 담당하고 있다. 산업이 발달한 현대 사회는 분화·분업의 첨단을 달리고 있는데, 그런 만큼 협조와 협동의 노력은 절실하다. 사회에서 파생되는 인간의 문제는 총체적인 것으로서 분화·분업의 한 측면에서는 이러한 문제를 온전하게 해결하는 것이 쉽지 않다. 그래서 인간이 직면하는 문제를 온전히 해결하기 위해서는 분화된 분야간의 협동이 필수적이다. 이를 위해서는 의사 소통이 기초를 이루지 않으면 안 된다.

현대 사회는 정보화 시대로서 새로운 정보가 폭발적으로 증대되고, 그것이 체계화됨으로써 지식을 구성해 간다. 그런데 지식이 생성되고 구성되는 과정을 보면, 의사 소통은 이의 생성과 구성에 결정적인 영향을 미친다. 지식이란, 근본적으로 담화 공동체의 합의에 의한 결과물이다. 이 때 담화 공동체의 합의란 '강제되지 않은 합의'로서 합리적인 의사 소통이 바탕을 이룬다. 합의에 이르기 위해서는 의사 소통이 합리적으로 수행되어야 하며 건강하게 수행되어야 한다. 이 점에서 보면, 의사 소통은 지식을 구성하는 근본적인 수단을 제공한다는 점을 이해할 수 있다.

현대 사회는 탈권위주의를 지향하면서 각종의 이분법적 구별을 해체하고자 한다. 각각의 학문 영역에서 담화 공동체가 다수 존재할 수 있는 것도 바로 현대 사회의 구조가 권위주의를 벗어는 방향을 지향하고 있기 때문이다. 탈권위적인 성향을 지향하는 만큼, 개인의 가치와 의미가 중요해졌다. 따라서 현대를 사는 개인은 자신의 입장과 견해를 더 적극적으로 요구받고 있으며, 사회적 의사 소통에 참여해야 할 필요성도 점차 증가하고 있다. 인터넷 등의 매체가 사회적 의사 소통의 체계를 구축하고 있다는 점도 이러한 필요성을 더욱 강하게 한다.

그런데 현대 사회에서 요구되는 의사 소통의 방식은 작문에 의한 의사 소통을 지향한다. 분화된 업무간의 협조도 그 필요성을 드러내고 협조를 구하는 작문을 통해서 전달되고, 문제 해결을 위한 다양한 접근 방식도 작문을 통해서 시도된다. 사회가 발전할수록 정보나 지식을 담은 서류와 책이 폭발적으로 늘어나는 것은 바로 이러한 이유와 관련되어 있다.

그리고 지식을 구성하는 절차로서의 강제되지 않은 합의도 작문에 의한 의사 소통을 바탕으로 삼고 있다. 지식을 생성하고 구성하는 담화 공동체의 의사 소통의 방식은 근본적으로 (논문이라는) 작문에 토대를 두고 있다. 작문을 통하여 서로가 의사 소통을 하고 이견을 조율하고 타당한 의견에 동조하는 의사를 표현하고 수용하는 것이다. 담화 공동체에서 이루어지는 '대화'에 참여하기 위해서는 작문을 통해서 그 세계에 입문하고 가담하지 않으면 안 된다.

　현대 사회에서 작문이 중요한 의사 소통 방법으로 조명을 받는 이유는 현대가 문자 문화가 확고하게 자리를 잡은 시대라는 점, 작문에서 취하는 의사 소통은 단편적인 정보를 다루기보다 고차적인 사고와 지식을 다룬다는 점과 밀접히 관련되어 있다. 체계적인 지식과 주장은 인쇄 문화에 의지한 문자에 의해 산출되며 소통된다. 그러한 지식과 주장을 효율적으로 표현하고 수용하기 위해서 필자와 독자는 인쇄 매체를 이용한다. 의사 소통이 인쇄 기술에 바탕을 둔 문자 문화에 의지함으로써 자연스럽게 그 방식을 작문이라는 형식을 취하게 되는 것이다. 작문은 필자의 인지적 사고 과정을 잘 반영한다. 작문에서 이루어지는 의미 구성의 과정은 느리게 진행되어 필자 자신의 사고를 반성적으로 검토하고 체계화시키는 데에 유용하다. 그래서 작문에서는 고차적인 사고, 체계적인 사고가 드러나게 된다. 지식을 구성하는 과정, 어떤 대상에 대해 논증하고 비판하는 모든 과정은 체계적인 언어를 구사하는 작문을 통하여 이루어진다는 점은 작문이 의사 소통에 중요하게 기능하고 있다는 점을 잘 보여 주는 것이다.

4. 작문의 효과적인 표현

　앞에서 살펴본 바와 같이, 표현은 의도적인 행위로서 목적 도달이나 목표 구현의 효율성을 추구하는 전략적인 행위이다. 그러므로 작문에서는 작문을 하는 목적이나 목표의 도달을 지향하는 효과적인 표현이 중요하다. 효과적인 표현이 이루어지지 않는다면, 낱말과 문장을 늘어놓고서도 내용의 전달이나 예상 독자의 설득에 실패할 수도 있기 때문이다. 촌철살인(寸鐵殺人)이라고도 하거니와, 효과적인 표현은 작문의 목적이나 목표, 의사 소통의 목적이나 목표를 도달하는 데 긍정적인 기여를 한다. 작문의 상황, 작문의 목적, 예상 독자, 작문의 내용 등에 따라 효과적인 표현은 차이가 있을 수 있다. 예를 들어, 초등 학교 학생인 예상 독자에게 한자어를 많이 쓴 표현은 효과적이라고 보기 어려울 것이고, 과학적인 정보의 전달을 목적으로 하는 글에서 주관적 묘사와 시적 표현을 쓰는 것도 효과적이라고 보기 어렵다. 따라서, 효과적인 표현을 위해서는 작문에 영향을 미치는 여러 요인을 고려해야 한다. 그런데 여기에서는 모든 요인을 설명하기 어려우므로, 일반적으로 적용할 수 있는 문장 표현 중심의 원리를 설명하고자 한다.

가. 내용에 적합한 단어

작문에서 내용을 효과적으로 표현하기 위해서는 그 내용에 적합한 단어를 선택하지 않으면 안 된다. 적합한 단어를 선택함으로써 전달하려는 내용이 분명하여 혼동을 방지하며 오해를 막을 수 있기 때문이다. 내용에 적합한 단어의 선택 능력은 독서를 많이 함으로써 자연스럽게 길러질 수 있지만, 글을 쓰는 과정에서는 사전을 활용함으로써 부분적으로 보완할 수 있다. 단어 하나를 놓고 밤새 고심하며 사전과 씨름하는 작가들의 이미지는 내용에 적합한 단어를 찾기 위해서는 어떻게 해야 하며, 그러한 단어를 찾는 것이 왜 중요한가를 간접적으로 알려 준다.

단어는 어떤 개념을 드러내는 핵심적인 단위이다. 따라서 적합한 단어를 선택하는 것, 올바른 단어를 선택하는 것은 작문의 내용이 정확한가의 여부를 판가름한다고 할 만큼 중요한 일이다. 단어의 차이는 곧 개념의 차이, 단어의 오류는 곧 개념의 오류를 낳기 때문이다. 이러한 점에서 내용에 적합한 단어를 선택하는 것은 작문의 기초가 되는 일이다.

내용에 적합한 단어를 선택하기 위해서는 우선 맞춤법에 맞는 단어를 사용해야 한다. 물론 맞춤법에 맞는지의 여부는 고쳐 작문 단계나 편집 단계에서 다시 검토할 수 있지만, 기본적으로는 개념을 표현하기 위한 단어로서의 선택은 이루어져 있어야 한다. 검토는 맞춤법 여부만을 판단하는 것이지 대안을 제공해 주는 것은 아니기 때문이다.

맞춤법에 맞으면서도 내용에 적합한 단어를 선택하기 위해서는 여러 가지 사전을 활용하는 것이 좋다. 국어사전 외에 비슷한 말을 풀어 놓은 사전, 반대말을 정리한 사전, 속담이나 관용어구의 사전 등은 내용에 적합한 단어를 선택하고 판단하는 데 도움을 준다.

내용에 적합한 단어를 선택하기 위해서는 상황을 충분히 고려해야 한다. 작문의 목적도 고려해야 하고, 글을 읽을 예상독자도 고려해야 한다. 단어 중에서는 특정한 상황에서는 사용하지 못하는 것도 있을 수 있기 때문이다.

그리고 불필요한 외국어나 외래어를 사용하지 않는 것도 내용에 적합한 단어를 사용하는 방법이 될 것이다. 불필요한 외국어나 외래서는 의사 소통을 방해하고 내용 이해에 어려움을 줄 수 있기 때문에 효과적인 표현의 방법이라고 보기 어렵다. 그리고 은어나 비속어, 유행어 등을 사용하지 않는 것도 적합한 단어를 선택하는 데에 고려해야 할 점이다. 은어나 비속어 등을 판단하기 어려울 때에는 사전을 활용하는 것이 좋고, 전문가에게 도움을 구할 수도 있다.

- 할아버지께서는 <u>이빨이 나빠서</u> 딱딱한 것을 싫어하신다.
- 자신이 우승한 것은 순전히 동료들 <u>탓이라며</u> 환하게 웃었다.
- 답사 <u>스케줄이 타이트해서</u> 많은 학생들이 힘들어했다.
- 대운동장에서 축구를 했는데 날씨가 <u>넘 더워서 다들 열라</u> 힘들어했다.

나. 정확하고 적절한 문장 표현

문장은 하나의 완결된 생각을 표현하는 단위이다. 완결된 생각을 표현하는 경우라면 하나의 단어가 한 문장을 이룰 수도 있다. 문장이 완결된 생각을 표현하므로, 문장이 사용되는 어법을 준수하는 것이 중요하다. 어법이 어긋나면 문장에 표현된 단일한 생각이 잘 드러나지 않게 되고, 문장과 문장이 연결되어 나타내는 더 큰 생각도 구성하기 어렵기 때문이다. 정확하고 적절한 문장을 표현하기 위해서는 문장 성분을 올바로 갖춘 문장을 쓰는 것이 중요하다. 문장 성분을 올바로 갖추려면 문장을 짧고 간명하게 표현하는 습관을 들이는 것이 좋다. 문장의 구조가 복잡하고 길면 문장의 성분이 생략되거나 중복되기 쉽다.

그리고 문장 성분의 호응이 자연스럽게 표현되어야 한다. 문장의 호응이 잘 이루어지지 않으면 외국인이 쓴 문장처럼 낯설고 어색하며, 상황에 따라서는 전달하고자 내용이 올바로 전달되지 않을 수도 있다. 또한 문장의 의미가 명확하게 드러나는 문장으로 표현해야 한다. 문장의 의미가 상황 맥락에 따라 정확하게 해석될 가능성도 있지만, 그렇지 못할 수도 있으므로 표현 과정에서 여러 가지로 해석될 수 있는 가능성은 피하는 것이 좋다.

이러한 원리들을 지키는 것은 국어다운 표현을 하는 길이 될 것이다. 특히 외국어를 번역한 듯한 느낌이 강하게 드는 것은 국어다운 표현으로 바로잡을 필요가 있다. 이렇게 하면 의미 파악이 용이하고 전달하고자 하는 뜻도 간명하게 전달될 수 있다.

- 철수는 영원한 사랑을 위하여 준비했던 선물을 <u>주었다.</u>
- 무엇보다 <u>중요한 것은</u> 인간은 신의를 <u>지켜야 한다.</u>

- 시골에서 농사를 짓는 아버지의 친구분은 아들보다 딸을 더 사랑했다.
- 선희는 아름다운 <u>목소리를 가지고 있다.</u>
- 나는 살아 있는 동안만이라도 건강하게 지내자고, 도대체 인간은 몇 살까지 살 수 있을까, 알맞은 환경에서 살면 고통을 잊고 120세까지 살 수 있다는 말을 들었는데, 우리나라의 평균 수명은 75세 정도라고 한다.

5. 작문 이론의 동향

작문 워크숍과 같은 실천적 노력에 대해서 논의를 진행하기 전에 작문 이론 전개의 양상에 대해서 우선적으로 검토할 필요가 있다. 작문 이론에서 밝힌 작문의 본질과 관련 변인의 관계에 따라 작문 교육의 구체적인 양상을 변화될 수 있기 때문이다. 교육 현상의 변화는 이론적인 변화와 맞물려 있다. 특히 작문 교육은 작문 이론의 연구 결과로부터 많은 자양분을 흡수하여 실천적인 형태를 조직하고 있기 때문에 작문 이론이 어떻게 전개되었는지를 검토하는 것이 우선적으로 이루어져야 한다.

작문 이론의 전개를 논의하기 위해서는 그 전개를 구분할 일정한 기준을 마련해야 한다. 기준이 서야 그것을 바탕으로 한 전개의 양상을 검토할 수 있다. 작문 이론가들 중에서는 기준에 따라 형식주의, 구성주의, 사회적 구성주의, 대화주의로 구분하는 사람도 있고, 문예적 관점, 인지적 관점, 사회적 관점으로 구분하는 사람도 있다. 분류의 기분을 무엇으로 삼았는가에 따라 분류가 달라질 수 있고 분류의 명칭이 달라질 수 있다.

그런데 어떻게 분류를 하든 공통적으로 확인되는 점이 있다. 즉, 작문과 관련된 주요 변인을 텍스트, 필자, 예상독자로 규정하면, 텍스트 요인을 강조하는 이론, 필자 요인을 강조하는 이론, 예상독자를 강조하는 이론으로 대별된다. 여기에서 예상독자는 상황 맥락과 관련된 것으로 작문의 사회적 환경을 구성하는 요인으로 이해된다. 텍스트, 필자, 예상독자 중에서 어떤 것을 더 강조하는가에 따라 작문 이론은 각기 다른 양상으로 전개되어 왔으며, 시대적으로 볼 때 텍스트를 강조하는 이론에서 필자를 강조하는 이론, 예상독자를 강조하는 이론으로 발전해 왔다.

많은 작문 이론가들은 작문 이론의 전개를 발전이나 발달의 개념으로 파악하는 데 대해 거부감을 가지고 있다. 새로운 이론이 등장하였다는 것은 기존의 이론에 대한 비판을 필연적으로 수반할 수밖에 없는데, 그렇다 하더라도 작문 이론은 결코 단절적이지 않으며 작문의 현실을 스텍트럼처럼 구성하고 있다고 본다. 즉 작문 이론 사이에 얼마간씩을 공유하면서 배타적이지 않은 균형적인 관계를 이루고 있다고 보는 것이다. 작문이 이루어지는 현실을 보더라도 어떠한 이론적 견해가 다른 이론의 바탕을 완전히 소거해 버리는 것은 아니라는 점을 확인할 수 있다. 모범 텍스트를 모방하는 것이 형식주의 작문 이론의 기본 골격이라고 할 때, 현재에도 전문적 필자인 작가를 지망하는 사람들은 모범 텍스트를 모본으로 삼아 모방하는 습작을 지금도 하고 있다는 점은 이러한 주장의 근거가 될 것이다. 그래서 전개의 양상으로 파악하는 작문 이론의 전개는 단절적이지 않고 스펙트럼처럼 중첩적이며 변화의 양상을 보이는 것으로 이해하고자 한다.

여기에서는 작문 이론에 관한 논의의 시시비비를 가리는 데 목적이 있지 않으므로, 보편적으로 알려져 있는 작문 이론 전개의 틀을 원용하고자 한다. 가장 보편으로 알려져 있는 분류의 방식은 형식주의, 인지주의, 사회적 인지주의로 구분하는 것이다(박영목 외, 2003). 여기에서는 '사회적 인지주의'를 '사회구성주의'로 부르기로 하고, 분류를 형식주의, 인지주의, 사회구성주의로 나누고자 한다.

가. 형식주의 작문 이론

형식주의 작문 이론은 작문의 요인 중에서 텍스트 요인을 강조하는 이론이다. 이 이론은 1950년대와 1960년대의 지배적인 담론을 구성하고 있었다. 형식주의 작문 이론이 발전한 것은 구조주의 언어학과 형식주의 문학 이론의 막강한 영향을 받았기 때문이다. 특히 형식주의 문학 이론의 관점을 거의 대부분 물려받아 형식주의 작문 이론의 관점을 구성하였다. 텍스트를 바라보고 이해하는 방식도 문학 이론의 그것과 큰 차이가 없었다.

형식주의 작문 이론에서는 작문의 결과, 즉 텍스트를 강조하는 이론이다. 텍스트를 의미를 실현하는 자족적인 실체로 보고 텍스트를 구성하는 특징 등을 분석하고 그것을 반복적으로 익히는 것을 작문 교육으로 보았다. 텍스트의 특징은 텍스트의 구성과 관련된 형식적 요소, 즉 문법적 요소나 수사학적 규칙 등이 해당된다.

형식주의 작문 이론에서는 의미가 텍스트에 있다고 보았다. 이 때의 의미는 객관적 실체로서 불변하는 의미이며 진리적인 의미이다. 그래서 필자는 정확한 문법 규칙과 수사적 지식을 활용하여 객관적인 의미를 정확하게 표현해야 하며, 독자는 필자가 펼쳐놓은 고정 불변의 의미를 텍스트 분석을 통해 파악해야 한다고 보았다. 필자이든 독자이든 이 고정 불변의 의미는 텍스트를 매개로 하여 전달되고 이송된다고 보았다.

그래서 형식주의 작문 이론에서는 작문을 잘 하려면 모범이 되는 텍스트를 분석하여 그 특질을 완전히 익히며, 그 텍스트를 모방하여 반복적으로 글을 써야 한다고 이해했다. 그래서 텍스트의 세밀한 분석과 모범 텍스트에 대한 지루한 반복이 지속적으로 이루어졌으며, 텍스트의 구조적 특질을 암기하기 위한 암송이 보편적으로 행해졌다. 작문을 잘 하기 위해서는 모범 텍스트를 많이 머릿속에 담고 있어야 하며, 필요에 따라 그 텍스트의 구조적 특징을 재생하여 활용할 수 있어야 했다. 그래서 글을 잘 쓰는 사람은 모범 텍스트에 전거를 두고 내용을 생성하여 표현했으며, 표현된 낱말이나 어구는 결코 모범 텍스트의 그늘에서 벗어날 수 없었다. 조선시대에 학자들이 표현된 어구의 전거가 불분명하다고 하여 대립하며 논쟁을 벌였던 것은 텍스트를 철저하게 신봉하는 이러한 관점의 예일 것이다. 형식주의 작문 이론의 관점에서는 해 아래 새 것은 없고 텍스트는 텍스트와의 관계 속에서 탄생하는 명제가 명징하게 증명된다. 그래서 아름다운 자연 경치를 보고 즉각적으로 모범 시구를 떠올려 즉흥적인 시를 지어낼 줄 아는 사람이 명문가요 유능한 필자로 간주되었던 것이다. 작문을 잘 하기 위해서는 다독(多讀)을 통한 풍부한 텍스트의 축적이 무엇보다 중요하다고 생각되었다.

이와 같이 형식주의 작문 이론은 규범 문법과 수사론적 규칙을 강조하였으며, 작문 교육은 모범적인 텍스트의 모방을 중시하고, 표현의 과정에서 어법상의 오류를 범하지 않도록 하는 데 지도의 초점을 두었다. 결국 형식주의 작문 이론은 결과를 중시하는 작문 교육의 토대를 이루었다. 형식주의 작문 이론에서는 텍스트 자체를 분석 대상으로 삼으며 텍스트의 개념을, 의미를 온전히 담고 있는 자율적인 실체로 규정한다. 이러한 관점에 따르면, 필자는 의미의 전달자로, 독자는 의미의 수동적인 수신자로 간주되며, 텍스트 생산 능력, 즉 의미 구성 능력은 계속적이고 체계적인 모방과 연습을 통하여 신장되는 것으로 설명된다. 이는 형식주의 작문 이론의 중요한 특징들이다.

의미 구성에 관한 형식주의 작문 이론가들의 주장을 요약하면 다음과 같다. 언어는 객관적인 요소들로 조직된 고정된 체계이고, 텍스트의 의미는 완결성과 자율성을 지닌 텍스트 내에 있으며, 그 텍스트는 필자가 표현한 의미를 명시적으로 드러낸다. 문어 텍스트는 구어 텍스트에 비해 명시적이고, 텍스트의 의미는 그 텍스트를 생산한 필자와 생산 맥락에 관한 추론을 배제함으로써 적절하게 해석될 수 있다. 텍스트가 작품으로 탄생하는 순간 작가의 손을 떠난다는 명제, 의도의 오류와 같은 이론은 필자와 텍스트를 단절적으로 파악하는 관점의 근거를 이룬다.

형식주의 작문 이론은 작문 이론의 전개와 더불어 많은 비판을 받았다. 비판의 초점은 텍스트 요인을 지나치게 강조함으로써 다른 요인들의 중요성이 무시되었다는 데 있었다. 예를 들면, 능동적으로 의미를 구성하는 주체가 필자인데 이 필자의 역동성이 형식주의 작문 이론에서는 드러나지 않는다는 점이 비판되었고, 형식주의 작문 이론에서 강조한 모범문의 분석과 모방이 결코 작문 능력을 신장시켜 주지 않는다는 점이 비판되었다.

형식주의 작문 이론에 바탕을 둔 작문 교육에서는 이 이론의 기본 관점에 따라 텍스트를 중시하는 교육적 실천을 해 왔다. 그러다 보니 교육적으로 부정적인 영향을 미친 것들이 있는, 다른 무엇보다도 컸던 영향은 필자로서 자기 자신에 대한 인식이 부정적으로 형성되었다는 점이다. 학생 필자의 작문 능력을 발달시켰는가의 여부는 차치하더라도, 형식주의 작문 교육은 학생 필자에게 자기는 글을 못 쓰는 사람이라는 부정적 인식을 심어주었고 교육이 진행되면서 더욱 심화시켰다. 이 점은 형식주의 작문 교육을 받은 학생 필자들에게서는 보편적으로 확인되는 바이다. 형식주의 작문 교육에서는 텍스트를 강조하다 보니, 학생들이 산출해 내는 텍스트도 모범문의 수준에 이르는 것이어야 한다. 그래서 작문의 지도와 평가는 모범문을 기준으로 하여 이루어졌다. 모범문의 기준에 비추어 볼 때 어느 정도의 수준인지가 점수로 표시되었으며, 모범문의 표현 수준에 따라 첨삭 지도가 이루어졌다. 첨삭 지도는 기본적으로 텍스트를 중시하는 형식주의적 작문 이론에 토대를 둔 것이다. 첨삭 지도를 통해 잘못된 점을 지속적으로 지적받다 보니, 학생 필자는 자신이 산출한 텍스트가 항상 문제가 있는 글로 이해하며 이는 결국 자신은 글을 못 쓰는 사람으로 인식하는 패턴을 형성하게 된 것이다.

학생 필자가 자신이 글을 못 쓴다고 인식하는 부정적 인식의 경향은 작문 교육의 장기적인 관점에서 볼 때 바람직한 것이 아니다. 작문을 생활 가운데 적극적으로 활용하는 기능적(functional) 사회인이 되기 위해서는 작문을 긍정적으로 이해하고 필자로서 자기 자신을 긍정적으로 인식할 필요가 있는데, 형식주의 작문 교육을 통해 길러지는 필자는 작문을 부정적으로 인식하고 필자로서의 자기 자신을 글을 못 쓰는 사람으로 간주하고 있기 때문이다. 그러다 보니 작문에 대한 흥미가 떨어지고 작문의 가치를 느끼지 못한다. 문자 문화가 뿌리를 내리고 있는 현대 사회에서 작문은 매우 중요한 사회적 의사 소통의 도구임에도 불구하고 작문 학습

(learning to write)이 생활 작문(living to write)으로 이어지지 못했던 것은 이러한 문제점과 밀접한 관련이 있는 것이다.

나. 인지주의 작문 이론

1960년대 후반기에 들어 작문의 과정을 중시하면서 형식주의 작문 이론의 중요성이 상대적으로 약화되기 시작했다. 브리튼(Britton)이나 에믹(Emig)같은 작문 연구자들이 이러한 경향의 초석을 놓았다. 브리튼은 영국 학생 필자들의 글을 분석하여 장르에 따라 작문의 과정이 달라진다는 점을 밝힘으로써 작문의 과정에 대한 관심을 불러 일으켰으며, 에믹은 텍스트를 모방하고 오류를 교정해 주는 형식주의적 작문 교육의 문제점을 지적하고 학생 필자들의 의미 구성 과정에 관심을 두어야 한다고 주장하여 작문의 과정에 대한 중요성을 부각시켰다.

1980년대에 들어서자, 지속적인 작문 연구에 힘입어, 작문은 본질적으로 역동적인 의미 구성 과정이며 계층적으로 조직된 인지적 표상을 문자 텍스트로 번역하는 과정이라는 관점이 주류를 이루게 되었다. 이러한 관점은 기본적으로 인지 심리학의 발전과 밀접한 관련을 맺고 있다.

형식주의 작문 이론에서는 신비한 영역으로 간주되었던 인간의 두뇌를 새로운 연구 방법으로 연구하기 시작하면서 작문을 하는 동안 필자가 어떠한 일을 수행하는지를 밝힐 수 있었는데, 이에 힘입어 작문의 필자 요인을 강조하는 인지주의 작문 이론이 형성되었던 것이다. 인지 심리학에서 작문을 연구하였던 방법은 '사고 구술(think aloud)'을 통해 확보한 프로토콜을 분석하는 것이었다. 대학생 필자들에게 글을 쓰면서 머릿속에서 일어나는 모든 일을 말하도록 하는 실험을 하여 작문이 이루어지는 동안 필자의 인지적 과정이 어떻게 수행되는지를 파악하고자 하였다. 이를 통하여 작문의 과정은 일정한 심리적 과정을 거치며 각 과정은 하위 과정으로 구성된다는 점을 확인할 수 있었다.

글을 쓰는 동안 필자가 거치는 작문의 과정은 계획하기, 작성하기, 검토하기 등으로 대별되며, 이 과정들은 다시 세부적인 심리적 단계로 구성된다는 점이 파악되었다. 각 하위 과정은 그 단계에서 해결해야 할 '문제'들로 구성되며 그 문제들을 해결하기 위해서는 일정한 '전략'이 필요하다는 점도 이해할 수 있게 되었다. 그래서 유능한 필자는 그러한 작문의 과정에서 부딪히는 심리적 문제를 전략을 통해 적절히 해결하는 필자들이고, 미숙한 필자는 전략이 부재하여 그런 문제를 해결하지 못하고 작문의 과정에서 실패하는 필자들이라는 사실을 알 수 있게 되었던 것이다.

유능한 필자와 미숙한 필자의 차이가 전략에 있으며 그 전략을 통제하는 상위 인지의 활동성 여부에 있다는 점이 확인되면서 작문 교육은 일대 전환을 맞이하게 되었다. 형식주의 작문 이론에서는 텍스트를 분석하고 암기하는 것이 전부였는데, 유능한 필자가 된 것은 전략 때문이라는 점을 알게 됨으로써 작문을 잘 하도록 하려면 전략을 중점적으로 지도하면 된다는 아이디어를 얻을 수 있었기 때문이다. 인지주의 작문 이론에서는 작문을 의미 구성의 과정이나 문제 해결의 과정이라고 보았다. 이 이론에 기대고 있는 작문 교육에서는 학생 필자를 유능한 필자로 교육하기 위하여, 의미 구성 과정에서 부딪히는 문제를 해결하도록 하기 위하여 유능한 필자들이 보유하고 있는 전략을 체계적으로 학습시키고자 하였다. 그래서 유능한 필자가 거치는 심리적 작문 과정을 단계화하여 과정 중심 작문 교육의 토대와, 전략 중심의 작문 교육의 기초를 놓을 수 있었다.

인지주의 작문 이론에서는 특히 내용 생성의 전략과 고쳐 작문의 전략을 강조하였다. 연구 과정에서 유능한 필자들은 배경 지식을 활용하든 새롭게 내용을 창안하든 풍부한 내용을 마련하여 작문 과정에 임하며, 초고로 완성된 텍스트를 지속적으로 고치고 수정한다는 사실을 발견하였던 것이다. 그래서 인지주의 작문 이론에 토대를 둔 작문 교육에서는 특히 내용 생성의 전략을 풍성하게 발전시켰으며 고쳐 작문의 중요성을 무엇보다도 강조했다. 그러면서 작문의 과정은 직선적이고 계기적인 것이 아니라 회귀적이고 비순차적이라는 점을 주장하였다. 과정 중심 작문 교육에서 비교적 풍부하게 전략이 개발되어 있는 작문 과정은 내용 생성의 부분과 고쳐 작문 부분인 것은 바로 이러한 상황과 관련된다.

지금 설명해 온 것처럼, 인지 심리학과 수사학의 결합을 통하여 새롭게 부각된 인지주의 작문 이론은 필자 개인의 인지적 과정에 초점을 두고 작문 과정에서의 내용 생성과 고쳐 작문의 과정을 밝히는 데 주력하였다. 이에 따라 작문 능력에 차이가 있는 필자가 어떻게 변별될 수 있는지, 작문의 상황은 이러한 과정에 어떤 영향을 미치는지에 대한 연구가 이루어졌던 것이다. 인지주의 작문 이론에서 강조하는 특징은 다음과 같이 정리할 수 있다.

인지주의 작문 이론에서는 필자 개인이 수행하는 개별적 작문 행위를 분석의 대상으로 삼으며, 텍스트의 개념을 필자의 계획과 목적과 사고를 언어로 번역한 것으로 설명한다. 이 이론에서는 필자를 수사론적 문제 해결자로, 독자를 능동적이고 목표 지향적인 해석자로 간주한다. 또한, 텍스트를 통한 의미 구성 능력은 개인의 목적의식과 사고 능력의 계발을 통하여 신장되는 것으로 설명한다.

인지주의 작문 이론이 작문 교육에 미친 영향은 매우 컸지만, 이에 대한 비판이 없었던 것은 아니다. 주로 다음과 같은 비판이 제기되었는데, 이는 사회적 환경과의 상호 작용을 주장하는 사회구성주의 작문 이론가들로부터 받은 비판이었다. 우선 인지주의 작문 이론은 작문을 필자만의 고립적인 과정으로 파악함으로써 필자의 주변을 둘러싸고 있는 사회적 환경과의 관계를 고려하지 않았다는 비판을 받았다. 특히 예상독자와의 상호 작용을 거의 고려하지 않음으로써 텍스트를 왜 써야하고, 어떠한 상황 맥락을 배경으로 하여 씌어지는지를 구체적으로 설명하지 못했던 것이다. 또한 필자의 머릿속에서 이루어지는 작문 과정을 일반화함으로써 개별적이고 구체적인 작문의 과정을 설명하지 못한다는 비판을 받았다. 필자의 여건에 따라, 그리고 개별적인 상황에 따라 필자의 작문 과정을 매우 다양한 양태로 진행될 수 있으며 또한 실제로 그렇게 진행된다. 그럼에도 불구하고 인지주의 작문 이론에서는 성문화된 단일한 작문의 과정을 일반화하여 제시함으로써 작문의 다양한 구현 양상을 올바로 파악하지 못하는 한계를 지녔다는 비판을 받았다.

다. 사회구성주의 작문 이론

형식주의 작문 이론이 텍스트 요인을 강조한 이론이고 인지주의 작문 이론은 필자 요인을 강조한 이론이다. 그러나 앞에서 보았듯이, 특정한 요인만을 강조하였기 때문에 그로 인한 문제점을 지적하는 비판이 뒤를 따랐다. 특히 인지주의 작문 이론에서는 필자의 인지적 과정을 개인적이고 고립적인 과정으로 파악하였는데, 사회구성주의 작문 이론에서는 이를 인지주의의 한계로 지적하여 비판을 한 바 있다.

1980년대의 작문 연구는 사회 언어학의 영향을 받으면서, 사회적 환경과 상호 작용을 중시하는 학문적 조류에 영향을 받으면서 사회구성주의 작문 이론이 성장하였다. 이러한 작문 이론을 발전시켰던 작문 이론가들은 작문의 과정에 대한 인지주의 작문 이론가들의 주장을 비판적으로 검토하였다. 비젤(Bizzel)은 작문의 과정에서 영향을 미치는 사회적 맥락의 중요성을 강조하였고, 페이글리(Faigley)는 담화 공동체 내에서 특수한 형태의 담화 능력을 획득함으로써 특정 사회 집단에 참여할 수 있게 된다는 점을 주장하여 작문의 사회적 성격을 강조한 바 있다.

그래서 사회구성주의 작문 이론에서는 필자를 둘러싸고 있으면서 필자와 상호 작용을 통하여 의미 구성 과정에 영향을 미치는 사회적 환경을 강조한다. 의미 구성의 책무가 필자 개인에게 오롯이 주어진 것이 아니라 필자가 상호 작용하는 사회적 환경에도 의미 구성의 책임이 존재한다고 보는 것이다.

작문의 주체인 '필자'가 단독적이고 개인적인 인지 구성을 통하여 작문의 과정을 수행하는 것이 아니라, 사회적 환경의 영향을 받아 그와 상호 작용하면서 작문의 과정을 수행한다는 것이다. 그래서 작문 과정을 수행한 결과로 얻게 되는 텍스트에는 필자가 사회의 상호 작용을 한 결과들이 드러나게 된다. 다음과 같은 예를 들어 이를 설명할 수 있다. 어떤 대상을 표현하고자 할 때 필자의 인지에는 표현해야 할 무엇이 표상(representation)된다. 이 표상된 내용을 필자가 문자 언어로 번역하는 과정을 거쳐 표현하면 텍스트를 산출하게 된다.

그런데 표상된 내용에 대응하는 언어적 표현이 무수히 많기 때문에, 표상 내용이 번역되어 언어로 표현되었다는 것은 선택 가능한 그 여러 가지 중에서 단 하나만이 선택되어 표현된 것을 의미한다. 이러한 표현의 과정을 인지주의 작문 이론에서는 필자의 주체적이고 능동적인 선택에 의해 이루어진 것이라고 본다. 필자가 여러 가지 가능성 있는 표현 중에서 하나를 선택한 것은 어디까지나 필자의 주체적인 선택에 의한 것이라고 보는 것이다.

그러나 사회구성주의 작문 이론에 따르면, 필자의 이러한 선택은 단독적인 것이 아니라 사회적 환경의 영향을 받아 그와의 상호 작용의 결과로서 이루어진 것이다. 머릿속에 '문을 닫아 달라'고 표상된 의미를 '문 좀 닫아!'로 표현하지 않고 '문을 닫아 줄래?'라고 표현하는 것은 듣는 사람과 관련된 사회적 환경을 고려하였기 때문이다. 전적으로 필자의 독단적인 결정처럼 보였던 것이 사실은 사회적 환경을 고려한, 그와의 상호 작용을 통하여 이루어낸 결과로 파악되는 것이다.

여기에서 사회적 환경을 구성하는 주요 요인 중에서 예상독자(audience/reader) 요인이 가장 중요하다. 표상된 의미에 대응하는 언어적 표현을 결정할 때 그것을 들을 사람(즉, 예상독자)을 고려하였다는 점에서 이는 쉽게 이해할 수 있다. 그래서 사회구성주의 작문 이론에서는 이 예상독자를 매우 중요한 요인으로 간주한다. 이 이론에서 보는 예상독자는 필자가 제공하는 정보를 단순히 수용하는 수동적인 존재가 아니라, 필자와의 상호 작용을 통해 텍스트의 의미 구성에 간여하는 능동적인 존재로 이해한다. 이러한 관점을 극단적으로 밀고나가는 일군의 학자들은, 예상독자가 필자와의 상호 작용을 통해 작문의 과정과 결과에 영향을 미친다는 점을 들어 '공저자(co-author)'로 간주한다. 필자가 의미를 구성하는 과정은 단독적인 과정이 아니라 예상독자와의 협의에 따라 이루어지는 과정이기 때문에 예상독자는 텍스트에 대해 동일한 권한과 의미를 지니는 '실질적인 참여자'(a virtual participant)로 이해되는 것이다(Porter, 1992).

이러한 예상독자는 개인적인 예상독자인데 여기에 사회적 성격을 더하면 담화 공동체를 상정할 수 있다. 필자는 개별적으로 작문을 하는 것이 아니라 예상독자를 의식하면서 글을 쓰는데, 그 예상독자는 담화 공동체에 소속된 예상독자이며 필자도 담화 공동체에 소속된 일원으로서 글을 쓰는 것이다. 그래서 사회구성주의 작문 이론에 따르면, 필자를 담화 공동체의 사회화된 구성원으로, 독자를 해석 공동체의 사회화된 구성으로 이해한다. 필자와 예상독자가 모두 담화 공동체를 배경으로 의사 소통을 하므로, 작문은 필연적으로 담화 관습을 반영하지 않으면 안 된다. 의사 소통이 효율적으로 진행되기 위해서는 담화 공동체의 구성원들이 합의한 일정한 규범, 즉 담화 관습을 따라야하기 때문이다. 이러한 이유에서 사회구성주의 작문 이론에서는 작문을 담화 공동체의 담화 관습이나 규칙의 체계로 이해하기도 한다.

사회구성주의 작문 이론에서는 예상독자와의 상호 작용을 강조함으로써 '협의'와 '대화'를 중심으로 작문 교육을 선도하였다. 그래서 학생 필자 자신이 내면의 자기와 하는 대화나 협의, 동료 학생 필자와 하는 대화나 협의, 작문을 지도하는 교수나 강사와 하는 대화나 협의 등이 강조되었으며, 이를 원활하게 수행하기 위한 배경으로서 모둠(소집단)을 적극적으로 활용하는 협동적 작문 학습이 급격히 부상하였다. 또한 담화의 합리적 의사 소통이 지식을 사회적으로 구성하는 방식이라는 점을 인식하고, 작문을 분과 학문이나 내용 교과의 학습에 활용하고자 하는 학습 작문이나 범교과적 작문이 큰 관심을 끌었다. 그래서 각 학문 분과에 그 분과만의 독특한 작문의 관습이 있다는 점을 밝히고 그것을 바탕으로 하여 학습 작문을 개발하고자 하는 노력들이 뒤를 이었다.

사회구성주의 작문 이론에 대해서도 비판이 없는 것은 아니다. 작문 교육을 모둠을 중심으로 한 협동적 작문 학습으로 개편히였고 어러 주체들간의 협의와 대회의 전략을 활성화하였으며, 담화 공동체와 관련지어 학습 작문이나 범교과적 작문을 강조하였다는 장점이 있지만, 설명의 방식에서 부분적으로 문제를 안고 있다.

특히 의미가 필자와 사회적 환경간의 상호 작용에 의해 형성된다고 보았는데, 그 상호 작용도 결국은 필자가 적극적으로 그러한 존재들을 인식하고 의식함으로

써 발생된 것은 아닌가 하는 의문이다. 예상독자가 영향을 미치면서 상호 작용의 관계를 형성한다고 하였는데, 이는 필자가 예상독자를 인식할 만한 인지적 능력을 소유하고 그를 전략적으로 의식하였기 때문에 가능한 것이 아닌가 하는 비판이 제기되는 것이다. 필자에게 그러한 인식 능력이 없다거나 부족하다면 그러한 상호 작용은 일어나기 어려울 것인데, 그 상호 작용이 일어나는가 일어나지 않는가가 필자의 자질로부터 비롯된다면 이것도 필자의 독자적인 능력으로 간주하는 것이 옳다고 보는 것이다.

또한 사회구성주의 작문 이론은 너무 추상적인 경향이 강하다는 비판도 있다. 추상적인 성향이 강하다 보니 대부분의 이론적 설명을 은유적인 전략에 의존하고 있다. 이론적인 수준에서 말하는 '협의', '대화', '협상' 등은 심리적 수준의 양태를 비유한 표현이다. '작문'을 지속적으로 이루어져 왔던 대화의 흐름으로 보고, 작문을 하는 사람은 대화의 관습을 익힘으로써 그 대화에 참여할 수 있게 된다고 보는 설명도 비유적이다. 비유적 설명에 의존하고 있다는 것은 사회구성주의 작문 이론이 추상적인 수준에 있음을 보여 주는 것이다.

앞에서 설명한 작문 이론 이외에 탈과정 중심 작문 이론(post-process writing theory)을 주장하는 이론가들이 있다. 이 작문 이론가들은 전통적인 작문 이론, 특히 인지주의 작문 이론을 체계적 작문 이론이라고 보고, 이 체계성으로부터 벗어나는 작문 이론을 전개하여 이를 탈과정 중심 작문 이론으로 명명하고 있다. 과정을 중시하는 인지주의 작문 이론을 비판을 주 대상으로 삼고 있다는 점에서 사회구성주의 작문 이론과 일정한 관련은 있으되 작문을 설명하는 방식에서는 차이가 있어 별개의 작문 이론으로 지적될 수 있을 것이다.

Kastman(1998)에 따르면, 작문 이론의 패러다임은 전통적 패러다임, 과정 중심 이론의 패러다임, 탈과정 중심 이론의 패러다임으로 변화되어 왔다고 설명된다. 전통적 패러다임에서는 필자가 생산한 작문의 결과를 강조하였고, 과정 중심 이론의 패러다임에서는 성문화되고(codified) 고정적인 토대를 가진 (foundational) '체계적 과정(systematized process)'을 강조하였으며, 탈과정 중심 이론의 패러다임에서는 어떤 체계로 고정될 수 없는, 유동적인 의사 소통적 행위(communicative act)를 강조하였다.

과정 중심 이론의 패러다임 아래에서 구성된 작문 모형이 다양한 형태로 논의되고 발전되어 왔지만, 그리고 그 이전의 패러다임과 달리 작문과정이 '회귀적'임을 강조하여 순환성 및 반복성을 강조하였지만, 다음과 같은 이유에서 '체계적' 모형이라는 범주로 묶을 수 있다. 즉, 과정 중심 이론의 패러다임에서는, 작문 과정이 모든 작문 상황에 일반화하여 적용할 수 있는 '체계적인 활동(systematized activity)'으로 구성되었다고 보며(Olson, 1990), 작문이 예측 가능한 어떤 국면이나 단계(predictable phases or steps)로 구성되었다(Kastman, 1998)고 보기 때문이다. 이러한 이유에서, 과정 중심 이론에서 강조하는 '작문 과정의 회귀적 순환성'에도 불구하고 이 과정 모형은 '체계적'이며 '성문적'이고 '토대주의적'이라고 할 수 있다. 작문 과정이 회귀적으로 순환된다고 할지라도 이는 결국 한 편의 완결된 작문 결과를 향해서 진행되어 가는 체계적인 과정이기 때문이다.

6. 작문 교육의 전개

작문 교육의 전개는 작문 이론의 변화와 밀접하게 관련되어 있다. 작문 이론은 작문의 본질을 밝혀주고 그 관련 변인의 상호 작용 관계를 규명하여 작문 교육의 구체적인 방법에 대한 아이디어를 제공하기 때문이다. 작문 이론에서 밝힌 작문의 본질과 성격에 무엇인가에 따라, 작문 이론에서 무엇을 강조하는가에 따라 작문 교육은 여러 가지 모습을 변화하면서 전개되어 왔다.

가. 형식주의 작문 이론에서의 작문 교육

텍스트가 의미를 담고 있는 자율적 실체라고 보았던 작문 이론이 큰 영향력을 미칠 때에는 학생들이 모범문을 세밀하게 읽고 이를 모방하여 반복적으로 옮겨 쓰는 작문 교육이 중심을 이루었다. 가능하면 많은 모범문을 정밀하게 읽고 그 모범문이 가지고 있는 구조적 특질이나 문체적 특질을 지루할 정도로 모방하여 쓰는 작문학습이 이루어졌다. 이 때의 텍스트는 활동의 자료라거나 비판의 대상이 아니라 학생들이 모방을 통해 도달해야 하는 이상적인 존재로 간주되었다. 그래서 작문을 잘 하기 위해서는 많은 모범문을 읽고 그 구조적 특징이나 문체를 많이 머릿속에 축적해 두어야 한다고 믿었으며, 글을 잘 쓰는 사람은 머릿속에 저장된 이러한 수사적 지식을 활용하여 일필휘지(一筆揮之)로 씨 내려 가는 사람이라고 생각했다. 〈춘향전〉에서 암행어사 이몽룡이 변 사또의 잔치에서 탐관오리(貪官汚吏)의 폭정(暴政)을 비판하는 한시(漢詩)를 단번에 써 내려가는 모습은 바로 이러한 필자의 이미지와 부합되는 것이다. 이몽룡이 한번에 명시 한 편을 쓸 수 있었던 것은, 그 사실 여부와 관계없이, 그의 머릿속에는 무수한 모범문들이 전거로 축적되어 있었기 때문에 가능한 것이었다. 그래서 당시에는 훌륭한 필자가 되기 위해서 모범문을 읽고 또 읽고, 외우고 암송하면서 그와 관련된 수사적 지식을 머릿속에 쌓고자 하였다.

필자는 머릿속에 저장된 모범문의 전거를 재생하여 글을 썼기 때문에 필자가 완성해 낸 텍스트에는 필연적으로 선대의 텍스트와 밀접한 관련을 맺을 수밖에 없었다. 단어 하나하나가, 구절구절 하나하나가, 문장 하나하나가 선행하는 모범문의 어딘가에 존재하는 것들이며 그 모범문과 관련된 것들이다. 완성해 낸 텍스트가 모범문을 따르지 않는다거나 모범문의 범주를 벗어나는 것이라면, 이는 비판의 대상이 되었으며 바로잡아야 할 대상으로 간주되었다. 이러한 작문 교육이 지배적 담론을 형성하던 당시에는 필자가 쓴 텍스트를 읽는 독자도 이러한 모범문을 동일하게 전거로 가지고 있었던 사람들이었기 때문에, 모범문의 수사적 지식을 동원하여 텍스트를 쓰는 것이 훌륭한 담화를 이루는 관습으로 간주되었다.

필자는 머릿속에 저장된 전거를 활용하여 작문했기 때문에 한번 완성된 텍스트는 수정할 필요가 없으며, 수정하지 않는 것이 좋다는 인식이 보편적이었다. 더 나아가 한번 쓸 때에 고쳐 쓸 필요가 없도록 완성도 높은 텍스트를 써야 한다고 보았으며, 그렇게 쓰는 필자야말로 작문 능력이 우수하고 뛰어난 필자요 학자라고 생각했다. 그래서 실제로 고쳐 썼지만 고쳐 쓴 사실 자체를 숨기고자 하는 경우도 있었으며, 단번에 써 내려 갈 수 있는 사람들의 능력을 선망하기도 했다.

나. 인지주의 작문 이론에서의 작문 교육

형식주의 작문 이론에서는 작문을 모범 텍스트의 암기와 텍스트의 산출에만 관심을 두었다. 텍스트의 '투입-산출'만을 염두에 두었을 뿐, 투입된 텍스트와 관련된 수사적 지식과 내용 등이 필자의 머릿속에서 어떻게 처리되는지에 대해서는 관심을 두지 않았다. 이는 물론 필자의 머릿속을 연구할 수 있는 토대가 마련되지 못했었기 때문인데, 필자의 머릿속에서 일어나는 일을 과학적으로 설명할 수 없다 보니 필자가 온전한 텍스트를 산출해 내는 모습은 신비하다고까지 생각하는 경향이 있었다.

미국을 중심으로 하여 1980년대에 인지 심리학이 발전하면서 필자의 머릿속에서 일어나는 일을 구체적으로 설명할 수 있게 되었다. 그 동안 '블랙박스(black box)'로만 여겨졌던 머릿속의 비밀이 속속 밝혀짐으로써 작문과 관련된 필자의 인지적 과정이 규명되기 시작하였다. 그래서 작문을 하는 동안(작문 과정) 필자가 머릿속으로 어떤 일을 하는지에 대한 구체적인 정보를 얻을 수 있게 되었던 것이다.

필자의 작문 과정을 관찰할 수 있었던 것은 '사고 구술(think aloud)'의 방법을 활용함으로써 가능했다. 사고 구술의 방법을 통해 얻은 '프로토콜(protocol)'을 분석하여 필자의 인지적 처리 과정을 밝힐 수 있었다. 사고 구술과 프로토콜 분석이 검은 상자인 필자의 두뇌를 투시하여 관찰할 수 있는 방법으로 활용되었던 것이다. 작문을 인지 심리학적 관점에서 연구하던 학자들은, 대학생 필자들에게 작문을 하도록 하면서 머릿속에 떠오르는 모든 생각을 구술하도록 하는 실험을 하고 그것을 분석하는 연구를 수행하였다. 대학생 필자들에게 글을 쓰는 동안 머릿속으로 수행하는 모든 일을 구술하도록 함으로써 작문 과정에서의 필자의 인지적 과정을 파악할 수 있었던 것이다.

이러한 연구를 통하여 밝혀진 것은 글을 쓰는 동안 필자는 일정한 심리적 과정을 거치며, 그 과정은 더 세분화된 하위 과정을 거치면서 텍스트를 구성한다는 것이다. 각 과정에는 텍스트를 잘 작문하기 위해서 필자가 해결해야 하는 문제들이 있으며, 이 문제들을 적극적으로 극복하기 위해서는 전략이 필요하다는 사실도 밝혀내었다. 또한 작문의 과정은 투입과 산출로 이어지는 단순하고 직선적인 과정이 아니라 각 과정과 단계가 상위 인지를 통해 조정되고 통제되는 회귀적(recursive) 과정이라는 점을 알 수 있었다. 작문과 관련하여 이러한 점들이 발견됨으로써 인지주의 작문 이론에서는 작문을 의미 구성의 과정이며, 문제 해결의 과정으로 이해한다. 작문 과정은 다시 하위 세부 과정으로 나뉘며 각 과정에서는 그 과정에서 해결되어야 할 '문제'들과 그 문제를 해결하기 위한 '전략'들로 구성된다고 보았다. 이러한 관점에서는 작문은 곧 문제 해결의 과정이기 때문에 글을 쓰는 필자는 작문 과정의 문제를 해결하기 위해 고민하고, 썼다 지우고 또 다시 쓰는 회귀적 과정을 밟는 모습으로 이해되었다. 글을 작문하기 위해서 고민하는 필자의 모습은 뜻한 바를 일필휘지로 유쾌하게 써 내려가는 형식주의 작문 이론에서의 필자와는 사뭇 다른 것이다.

작문에 대한 이러한 관점은 작문 교육의 방법을 획기적으로 변화시켰다. 그 변화는 매우 큰 것이어서 연구자들 중에는 이러한 변화를 패러다임(paradigm)의 전환이라고까지 부르기도 한다. 작문 교육이 큰 질적 도약을 할 수 있었던 것은 인지주의 작문 이론에서 작문 과정을 구성하는 단계를 밝히고 그 단계의 하위 단계를 규명하였으며, 각 단계에서 처리되어야 할 문제와 그 해결 방법으로서의 전략에 대해 아이디어를 제공하였기 때문이다. 인지주의 작문 이론 이전에 이루어졌던 작문 교육은 단순히 모범 텍스트를 읽고 암기하고 그것을 재생하는 과정을 반복하는 것이어서 진정한 작문 교육이 이루어졌다고 보기 어려웠다. 그러나 인지주의 작문 이론에 이르러, 이 이론에서 제공하는 작문에 관련된 아이디어는 작문 교육의 내용과 방법을 구성하는 데 결정적인 기여를 함으로써 작문 교육을 체계적인 궤도에 올려놓았다. 또한 능숙한 필자를 구성하는 작문 전략이 무엇인지를 규명함으로써 무엇을 가르치는 것이 효율적인 작문 교육인지에 대한 아이디어를 제공하였으며, 작문을 지도하는 사람이 어떤 도움을 학생에게 제공해야 할 것인지에 대한 아이디어도 제공하였다.

인지주의 작문 이론에 힘입어 발전한 작문 교육이 이른바 과정 중심 작문 교육이다. 작문이 일정한 심리적 과정으로 이루어진다는 인지주의 작문 이론의 관점에 따라, 작문 교육을 그러한 심리적 과정을 준수하는 체제로 구안함으로써 효율적인 작문 교육을 이루고자 하였던 것이다. 그래서 필자가 밟는 '내용생성–표현–재고 및 수정'의 단계를 세분화하고 각 단계의 전략을 교육 내용으로 삼아 과정 중심 작문 교육의 체제를 구축하였다. 과정 중심 작문 교육의 체제를 구축함으로써 좋은 텍스트만을 산출하도록 다그치는 교육 방법에서 벗어나 좋은 글을 작문 위해서 밟아야 할 절차와 문제를 해결할 수 있는 효율적인 방법을 가르치는, 작문의 과정을 중시하는 교육이 이루어질 수 있게 되었다. 그래서 과정 중심 작문 교육에서는 작문의 계획, 내용 생성 및 조직, 표현, 고쳐 작문, 편집 및 발표, 상위 인지 등을 단계화하여 지도하였던 것이다.

과정 중심 작문 교육은 결과 중심에 치우쳐 있던 작문 교육을 그 결과에 이르는 과정에 대해 관심을 집중할 수 있도록 하는 변화를 이끌었다. 과정은 따지지 않고 좋은 결과만을 산출하도록 요구받았던 학생 필자들에게, 좋은 결과를 산출하려면 이러이런 절차를 이러이러한 방법으로 밟아가야 한다는 것을 알려줄 수 있게 됨으로써 큰 교육적 변화가 일어났던 것이다. 작문 교사는 결과를 평가하고 학생 필자의 잘잘못을 지적해 주는 평가자였다면, 과정 중심 작문 교육에서는 학생 필자의 작문 과정을 효율적으로 돕고 방법을 안내하는 조력자로 이해되었다.

다. 사회구성주의 작문 이론에서의 작문 교육

인지주의 작문 이론에서는 작문 과정을 주관하고 통제하는 능동적 주체로서의 필자를 치밀하게 분석하여 필자의 인지적 처리 과정을 선명하게 보여 주었다. 이로써 작문 교육을 질적으로 크게 도약할 수 있도록 하는 토대를 마련해 주었다. 지금의 작문 교육이 이만큼 발전할 수 있었던 데에는 인지주의 작문 이론이 미친 영향에 빚진 바가 매우 크다.

그런데 인지주의 작문 이론에서는 '필자'만의 인지적 '세계'를 고립적으로 파악함으로써 현실적으로 운용되는 작문의 사회적 성격을 충분히 포괄하지 못한 한계를 드러내었다. 작문을 필자의 능동적인 문제 해결 과정으로 이해하였는데, 이 문제 해결이 오직 필자의 주체적인 판단과 노력에 의해서만 이루어지는 것으로 간주되었던 것이다. 그러다 보니, 작문의 상황을 구성하는 여러 가지 요인, 예를 들면 작문의 목적이나 필요성, 텍스트를 읽을 독자, 작문이 이루어지는 상황 맥락, 텍스트의 장르적 특징 등등의 요인이 작문 과정에 미치는 영향을 충분히 고려하지 못했다. 작문의 과정이 문제를 해결하기 위한, 힘들고 고통스러운 과정이라고 할 때 그러한 어려움을 견디며 글을 써야 하는 이유가 무엇인지를 인지주의 작문 이론에서는 설명할 수 없었으며, 누가 읽을 것인지에 따라 작문의 구성과 표현이 달라지는 것에 대해서도 인지주의 작문 이론은 타당한 설명을 할 수 없었다.

이러한 문제점에 대한 대안으로 작문의 사회적 성격을 강조하는 사회구성주의 작문 이론이 조명을 받기 시작하였다. 작문은 필자의 고립적인 활동이 아니라 사회적 환경과의 의사 소통의 과정이고 대화의 과정이라는 가정을 함으로써, 필자와 사회적 환경과의 능동적인 상호 작용을 강조하였다. 필자는 글을 쓸 때 그 작문이 이루어지는 상황 맥락의 영향을 받는다. 또한 텍스트를 읽을 예상독자가 누구인지, 그를 어떻게 인식하는지에 따라서도 영향을 받는다. 동일한 의미를 나타내는 표현이라 할지라도 그러한 표현상의 차이를 유발하는 것은 바로 작문의 주변을 에워싸고 있는 작문의 사회적 환경에서 비롯된 것이다.

필자가 글을 써 나가는 장면을 떠올려 보면, 물리적으로는 고립된 공간에서 글을 쓰지만, 그의 인식은 끊임없이 작문의 사회적 환경과 상호 작용을 한다. 특히 글을 쓰는 필자는 예상 독자를 예민하게 의식하면서 그와의 긴밀한 '대화'를 지속적으로 수행한다. 필자는 텍스트의 전체적인 구성을 결정할 때 예상독자의 존재를 의식하고 구체적인 표현의 수위를 결정할 때 예상 독자의 시선을 의식한다. 신속하고 명쾌한 결정을 내리기 어려울 때에는 그 예상 독자와 대화를 시도하고 결론에 도달하여 구성이나 표현을 결정하기도 한다. 다음과 같은 예문은 이러한 예상독자와의 상호 작용을 구체적으로 보여 준다.

　내가 이 글을 쓰고 있는 동안에 세 부류의 가상 독자들이 어깨 너머로 집필을 지켜보았다. 이제 이들에게 이 책을 바친다. 이 세 부류의 독자 중 첫 번째는 생물학에 문외한인 일반 독자들이다. 그들을 위해 가능한 전문적인 특수 용어 사용을 피했고, 전문적 용어를 사용해야 하는 곳에는 그 용어에 대한 명확한 뜻을 설명했다. 이러한 작업을 하고 나서야 비로소 그 동안 왜 우리가 학술 잡지의 불필요한 전문 용어 사용에 대해 반론을 제기하지 않았는지 의아스러웠다.　(중략)

　두 번째 가상 독자는 전문가였다. 그는 몇 가지 나의 유추와 비유에 대해 날카롭게 비판했다. 그가 좋아하는 문구는 "~은 예외로 하고", "그러나 한편으로는", "우(혐오 경멸 공포 따위를 나타냄)"이다. 나는 그의 비판을 주의 깊게 들었고 심지어 그를 만족시키기 위해 한 장(章)을 완전히 다시 썼다. 그러나 결국 내 방식대로 이야기를 전개시킬 수밖에 없었다. 전문가는 아직도 내 방식에 전적으로 만족해하지 않을 것이다.　(중략)

　내가 생각했던 세 번째 독자는 문외한에서 전문가로 이행하고 있는 학생이다. 만약 어떤 학생이 아직도 자신의 전공 선택을 결정하지 못했다면 나의 전공분야인 동물학을 고려해 보라고 권하고 싶다. 동물학을 공부하는 데는 동물학의 '유용성'이나 동물에 대한 일반적인 애호보다 더 깊은 이유가 있다. 그것은 바로 우리 동물들이 우주에서 가장 복잡하면서도 완전하게 설계된 기계라는 것이다. (리처드 도킨스, 홍영남 역, 2002)

　필자의 작문 과정에 중요한 영향을 미치는 이러한 예상독자는 더 이상 수동적으로 정보를 제공받는 존재가 아니다. 필자의 작문 과정에 적극적으로 개입하고 자신의 목소리를 드러내는 능동적인 존재로 간주된다. 그래서 사회구성주의 작문 이론을 극단적으로 전개하는 학자들은 예상독자를 작문과정에 실질적으로 참여하는 사람(a virtual participant)으로, 텍스트의 의미에 대해 권리와 의미를 지는 공저자(co-author)로 이해하기도 한다.

　사회구성주의 작문 이론에서는 작문의 의미 구성의 원천이 고립적인 필자에게 있다고 보지 않고 필자와 예상독자의 상호 작용의 접점, 대화의 과정에 있다고 봄으로써 작문 교육에서 협의(conference)를 강조하는 동인을 제공하였다. 그래서 사회구성주의 작문 이론을 밑바탕으로 하는 작문 교육에서는 다양한 형태의 협의를 강조하고 그 협의를 통해서 수준 높은 텍스트가 산출될 수 있다고 보고 있다. 이러한 원리에 따라 이 이론에 따른 작문 교육에서는 다양한 층위에서 이루어지는 대화나 협의를 강조한다. Ward(1994)와 같은 작문 이론가는 이러한 특징을 고려하여 작문의 기능적 대화주의(functional dialogism)를 제안하고, 여기에는 다음과 같은 대화들이 포함된다고 설명한 바 있다.

- 자아와 내면화된 예상독자 사이의 내적 대화
- 교사와 학생 사이의 대화
- 학생과 포괄적인 사회 체제나 제도와의 대화
- 작문의 형식적 문제와 관련된 학생들 사이의 대화
- 다양한 관점에서 문제를 이해하거나 그 문제에 대한 통찰을 얻기 위하여 대화적 형식을 취하는 작문

이러한 이론과 원리에 바탕을 둔 작문 교육에서는 작문의 계획 단계에서 이루어지는 동료와의 협의, 초고를 고쳐 작문하기 위한 동료와의 평가 협의가 강조되고, 문제의 해결이나 자료의 해석과 관련된 교사와의 협의 등이 강조된다. 이와 같은 협의 활동은 학생 필자들의 작문 능력을 향상시키고 질적 수준이 높은 텍스트를 생산하는 데 긍정적인 기여를 하고 있는 것으로 파악된다.

사회구성주의 작문 이론에서 강조하는 사회적 환경에는 담화 공동체(discourse community) 요소도 포함된다. 일부 작문 이론가들은 담화 공동체는 개인적 수준인 예상독자가 사회화된 것으로 간주하기도 한다. 이러한 설명을 따르면, 예상독자와 담화 공동체는 밀접한 관련을 가지며, 담화 공동체는 예상독자의 성격을 사회화함으로써 얻을 수 있는 심리적 실체로 규정할 수 있다. 담화 공동체는 의사 소통을 통하여 결속력을 지니는데, 이 의사 소통은 일정한 규범에 따라 진행된다. 의사 소통에 규범을 두는 이유는 의사 소통의 효율을 높이기 위한 것이다. 규범을 정하여 둠으로써 협의의 진행이 용이하고 일정한 합의에 도달하기가 쉽기 때문이다. 그런데 담화 공동체는 의사 소통의 방법으로 통상 작문이라는 문자적 의미 구성의 체계를 이용한다. 담화 공동체는 작문이라는 의사 소통의 방법을 활용하여 구성원들과 대화하고 합의하여 사회적으로 구성한 지식을 생산하고 체계화한다. 그래서 지식의 사회적 구성에는 작문이 밀접하게 관련되어 있다. 작문이 담화 공동체의 의사 소통의 방법으로 활용된다는 것은 작문이 담화 공동체의 담화 관습을 담고 있음을 뜻한다. 작문이 담화 공동체의 담화 관습을 담고 있음으로써 그 공동체의

의사 소통이 효율적으로 이루어질 수 있도록 해 주는 것이다. 그래서 작문에 대한 학습은 담화 공동체의 담화 관습에 대한 학습이며, 지식의 사회적 구성의 원리와 방법을 배우는 학습으로 이해된다.

이러한 작문의 특성은 작문 학습(learning to write)을 넘어 학습 작문(writing to learn)이나 범교과적 작문(across-curriculum writing)과 이어지게 된다. 작문이 담화 공동체에서 기능함으로써 지식을 생산하고 체계화하는 데에 활용되기 때문에, 작문은 개인적으로 지식을 구성하고 체계화하는 학습의 도구로 쓰일 수 있는 것이다. 근래에 작문 교육에 관한 논의에서 학습 작문의 강조, 범교과적 작문의 강조가 두드러지는 것은 바로 사회구성주의 작문 이론의 영향이 크게 미쳤기 때문이다.

라. 작문 교육의 실천적 변화

앞에서 진행한 논의를 바탕으로 하여 작문 교육의 실천적 변화를 정리하면 다음과 같다.

최근의 작문 교육에서는 학생 필자의 능동적이고 적극적인 수행의 참여를 강조한다. 작문 교수나 강사에 의해 모든 것이 통제되던 종래의 방법을 벗어나, 학생 필자가 작문의 필요성을 깨닫고 작문의 목적을 설정하며 작문 과정에 능동적으로 참여할 것을 강조한다. 학생 필자의 능동적이고 적극적인 참여를 강조하는 만큼, 작문 활동에 대한 학생 필자의 책무성도 강조된다. 스스로 계획하고 통제하고 수행한 과정인 만큼 학생 필자 자신이 작문 과정과 결과에 대해 책임을 지는 것이다. 또한 학생 필자의 능동적인 참여는 협의 활동의 활성화를 낳는다. 작문 과정에서 학생 필자에게 요구되는 협의는 내면적 협의, 동료 필자와의 협의, 지도 교수나 강사와의 협의 등인데, 필요에 따라 모든 협의를 능동적으로 요청하고 수행한다. 이렇게 함으로써 작문의 본질적인 능력을 향상시킬 수 있고 수준 높은 텍스트의 산출을 보장할 수 있게 된다.

최근의 작문 교육에서는 탈맥락적으로 이루지는 작문이나 맞춤법 등에 얽매이는 작문을 극복하고, 일정한 맥락에 연관을 맺고 새로운 내용을 생성하여 쓰는 활동을 강조한다. 작문을 상황 맥락과 관련짓기 위해서 작문의 목적을 고려하고 예상 독자를 분석하며, 작문 과정을 수행하는 동안 이를 명료하게 인식한다. 또한 기계적(mechanical) 요소인 맞춤법 등에 얽매여 문법적으로는 적격하되 내용이 빈곤

한 텍스트를 산출하게 되는 작문 교육을 거부하고, 내용이 새롭고 풍성하게 텍스트를 구성하는 작문 교육을 지향한다.

또한 과정 중심의 작문 교육을 강조함으로써 결과 중심으로 이루어져 온 전통적 작문 교육을 보완한다. 인지주의 작문 이론에 따라 제기된 필자의 능동적 과정을 체계적으로 가르침으로써 작문 능력의 향상을 꾀하면서 동시에 수준 높은 텍스트의 산출을 가능하도록 하고 있다. 이렇게 함으로써 최근의 작문 교육은 작문 전략의 학습에 대한 강조, 상위 인지 전략에 대한 학습의 강조를 특징으로 하고 있다.

최근 작문 교육에서 강조되고 있는 협의도 중요한 의미가 있다. 필자는 고립적으로 글을 쓰는 것이 아니기 때문에, 현시적으로 이루어지는 다른 사람과의 협의는 전통적인 필자의 고립적인 이미지를 바꾸는 데에 중요한 기능을 한다. 동료와의 협의, 작문 지도 교수나 강사와의 협의는 작문의 과정이 다른 사람들과의 상호 작용을 바탕으로 하여 수행된다는 점을 깨달을 수 있는 기회를 제공하기 때문이다. 다른 사람과의 협의를 강조함으로써 작문 교육의 방식은 자연스럽게 '협동적 작문 학습'의 형태를 취하게 된다. 협의를 효율적으로 하기 위하여 모둠(소집단)을 구성하고, 이 모둠에서 작문 과정에서 요구되는 다양한 대화, 토의 토론, 협의 등을 수행함으로써 '협의'에 바탕을 둔 작문 학습이 가능해지는 것이다.

또한 최근의 작문 교육에서는 작문 학습을 넘어 학습 작문(범교과적 작문), 생활 작문(writing to living)을 강조한다. 학습 작문은 작문을 분과 학문이나 해당 교과 학습의 수단으로 활용하는 것을 말한다. 여기에서 수단이라고 한 것은 단순한 도구적 수단을 의미하는 것은 아니다. 작문이 지식의 사회적 구성에 본질적인 영향을 미친다는 점을 앞에서 논의하였는데, 그러한 토대를 가능하게 한다는 차원에서의 수단이라고 할 수 있다. 따라서 최근의 작문 교육은 작문 자체에 대해서 배우는 것을 넘어, 다른 학문을 하는 데에 활용될 수 있는 방안의 탐색, 내용 교과의 학습을 하는 데에 이용될 수 있는 방법의 탐색에 많은 노력을 기울이고 있다.

또한 작문의 사회적 성격으로서 장르 중심의 작문 교육이 강조되고 있다는 점도 지적될 필요가 있다. 장르란 사회적으로 형성된 일정한 수사적 반응을 일컫는 것으로, 문학 장르와는 다소 다른, 작문에서의 장르를 말한다. 장르는 사회적으로 규정되고 합의된 것이다. 담화에 참여하는 공동체의 구성원들이 의사 소통의 한 방식으로서, 수사적 반응의 한 양식으로서 약속하고 규범화함으로써 장르가 성립된다. 따라서 장르는 사회적 성격을 지니며, 장르를 중심으로 하여 작문 교육을 계획하고 전개하는 것도 작문의 사회적 성격을 모본으로 삼는 것이라 할 수 있다. 장르는 규범성과 창의성을 동시에 보여줄 수 있다는 점에 중요한 특징이 있다. 장르는 사회적으로 규정된 것인 만큼, 글을 쓰는 필자는 내용과 형식에서 이의 규제를 받는다. 장르의 특징에 따라 요구되는 내용이 있으며, 따라야 할 형식이 있기 때문이다. 예를 들어, 감상문이라는 장르에는 감상의 대상에 대한 필자의 정서적 반응이나 감응이 내용으로서 꼭 포함되어야 하므로, 필자는 이 점을 염두에 두고 내용을 마련하고 조직하지 않으면 안 되는 것이다. 그렇지만, 모든 내용이 규제를 받는 것이 아니라 규제되는 가운데 필자 자신의 독특한 견해나 안목을 드러낼 수 있다. 사실 다른 것과 구별되는 독특한 내용적 특징이 없다면 그 글을 써야 할 이유가 존재하지 않는다. 굳이 다시 써야 할 이유가 존재하지 않는 한 이는 선행하는 텍스트의 단순한 반복일 뿐이기 때문이다.

이상의 내용을 정리하여 작문 교육의 강조점을 항목화하여 정리하면 다음과 같다.

■ 과정 중심의 작문 교육

과정 중심 작문 교육의 경향은 결과 중심의 작문 교육이 지닌 문제가 부각되고 인지주의 작문 이론의 발전에 힘입어 작문이 일련의 과정으로 이루어진다는 점을 발견하면서 크게 강조되었다. 작문 과정을 나누는 전통적인 방식은 작문 전, 작문, 다시 작문 후로 나누는 방식이다. 이 방식은 작문 전, 중, 후라는 말이 입에 익을 만큼 흔히 거론되어 왔던 과정이다.

그런데 인지주의 작문 연구에서 작문 과정이 기능이나 전략을 중심으로 하여 일련의 단계로 구성되어 있다는 점이 확인되면서, 새로운 관점의 과정이 제안되었다. 아이디어 생성하기, 조직하기, 표현하기, 교정하기가 그것이다.

아이디어 생성하기는 두 개의 하위 과정, 즉 아이디어 발견의 과정과 아이디어의 조정 과정으로 나눌 수 있다. 아이디어 생성 과정은 언제나 내용상의 제약을 받는데, 더 나아가서는 글을 쓰는 목적에 의해 제약을 받기도 한다. 아이디어를 발견하는 것은 작문의 과정에서 중요한 역할을 한다. 그러나 지금까지 작문 교육에서는 이 부분을 소홀히 다루어온 경향이 있었다. 이 과정은 잘 훈련된 안목으로 관찰하는 과정이며, 예견할 수 없는 어느 시점에서 사용될 수 있는 자료들을 수집하는 과정인데, 이 때 가장 손쉽게 사용될 수 있는 전략은 글의 주제와 관련되는 모든 아이디어들을 찾아내는 것이다. 아이디어를 조정하는 과정은 발견된 아이디어들을 일정하게 묶는 일로부터 시작된다. 아이디어를 일정한 범주로 구분하는 일 자체가 다른 아이디어들을 생성해 내기 위한 자극제가 되기 때문이다. 아이디어들을 체계적으로 묶는 데에는 비교와 대조, 유목화 등의 전략이 적절하게 사용될 수 있다.

아이디어 조직하기는 후에 글을 완성했을 때 글의 형식적 응집성과 내용적 통일성을 높이는 데 중요한 역할을 한다. 글이 응집성과 통일성을 갖추었다는 것은 아이디어들이 긴밀하게 조직되었다는 것을 의미하는 바, 조직하기 활동이 이를 달성하는 데 도움을 준다. 그리고 아이디어 조직의 과정은 글을 어떠한 구성으로 쓸 것인가를 파악하고 결정하는 데 도움을 준다. 아이디어를 많이 생성했다고 하더라도 목적, 내용에 적합한 구성을 결정하여 쓰는 것이 중요하기 때문에, 아이디어의 조직 과정은 이 점에 도움을 제공한다.

표현하기 과정은 문법적인 규칙과 의사 소통상의 목적을 만족시키면서 선조적으로 연결되어야 한다. 그리고 이러한 과정은 여러 가지 단계에서 서로 달리 작용하게 되는데, 그 단계들은 흔히 텍스트, 단락, 문장, 단어의 네 가지 단계로 구분된다. 글의 구조를 이와 같이 여러 단계로 구분하면 작문 지도의 관점에서는 두 가지 장점이 있다. 첫째, 작문의 과정에서 접하게 되고 충족시켜야 하는 여러 가지 제약들을 발달 과정에 있는 학생 필자들이 이 과정을 보다 쉽게 처리할 수 있다는 점이다. 둘째, 각 단계에서 그 단계 나름대로의 독특한 제약이 수반되는데, 이러한 제약들을 충족시키는 방법들을 보다 체계적으로 습득할 수 있다.

교정하기 과정은 아이디어와 텍스트의 생산 과정과 마찬가지로 작문의 과정에서 중요한 부분이 된다. 교정하기 과정은 작문의 여러 과정에서 모두 일어날 수 있는데, 글 수준에서 일어나는 교정하기는 잉여적 부분의 삭제, 텍스트의 제목 및 소제목 첨가, 중요한 아이디어의 위치 조정 등이 있다. 단락 수준에서 흔히 일어나는 교정하기는 긴 단락의 구분, 아이디어의 배열 순서 조정 및 첨가, 주제문의 첨가, 연결어의 첨가 등이 있다. 문장 수준에서 이루어지는 교정하기는 상투어 또는 무의미어의 삭제, 연결어 및 지시어의 조정, 긴 문장의 구분, 피동문의 적절성 확인 등이 있다.

교정하기는 작문의 과정을 조정하고 통제하는 상위 인지이다. 작문 영역에서 교정하기가 특히 주목을 받게 된 것은 인지주의 작문 이론의 토대를 놓았던 플라워와 헤이즈(Flower & Haye)가 작문의 본질을 회귀적 성격으로 규명하면서부터였다. 작문이 회귀적 과정이라는 것은 아이디어 생성하기, 아이디어 조직하기, 표현하기 등의 과정이 어떤 조건에 의해 비순차적으로 순환함을 뜻하는 것인데, 바로 조정하기라는 인지요소가 그러한 기능을 수행하는 것으로 이해하였다. 아이디어 생성하기에서 아이디어 조직하기로 이동하는 것도 조정하기의 작용에 의한 것이고, 표현하기 단계에서 부족한 아이디어를 생성하기 위해 되돌아 오는 것도 조정하기의 작용에 의한 것이다. 따라서 필자는 이 조정하기로 인하여 작문의 여러 과정을 옮겨 다닐 수 있다. 이 조정하기 기능은 필자에 따라 혹은 작문 과제에 따라 달리 활용될 수도 있다. 어떤 학생 필자들은 가능한 한 빨리 표현하기 단계로 진행하는 반면, 어떤 학생 필자들은 아이디어 생성하기 단계가 충분히 이루어진 다음에야 표현하기 단계로 나아간다. 이러한 필자들의 차이는 바로 조정하기가 어떻게 조건화되어 있는가, 그리고 조정하기가 어떻게 작용하는가로부터 비롯된다고 할 수 있다.

이러한 과정 중심의 작문 교육을 하는 작문 수업은 일정한 특징적인 양상이 나타나는 것으로 알려져 있다.

우선, 대체로 학생들 각자가 지니고 있는 개인차를 존중하는 경향이 있다. 과정 중심의 작문을 강조하는 교실에서는 개인마다 의미 구성의 과정이 다르다는 점을 강조하면서 개인차를 고려한 수업을 강조한다. 여기에서 개인차라고 하는 것은 개인이 가지고 있는 능력을 고려한 수업뿐만 아니라 개인이 가지고 있는 학습 양식이나 흥미, 적성, 등을 반영한 수업을 한다는 것을 뜻한다. 그만큼 과정 중심 작문 교육의 장면에서는 내용이나 교과 자체보다는 개인에게 관심을 둔다. 학생들 개개인이 어떤 삶을 살아 왔고 어떤 생각을 가지고 있느냐에 관심을 가진다.

작문을 문제 해결의 과정으로 보고 자기 조정의 과정으로 이해한다. 과정 중심의 작문 교육에서는 글을 잘 쓰는 것도 강조하지만 글을 쓰는 과정을 강조한다. 특히 이 과정에서의 문제 해결을 강조한다. 그리고 작문 과정에서 이루어지는 자기 조정을 중요하게 취급한다. 작문의 과정을 회귀적이도록 조정하고 통제하는 것이 자기 조정이기 때문이다. 그리고 교수·학습 장면에서 가르쳐야 할 내용을 문법이나 수사학적 규칙을 강조하기보다 작문 전략을 강조한다. 아이디어를 생성하고, 조직하고, 표현하는 것이 모두 전략적인 행위로 이루어진다고 본다.

■ 장르 중심의 작문 교육

전통적으로 장르라는 명칭은 문학 분야에서 사용되던 용어였다. 최근에는 영화 비평, 문화 비평 연구 등의 영역으로까지 그 쓰임이 확장되고 있다. 때문에 각각의 영역에서 사용되는 장르마다 그 개념이 다르며, 경우에 따라서는 동일 분야의 연구자들조차도 서로 다르게 사용하는 경우도 있다. 전통적인 장르 이론가들은 정형화된 텍스트의 형식과 내용의 규칙을 강조하였다. 그리고 정형화된 텍스트의 형식과 내용의 규칙을 장르를 분류하는 기준으로 삼고자 하였다. 이것은 곧 전통적인 장르 연구가 폐쇄적 관점 위에서 진행되었음을 의미한다고 할 수 있다. 이러한 장르의 관점에 따르면, 장르는 주로 문학 분야에서 텍스트의 형식과 내용의 규칙성에 의해 전적으로 규정되며, 고정되어 불변하는, 배타적인 범주와 하위 범주를 갖는다고 규정할 수 있을 것이다.

이러한 폐쇄적 관점을 지닌 전통적 장르관에 의하면, 장르는 큰 갈래로 구분된다. 이러한 구분은 폐쇄적 장르관에 비추어 볼 때 필연적인 결과일 수밖에 없다. 문학의 테두리 안에서 텍스트의 형식과 내용상의 규칙을 가지고 장르를 구분하기 하기 위해서는 문학의 분류 방식을 따라야 하기 때문이다. 이처럼 전통적인 장르 이론에서는 장르를 주로 큰 갈래로 구분을 하였고, 각각의 갈래들은 서로 배타적인 관계를 가지는 것으로 설명하고 있다.

현대 수사학에서도 장르가 텍스트의 형식과 내용상의 규칙성을 가지고 있으며, 이러한 것들에 의해서 텍스트의 특징을 규정할 수 있다는 관점을 인정한다. 그러나 이러한 규칙들은 텍스트의 표면적 흔적에 불과하므로 텍스트의 규칙성에 영향을 미치는 텍스트 주변의 외적인 상황 즉 맥락에 관심을 가지는 것이 더 중요하다고 본다.

새로운 장르 이론가들은 장르를 반복되는 상황에 대한 수사학적 반응으로 파악하여, 텍스트의 형식과 내용상의 규칙성이 사회적 행위의 유사성으로부터 발생된다고 믿고 있다. 이러한 관점에 의하면 장르는 텍스트의 형식과 내용에 대한 규칙적 유형을 지칭하는 것이 아니라, 유사하게 반복되는 상황에 대한 수사적 반응을 말하는 것이며, 이것은 수사학자들이 장르를 새로운 관점에서 해석하고 있다는 증거가 된다.

장르 이론가들은 장르 연구의 목적을 새로운 담화 분류 체계의 수립에 두지 않는다. 이들은 기존의 장르 연구에서 소홀히 하였던 수사학의 사회적, 문화적, 역사적 측면을 중시한다. 장르를 사회, 문화, 역사적 상황 맥락 내에서 이루어지는 행위로 파악할 경우, 장르의 유동적이고 역동적 성격이 중시된다. 이때 텍스트 생산과 관련된 사회적 상황과 그에 따른 수사학적 반응이 중시되므로, 장르를 텍스트의 형식적 특징으로 파악한 전통적인 장르 이론은 한계에 부딪치게 된다.

작문 교육에서 이러한 장르에 중점을 두는 이유는 작문을 포함한 언어의 상호 작용이 일정한 관습을 형성하고 있고, 이것이 의사 소통의 효율성과 문화 형성에 중요한 영향을 미친다고 보기 때문이다. 따라서 이러한 영향 관계에 주목한다면, 언어적 의사 소통 과정에 개입하는 사회·문화적 요소를 언어의 유형으로 설명할 수 있는 근거를 얻을 수 있게 된다. 예를 들어, 학부모의 자격으로 학교에 가서 교사와 이야기를 나눈다고 해 보자. 물론 학부모의 개성에 따라 매우 다양한 이야기들이 오고 갈 수 있을 것이지만, 그들의 이야기가 무한정하게 다양할 수는 없을 것이다. 그 이야기는 학부모와 교사라는 특정한 사회적 관계 속에서 진행되기 때문이다. 학부모와 교사가 나누는 이야기는 우리 사회의 교육 풍토와 밀접한 관련을 맺고 있을 것이다. 여기서 학부모와 교사가 나누는 이야기에는 관습적으로 반복되는 패턴이 있는데, 이것이 앞에서 설명한 장르이다(최인자, 2001). 이 장르를 모르거나 무시하면 그 공동체의 문화·사회적 특징에 적합한 말을 할 수 없다. 외국인들이 어법은 맞지만 상황에 전혀 맞지 않는 말을 하는 것, 또 모국어 화자들이 말 때문에 시비가 일어나는 것은 바로 이 장르 때문이라고 할 수 있다. 이러한 점에서, 상황 맥락에 적절하게 표현한다는 것에는 해당 공동체의 장르적 매개가 전제되어 있다고 할 수 있다.

따라서 장르적 관점을 중심으로 하여 작문 교육을 조직하는 것은 작문 교육의 내용과 방법을 일정 부분 규정하여 준다는 점에서 중요한 의의가 있다. 즉, 작문 교육에 관한 형식과 내용을 제공하여 줄 수 있다는 것이 장르 중심 작문 교육의 큰 장점이라고 할 수 있다. 특히 과정 중심 작문 교육이 방법에 대해서는 일정 부분 기여를 하였지만 교육의 내용에 대해서는 유효한 대안을 제시하지 못했다는 점에서 보면, 이 점은 매우 중요한 의미가 있다고 할 수 있다. 과정 중심의 작문 교육에서는 글의 주제(과제)가 무엇이든, 또는 글의 형식이 무엇이든 정해진 절차에 따라 작문의 과정을 밟을 것을 강조한다. 이런 점에서 과정 중심의 작문 교육에서는 방법을 강조할 뿐 실제적으로 가르쳐야 할 내용과 관련된 지식은 충분치 못하다고 할 수 있다. 그러나 장르 중심의 작문 교육에서는 특정 장르와 관련된 역사적, 문화적 지식이 있고, 그 장르의 형식 및 내용과 관련된 지식이 있으며, 그 장르를 매개로 하여 의사 소통을 하는 공동체에 대한 지식이 있다. 이러한 지식은 모두 작문 교육의 내용을 이루는 요소가 될 수 있으며, 이것이 곧 작문 교육의 내용을 구성하게 되는 것이다. 학생들은 이러한 장르적 지식을 익히고 그것을 활용하여 글을 씀으로써 그 장르를 매개로 하는 공동체와 효율적으로 의사 소통을 할 수 있게 되는 것이다.

■ 통합 중심의 작문 교육

전통적으로 이루어지는 작문 교육은 주제를 주고(과제 부여) 그것을 한 편의 글로 쓰도록 한 다음, 그것에 대해 교정을 하여 잘잘못을 지적하여 주는 방식이었다. 그런데 작문이 이루어지는 실제적인 상황을 보면, 단독적으로 주어지는 주제를 한 편의 글로 써 내는 경우는 흔치 않다. 오히려 이와 같은 상황보다는 글을 읽거나 대화를 하고 그것과 관련하여 글을 쓰는 것이 보편적이다. 더군다나 작문 교육의 상황에서 익힌 작문 기능이 국어교육의 영역에서만 활용되는 것이 아니라 다른 교과의 학습에 활용되어야 한다는 점에서 보면, 다른 영역 특히 읽기와의 통합은 매우 자연스럽고 필연적인 것이다. 작문 교육에서 범교과적 작문이 운위되는 것은 바로 이러한 이유 때문이다.

전통적으로 작문 이론 연구 및 작문 교육 연구는 국어교육의 범주 안에서, 학생 필자가 어떠한 인지 및 심리 과정을 거쳐 작문을 하며 이를 위해 어떻게 교육을 실현할 것인지를 밝히는 데 주력해 왔다. 이러한 연구를 통하여, 글을 쓰는 과정에서 학생 필자들이 어떠한 방식으로 내용을 생성하고 조직하고 표현하며, 작성한 글을 어떠한 방식으로 고치는지, 그리고 작문 능력을 어떻게 발전시켜 가는지에 대하여 많은 지식을 축적하게 되었다.

이러한 연구 결과, 작문을 수행하는 과정에서 겪는 인지적 활동들이 학습에 직접적으로 간여하며, 작문이 정보나 지식의 표현 수단이자 학습의 수단이 된다는 점을 확인할 수 있게 되었다. 필자 스스로 사고 활동을 조절하고 통제하고 반성적으로 검토할 수 있다는 작문의 특성이 학습에 중요한 영향을 미치며 학습의 중요한 수단으로 활용될 수 있음을 알게 되었다. 그런데 학교 교육의 학습은 대개 학문 분과를 배경으로 한 교과를 중심으로 이루어지고 있기 때문에, 작문과 내용 교과의 학습의 관련성을 집중적으로 검토할 필요성이 제기되었다. 이러한 상황 맥락에 의하여 촉발된 것이 범교과적 작문이라고 할 수 있다.

범교과적 작문이라고 하면, 작문이 국어교과 범주 내에서만 운용되는 것이 아니라 내용 교과의 학습을 위해서 운용되는 것을 말한다. 내용 교과는 배경 학문에서 이룩한 지식이나 정보를 체계적으로 전수하는 것을 목표로 하고 있기 때문에, 범교과적 작문에서는 필연적으로 지식이나 정보의 학습과 관련된다. 작문이 화제나 주제로서 내용 지식을 다루고, 의미를 구성하는 과정은 곧 지식이나 정보를 분석, 종합, 통합, 재조직하는 과정이라는 점에서 내용 교과의 학습과 관련되어 있음을 어렵지 않게 추론할 수 있다.

범교과적 작문이 지니는 중요한 의의는 다음과 같이 크게 두 가지로 정리할 수 있다. 그 두 가지 중, 첫째는 해당 교과의 학습에 도움을 제공해 준다는 점이고, 둘째는 담화 공동체의 담화 관습을 익힐 수 있는 기회를 제공할 뿐만 아니라 그것을 극복할 수 있는 기회를 제공해 준다는 점이다. 범교과적 작문과 관련하여 이 두 가지 의의는 모두 존중되어야 하나 각각이 놓이는 층위는 서로 다르다. 즉, 전자가 중학교나 고등 학교의 작문 교육에 중점이 놓여 있다면, 후자는 대학의 작문 교육에 중점이 놓여 있다고 할 수 있다.

전자의 경우, 해당 교과의 학습에 도움을 입는다는 것은 중등 교육의 단계에서는 기성(既成) 지식의 학습을 중점으로 삼고 있기 때문이다. 구성주의적 관점에 의해 학생의 지식 구성을 강조하는 관점이 있기는 하나, 이는 어디까지나 지식 구성의 과정에 대한 학습을 의도한 것일 뿐, 그것이 지식의 절대적 지표가 된다거나 지식 구성의 본령이 될 수는 없다. 학생들이 개인적으로 일정한 절차와 합의에 따라 구성한 지식을 기성 지식과 대조해 보는 활동이 뒷받침되는 이유도 이러한 관점에서 이해할 수 있다. 후자의 경우, 대학은 학문 분과를 기본 체제로 삼고 있기 때문에, 작문의 상황에서 배경 학문이 큰 영향을 미치기 때문에, 작문에서 담화 공동체에 대한 배려는 매우 중요하다. 물론 중등 교육에서 학습 대상이 되는 교과도 배경 학문을 근간으로 한 것이지만, 그 배경 학문의 연구 방법과 절차를 익히기보다는 연구 결과로서의 지식을 학습한다는 점에서 담화 공동체를 의식하면서 작문을 수행하는 상황은 좀처럼 발견하기 어렵다. 담화 공동체의 중요성을 논의하는 대개의 연구가 대학생 필자를 대상으로 하고 있다는 점은 이에 대한 간접적인 설명이 될 것이다.

여기에서 작문이 교과의 학습에 도움을 제공한다는 의미는, 작문이 본질적으로 교과의 학습에 필요한 인지적 행위를 수반하고 단련하는 기능을 수행한다는 점과, 작문이 그 내용으로서 해당 교과의 지식을 다룬다는 점을 동시에 의미한다. 필자는 작문의 과정을 거치면서 정보나 지식을 떠올리고 조직하고 표현하는 적극적이고 의식적인 사고 활동으로서 학습에서 요구되는 인지 활동과 동일한 과정을 수행한다. 이 과정에서 필자는 의식적으로 사고를 집중하게 되고, 그 결과 사고를 촉진하게 되며, 피드백을 통해 사고 과정을 조절하고 통제하게 된다.

또한 작문 과정은 다소 느린 속도로 진행됨으로써 작문이 이루어지는 동안에 필자는 자신의 사고 활동을 조절하고 통제할 수 있으며, 반성적으로 스스로 되돌아보고 수정 또는 교정할 수 있다. 이러한 작문의 특징이 바로 학습과 관련된 인지적 행위인 것이다. 즉, 작문의 과정은 곧 학습의 과정과 동질적인 것으로서 학습의 중요한 양식이 된다.

작문은 글로 표현된 텍스트로서 반드시 어떠한 내용을 담고 있다. 어떠한 것이든 전달되거나 표현될 내용이 없다면 작문으로서의 텍스트는 존재할 수 없다. 그래서 작문의 과정은 '내용'의 생성이고 '내용'의 조직이며 '내용'의 표현인 것이다. 작문의 과정에서는 작문의 단계나 절차가 중요하기도 하지만, 이들이 모두 '내용'과 관련되어 있다는 점도 강조되어야 한다. 여기에서 '내용'을 작문의 주제나 화제가 되는 정보 또는 지식으로 이해한다면, 작문이 정보나 지식과 관련된다는 점은 분명해 보인다. 이러한 이유에서 작문은 내용교과의 지식과 밀접한 관련이 있다고 말할 수 있는 것이다.

7. 작문 워크숍의 이론적 근거

가. 작문 워크숍의 필요성

언어에 대한 학습은 수행성을 바탕으로 하지 않으면 안 된다. 이 책에서 주된 관심 대상으로 삼고 있는 작문도 수행성이 강한 영역이어서, 글을 쓰는 활동을 직접 수행하지 않고서는 작문에 대해서 학습할 수가 없다. 기본적으로 글을 쓰지 않으면서 작문을 학습할 수 없기 때문에, 작문을 배우고자 하는 학생 필자는 칼로써 칼을 베어야 하는 모순된 상황에 맞서지 않으면 안 된다. 그래서 작문 교육은 더 큰 어려움이 따른다.

언어 기능의 발달을 살펴보면, 작문 능력이 가장 늦게 발달하는 것으로 알려져 있다. 작문이 가장 늦은 단계에서 발달이 완성된다는 것은 그만큼 작문이 인지적 부담이 큰 언어 기능이라는 점을 반증하는 것이다. 그래서 배우기도 어렵고 설령 배운다 할지라도 자주 활용하기 어려운 것이다.

그러나 문자 문화가 확고하게 자리를 잡은 현대 사회는 작문과 불가분의 관련성을 맺고 있다. 정보와 지식이 폭발적으로 늘어나는 현대 사회에서는 정보나 지식을 단순히 암기하는 것보다 그것을 체계적으로 관리하고 효율적으로 활용할 수 있는 능력이 더 중요하기 때문이다. 정보와 지식을 관리하고 활용함으로써 부가가치가 더 높은 새로운 정보나 지식을 구성할 수도 있다. 이런 점에서 정보화 사회, 지식 사회로의 발전은 작문의 필요성을 더욱 높여 주는 것이다. 바로 작문은 정보와 지식을 통합적으로 재구성하여 새로운 의미를 구성하여 내는 인지적 과정이기 때문이다. 기존의 정보와 지식은 필자에 의해 텍스트로 구성되는 과정에서 통합되고 재조직되며 새로운 의미 체계로 재탄생된다. 이러한 점에서 작문의 필요성은 더욱 절실하다.

현대 사회의 과학 기술은 인간을 개별화하고 소집단화 하는 경향이 있다. 인터넷의 발달과 통신 매체의 발달은 인간의 집단적 생활을 거부하고 개인화, 개별화하고, 관심과 흥미가 공통된 사람들끼리 소집단을 형성하는 경향이 강해졌다. 근래에 우리 사회에서 일어나는 문화적 변동은 이러한 사실을 분명하게 보여 준다. 친구와 노는 것보다 인터넷 게임을 더 즐기거나, 책을 읽는 것보다 인터넷 채팅을 더 즐기며 자신만의 세계로 침잠하는 모습이나, 같은 기호나 취미를 가진 사람들끼리 동호회를 결성하여 사회적으로 활동하는 모습은 과학 기술이 낳은 새로운 문화적 패턴이라고 할 수 있다.

그런데 인간의 개인화와 소집단화는 작문에 의한 의사 소통의 필요성을 더 높여 준다는 점에 주의할 필요가 있다. 개인화되고 소집단화됨으로써 음성 언어에 의한 의사 소통보다는 문자 언어에 의한 의사 소통에 의존하는 경향이 더 강해지며 어떤 대상이나 사태에 대한 자신의 생각이나 의견의 표현도 문자 언어에 의존하는 경향이 강해진다. 인터넷이 발달하고 생활의 곳곳까지 재편하면서 개인의 의사 표현이 더 자유로워지고 기회가 더 많아졌다. 그런데 이러한 변화도 작문을 통한 의사 소통을 전제로 하고 있다. 인터넷을 통한 자기 생각과 의견의 표현이라 하더라도 공적 성격을 띤 작문을 활용하여 표현하고 있기 때문이다. 작문이라는 사회적 의사 소통의 수단을 활용함으로써 개인은 자신의 생각이나 느낌을 사회화하고 다른 사람과의 의사 소통에 적극적으로 참여하게 되는 것이다. 작문이라는 수단이 없다면, 작문이 의사 소통의 기능을 수행하지 않는다면 이러한 현실적 변화는 초래되지 않았을 수도 있다.

이처럼 사회의 변화는 작문의 필요성을 더욱 크게 한다. 굳이 사회나 문화의 변화를 끌어 들이지 않는다 하더라도 사회 생활에서도 작문의 필요성을 절감할 수 있다. 예를 들어, 어떤 과학자가 획기적인 과학적 업적을 이루었다고 해 보자. 그 과학자가 이룬 업적을 온당하게 평가받기 위해서는 자신의 발견을 합리적이며 체계적으로 전달하는 것이 필요하다. 그런데 많은 사람들에게 자신의 발견을 설명하고 그들을 설득하기 위해서는 작문이라는 의사 소통의 방법을 택하지 않을 수 없는 것이다. 가장 논리적이면서도 합리적으로 설명을 제공할 수 있는 방법이기 때문이다. 이러한 예는 작문이 어느 영역이 되었건 매우 중요한 수단이라는 점을 보여 준다.

그런데 이러한 중요성에도 불구하고 작문을 배우는 것은 쉽지 않다. 앞의 인지주의 작문 이론에서 밝힌 바와 같이, 작문의 과정은 하위 과정으로 나뉘는데 그 과정들은 해결되어야 할 '문제'들로 구성되어 있기 때문이다. 각 단계에서 부딪히는 그러한 문제를 온전히 해결하지 못한다면 작문의 목적을 이룰 수 없고 작문의 과정은 실패로 끝나게 된다. 작문이 문제 해결의 과정인 만큼 작문을 배우는 것은 쉬운 일이 아니다.

그리고 작문은 수행성이 강한 영역으로서 학생 필자가 직접 펜을 들고 글을 써 보지 않으면 절대로 작문을 배울 수 없다. 명민한 사람은 수학을 머리로 배울 수 있지만, 작문은 머리로 배울 수 없다. 말하는 것으로도 충분히 배울 수 없다. 우리가 경험적으로도 확인하는 바와 같이, 능변가가 전문적인 유능한 필자가 되는 것은 아니기 때문이다. 그래서 작문은 작문을 통해서 학습하지 않으면 안 된다.

그래서 학생 필자들에게는 작문의 기회를 충분히 제공하는 것이 중요하다. 가능하면 집중적으로 작문의 각 과정에서 부딪히는 문제들을 해결하기 위해서 어떠한 전략을 활용할 수 있는지를 배우며, 작문의 장르적 특성과 관련지어 다양한 작문 활동을 하는 가운데 익힐 수 있도록 배려할 필요가 있다. 또한 작문만을 반복적으로 수행하는 것이 아니라, 작문을 효율적으로 완성하기 위한 각 과정의 전략과 활동, 그리고 그 전략과 활동을 뒷받침하는 개념적 설명과 원리를 동시에 제공함으로써 이론과 실천이 부합하는 작문 프로그램을 제공할 필요가 있다. 이 과정에서 대화, 토의 토론, 협상, 독서, 감상 및 관찰 등의 활동과 병행함으로써 작문의 효율적인 학습이 이루어질 수 있다. 이에 작문 교육을 워크숍으로 구성하여 다양한 활동 경험과 활동 내용을 제공하여 실천적인 차원에서 작문을 교육할 필요가 있는 것이다.

작문 워크숍은 모둠(소집단) 학습을 근간으로 한 협동적 작문 교육을 지향함으로써 더욱 활동 중심의 작문 교육이 된다. 소집단 내에서 하나의 문제를 두고 토의·토론을 하고, 협의 및 협상을 하며, 필요한 자료를 검색하고 수집하여 텍스트를 구성하여 냄으로써 역동적인 작문 학습을 이룰 수 있게 된다. 작문의 과정에 영향을 미치는 요인들의 상호 작용을 익힘으로써 작문을 학습할 수 있도록 한 것이다. 따라서 학생 필자의 실습을 중심으로 한 워크숍의 구성은 중요한 의의가 있다.

나. 작문 워크숍의 이론적 근거

작문 워크숍의 필요성은 실천적인 차원에서 충분히 이해할 수 있다. 작문을 수행해 보지 않으면 작문을 배울 수 없기 때문이다. 그런데 실천적인 차원 이외에 왜 작문 워크숍을 해야 하는지에 대한 이론적 검토는 충분히 이루어지지 않았다. 그래서 작문 워크숍을 뒷받침하는 이론적 근거들을 탐색해 보기로 하자.

■ 언어와 발달에 관한 비고츠키의 개념

작문 워크숍에 관한 이론적 토대를 제공해 주는 이론적 근거 중의 하나는 언어와 발달에 관한 비고츠키(Vygotsky)의 이론이다. 비고츠키는 언어가 사고의 발달에 중요한 영향을 미친다는 점을 강조하였는데, 이러한 비고츠키의 이론이 작문 워크숍의 구성과 실천에 대한 근거를 제공해 준다. 특히 비고츠키의 여러 개념 중에서도 사고 발달에서 언어의 역할, 근접 발달 영역(zone of proximal development)과 유능한 타자(knowledgeable others), 내면화 등은 작문 워크숍에 대한 이론적 근거들을 제공해 준다.

첫째, 사고 발달에서 언어의 역할이다. 이것이 작문 워크숍과 관련을 맺는 이유는 작문이 곧 사고의 과정을 담고 있기 때문이다. 인지주의 작문 이론에서 규명된 바와 같이, 작문 과정은 문제 해결의 과정이며 필자의 인지적 통제 과정이라고 할 수 있다. 그런데 작문 과정에서 수행되는 문제 해결은 사고 능력과 밀접한 관계를 맺고 있다. 주어진 문제 상황에서 어떤 전략을 어떻게 활용하여 해결할 것인가를 결정하는 것은 곧 판단의 능력이며 사고의 능력인 것이다. 그래서 작문에는 필자의 사고의 내용과 결과가 드러나게 된다.

비고츠키는 언어라고 하는 상징 체계를 사용하여 고등 정신 능력을 갖춤으로써 다른 동물과 변별점을 지닐 수 있게 되었다고 주장한 바 있다. 베르트쉬(Wertch, 1985)는 비고츠키의 단순한 정신 기능과 고등 정신 기능의 구분을 네 가지로 설명하였다. ① 고등 정신 기능은 통제력이 환경으로부터 개인으로 이동한 것을 반영한다. 즉, 고등 정신 기능은 자율적 통제의 특징을 지니고 있다. ② 고등 정신 기능은 정신 작용에 대한 의식적 자각의 특징을 지니고 있다. ③ 고등 정신 기능은 본래 사회적이며 타자와의 상호 작용을 통하여 학습된다. ④ 고등 정신 기능은 언어와 같은 기호 체계의 사용으로 중재된다. 언어는 사고와 행동을 조직하고 반성하고 수정하기 위해 심리적 도구로 이용할 수 있는 기호와 상징 체계를 반영한 것이다. 기호와 상징의 사용, 곧 언어의 사용이 고등 사고의 발달로 이어지는 것이다.

비고츠키의 글에 바탕을 두고 보면, 학생들이 사회적 맥락 안에서 기호와 상징을 사용할 때, 논리적 기억력, 선별적 주의력, 의사 결정력, 언어 이해력을 발달시킬 수 있다. 의미를 구성하고 전달하기 위한 도구로 기호나 상징을 사용해야 하는 기회가 학생들에게 많이 주어질수록, 고등 사고의 발달은 커진다. 많은 기호들이 인간 활동의 한 부분이 되지만, 그중에서 더욱 중요한 것은 언어이다. 인간만 소유한 고등 사고 능력은 바로 언어의 사용과 밀접한 관련을 맺고 있으며 그것을 사용할 줄 아는 능력에 크게 의존한다.

따라서 비고츠키의 이론에 따르면 작문 워크숍을 설계하고 구성할 때 학생 필자들에게 의미를 구성하고 소통하는 도구로서 언어의 여러 양태(예를 들면, 글을 작문하기 위한 토의 토론, 대화, 자료 읽기 등)를 통합적으로 제공할 필요가 있다. 그래서 작문 지도 방법으로서의 작문 워크숍에서는 토의 토론하고 대화하고 구술 작문을 하고 자료를 읽고 생각하고 쓰고 비판하고 수정하는 활동을 하도록 계획하고 구성하는 것이다. 작문 워크숍에서 제공하는 문식적 환경(literacy environment)과, 그 환경 가운데 이루어지는 언어의 사용은 학생들의 고등 사고를 촉진하는 유용한 방법이 된다.

둘째, 근접 발달 영역과 유능한 타자의 역할이다. 학습에 대한 비고츠키의 관점은 학생 스스로 혼자서 학습하는 것을 좋은 방법으로 간주하지 않는다. 더 유능하고 더 많이 알고 있는 누군가가 학생들의 학습을 도와 주고 이끌어줄 때 의미 있는 학습이 일어나고 이것이 발달을 이룬다고 본다. 학생의 학습을 돕는 타자(他者)는 교사일 수도 있고 동료 학생일 수도 있으며 부모일 수도 있다. 교수와 학습은 이러한 유능한 타자들과의 상호 작용에 의해 이루어지는데, 타자의 도움을 받아 이루어지는 학습은 비고츠키가 말하는 근접 발달 영역 내에서만 가능하다. 근접 발달 영역이란, "아동의 독립적인 문제 해결로 정해지는 실제 발달 수준과 성인 조력자나 더 유능한 또래의 협력을 통한 문제 해결로 정해지는 잠재적 발달 수준 사이의 거리"(Vygotsky, 1078)이다. 다시 말해서, 학생들이 혼자서 과제를 해결할 때 도달할 수 있는 지점과 유능한 타자들의 도움을 받아 해결할 수 있는 지점 사이에는 일정한 영역이 존재하는데 그 영역을 일러 근접 발달 영역이라고 부른다. 비고츠키의 이론에서는 교수와 학습이란 이 영역의 어느 한 지점에서 일어난다. 따라서 근접 발달 영역은 학생들의 발달 수준과 교수 형태로 정해진다고 할 수 있다. 근접 발달 영역은 학생이 어떻게 도움을 구하고, 어떻게 환경의 다양한 면을 이용하고, 어떻게 질문하는지를 통해서도 결정할 수 있다. 이 근접 발달 영역을 고려할 때 더 유능한 타자, 즉 교사는 학생에게 적합한 교수를 설계할 수 있게 된다. 이러한 개념들은 작문 워크숍의 설계와 학생 필자의 작문 학습에 대한 이론적 근거들을 제공해 준다.

부르너(Bruner, 1989)는 성공적인 학습을 위해서는 다음 두 가지의 조건이 필요하다고 하여 비고츠키의 이론을 정교화한 바 있다. ① 학습자들이 능동적으로 참여해야 한다. 학생이 어떤 방법으로든 학습 과정에 참여하지 않는다면 작문 능력과 같은 고등 사고 능력에 대한 학습은 일어나지 않는다. ② 교사는 학생들에게 고제와의 거리를 좁혀 주는 도움(scaffolding)을 제공해야 한다.

부르너의 개념 중에서 특히 이 도움주기가 중요한데, 이는 학생의 근접 발달 영역 내에서의 효과적인 교수·학습을 위해 유능한 타자가 학생과의 상호 작용 중에 도움을 적절히 제공하며 조절하는 것을 의미한다. 이러한 도움주기는 작문 워크숍에서도 적절히 활용될 필요가 있다. 예를 들어 학생 필자들이 내용 생성을 전혀 생성해 내지 못한다거나 고쳐 작문을 하지 못 한다면, 지도 교수나 강사는 이러한 학생 필자들에게 전략 사용에 대한 도움을 제공할 수 있을 것이다. 이러한 도움주기는 학생들의 전략 활용에 대한 아이디어를 높이고 의욕을 고취하며 긍정적인 학습에 도달하는 데 긍정적인 효과가 있다.

셋째, 내면화이다. 비고츠키에 따르면 인간의 정신 기능 발달 과정에서 모든 기능은 두 가지 국면에서 나타난다. ① 다른 사람과의 의사 소통 과정에서 나타나고, ② 고등 정신 기능을 내면화함으로써 인간의 심리적 내면에서 나타난다. 정신 기능이 처음에는 사회적 수준(개인 간)에서 시작해서 내면 단계(개인 내)로 옮겨 가는데, 비고츠키는 이러한 과정을 내면화로 불렀다. 따라서 내면화는 고등 정신이 진정한 내적 기능으로 작용함을 의미한다. 내면화는 사회적 상호 작용의 어떤 외적 실체를 단순히 심리의 내부로 복사하는 것을 의미하지 않는다. 내면화는 의식의 내적 단계에서 형성되는 과정인 것이다. 이러한 내면화가 가능한 것은, 개인들이 사회적 행동에 참여할 때 자신의 정신적 기능에 따르지만, 사실은 이런 과정이 사회적 경험에 의해 영향을 받기 때문이다.

이와 같은 비고츠키의 관점은 토의·토론하고 대화하고 자료를 찾아 읽으며 텍스트를 구성하는 작문 워크숍에 중요한 이론적 근거들을 제공하였다. 작문 워크숍은 상징적 체계이며 사고의 도구인 문자 언어를 가지고 학생 필자들의 사고 능력과 작문 능력의 신장을 꾀하고 있다. 이 과정에서 학생 필자들은 작문의 중요성을 새롭게 인식하고 작문 능력을 신장시켜 가게 될 것이다.

■ 의미의 사회적 구성에 관한 바흐친의 이론

바흐친(Bakhtin, 1986)은 의사 소통 맥락과 의사 소통 행위를 정신 발달 과정에서 중요한 기능을 하는 것으로 보고 다음과 같은 중요한 개념 두 가지를 제시하였다. ① 말의 의미는 사회적 맥락에서 구성된다. ② 상호 작용은 특정 담화 양식(speech pattern)이나 담화 장르(speech genre) 내에서 일어난다. 바흐친에 따르면 말이나 기호의 의미가 경험과 의식 모두로부터 생겼다고 한다. 즉, 말의 의미를 구성하기 위해서 개인이 다양한 사회적 맥락에 참여해야 한다는 것이다.

바흐친은 구어(口語)와 문어(文語)를 이해하게 하는 네 가지 사회적 요소를 규명하여 네 가지로 정리하였다. ① 말은 경험 안에서 실체화된다. ②그 경험은 사회적 맥락 안에서 발생한다. ③ 그래서 말의 의미는 담화 내에서 구성된다. ④ 어떤 언어 연구도 사회적 맥락을 고려하지 않으면 안 된다.

바흐친은 말과 말의 영향이 어떤 외부적인 경험으로부터 비롯된다고 봄으로써 말이 사회적 맥락을 떠나서는 존재할 수 없음을 주장하였다. 말은 어떤 것을 지시할 필요의 결과로서 나타난다고 본 것이다. 그리고 언어와 관련된 외부 경험이 사회적으로 조직되어야 한다고 생각함으로써, 언어를 사용하는 개인은 구성원 각자가 담화와 의미 생성에 기여하는 사회 집단의 일부가 되어야 한다고 보았다. 또 바흐친은 말의 의미가 사전에서 취해지는 것이 아니라 담화 용법의 기억으로부터 취해져야 한다고 보았다. 이것은 곧 말의 의미는 담화 내에서 구성된다고 본 것이다. 이것은 말에 대한 개인의 사전 경험이 말의 의미 이해와 담화 사용에 영향을 미치는 예에서도 확인이 가능하다. 그리고 바흐친은 언어와 의미에 관한 어떤 연구도 사회적 맥락을 떠나서는 존재할 수 없다고 봄으로써 사회와의 연관성을 더욱 강조하였다.

의미의 사회적 구성에 관한 바흐친의 견해는 작문 워크숍과 관련하여 시사하는 비가 크다. 왜냐하면, 바흐친의 견해는 의미가 사회적 맥락 속에서 구성되며 담화 유형에 의해 영향을 받는다는 것인데, 작문 워크숍은 의미를 구성하고자 하는 하나의 사회이며 작문이라고 하는 담화 유형을 공유하는 공동체이기 때문이다. 바로 작문 워크숍에서 제공하는 모둠(소집단) 활동을 통해서 학생 필자들은 사회적 맥락을 공유하고, 그 가운데서 언어의 의미를 구성하는 실제적 수행을 경험하게 된다고 할 수 있다. 학생 필자들은 작문 워크숍에 참여함으로써 작문을 실제적으로 경험하게 되고 작문의 사회적 맥락에 참여하게 되어, 의미의 사회적 구성에 더 다가설 수 있게 된다.

■ 협동적 작문 학습에 관한 사회구성주의 작문의 이론

작문 워크숍에서는 모둠을 중심으로 한 협동적 작문 학습의 형태를 취하고 있다. 그래서 작문 워크숍에서 의도하는 작문 학습의 형태는 개별적이라기보다는 협동적이다. 문제 해결과 관련하여 어려움에 봉착할 때에 그것을 협동적으로 해결함으로써 작문에 대한 학습을 이루어 나가는 것이다. 협동을 이루는 주체들은 학생 필자, 작문 지도 교수나 강사 등등이 상호 관련을 맺을 수 있다.

협동적 작문 학습을 수행하는 방법은 '협의' 활동이다. 이 협의 활동은 작문의 각 과정에서 모두 이루어질 수 있는데, 우선적으로는 문제의 해결에 어려움을 겪는 경우에 이루어지는 것이 일반적이나 어려움을 겪지 않더라도 더 나은 문제 해결을 모색하기 위해서 이루어지기도 한다. 이 협의는 학생 필자들 간에도 이루어질 수 있으며, 학생 필자와 교수 또는 강사 사이에도 이루어질 수 있다. 그리고 이 협의 활동은 고정된 시간을 정해 놓고 수행할 수도 있으며 필요에 따라 그때그때마다 수행할 수도 있다.

동료와의 협의 활동과 동료와의 평가 활동이 매우 중요한 작문 학습 활동으로 간주된다. 그런데 협의 활동을 강조하고 작문의 협동 학습에 중점을 두는 작문 이론은 사회구성주의 작문 이론에 토대를 둔 것이다. 사회구성주의 작문 이론에서는 예상독자와의 상호 작용, 담화 공동체와의 관계를 중시함으로써 '협의(대화)'를 중요한 활동으로 간주하였기 때문이다. 사회구성주의 작문 이론에서 보는 작문은 필자의 개인적인 사고 과정이 아니기 때문에 다른 사람과의 의사 소통에 강조점을 둔다. 이러한 이론적 토대에 따라 작문 워크숍에서는 협의를 중요한 활동 내용을 삼는다.

작문의 과정에서 협의하기는 모두 쓰일 수 있지만, 특히 내용을 생성하는 단계와 평가 활동을 수행하는 단계에서 적절하게 기능한다. 내용 생성의 방법은 흔히 필자가 전략을 구사하여 단독적으로 아이디어를 산출해 내는 것이다. 그러나 인지 능력이 부족한 학생 필자들은 내용 생성 전략을 활용하더라도 내용을 충분히 산출해 내지 못하는 경우가 많다. 이 때에 적극적인 협력자인 다른 동료 필자와 협의함으로써 내용을 생성하고 조직하는 활동을 대신할 수 있다. 동료는 학생 필자가 느끼는 어려움을 듣고 사고를 전개할 수 있는 아이디어를 제공하거나 단서를 제공해 줄 수 있으며, 자신이 생각해 두었던 내용들의 일부를 제공해 줄 수도 있다. 동료 대신에 작문 지도 교수나 강사가 학생 필자가 겪는 문제의 실마리를 해결할 수 있도록 아이디어를 제공해 줄 수 있다.

협의의 방법으로써 접근하는 것이 학생 필자가 겪는 문제를 해결하는 데 훨씬 큰 도움을 제공한다. 그리고 초고를 평가하는 활동을 수행할 때에도 협의 활동으로 수행하면 매우 효과적이다. 학생 필자가 쓴 글을 읽고 잘잘못을 논평하고 개선 방안을 제안하고 그에 대한 학생 필자의 해명이나 입장의 설명 등을 하도록 하는 형태의 협의하기는 작문을 협동적으로 이루어 가며 협의의 전략으로 구성하여 가는 데에 큰 도움을 제공한다.

작문 워크숍에서 중심으로 삼은 협동적 작문 학습이 주는 긍정적인 효과는 다음과 같이 정리될 수 있을 것이다.

첫째, 고등 사고 능력의 향상을 돕는다. 모둠을 중심으로 한 협동 작문 학습이 고등 사고력을 발달시킨다는 주장은 여러 학자들을 통해 입증된 바 있다. 그런데 학생 필자들은 협의를 통하여 어떤 내용을 서두에 넣을지, 아니면 결론에 넣을지 다양한 측면에서 그 해결 방안을 모색하기도 하고, 필자의 의도가 무엇인지를 추론하기도 한다. 또한 협의를 통하여 학생 필자의 글을 다른 관점에서 바라볼 수 있는 안목을 얻을 수도 있으며 텍스트를 재구성하여 고쳐 쓸 수 있는 아이디어를 얻을 수도 있다. 이와 같은 활동을 통해서 학생 필자들은 자기 조정과 규제를 중심으로 하는 고등 사고 능력의 신장을 촉진할 수 있다.

둘째, 학생 필자가 자기 중심성을 극복할 수 있도록 해 준다. 여기에서 자기 중심성이란 외부적 대상을 학생 필자 자신의 관점에서 이해하려는 태도를 일컫는다. 이러한 학생 필자들이 다른 사람과의 협의 활동에 참여함으로써 자기 중심성을 극복할 수 있게 된다. 협의 활동에서는 다른 사람과의 관점의 차이를 발견할 수 있고, 그 차이를 근간으로 하여 조정하고 절충하는 활동을 수행하며, 이를 바탕으로 하여 학생 필자 자신의 관점이나 글을 새로운 관점, 객관적인 관점에서 바라볼 수 있게 되기 때문이다.

셋째, 작문 경험을 공유할 수 있게 해 준다. 학생 필자들은 협의하기를 바탕으로 하여 상호 작용함으로써 서로의 작문 경험을 드러내게 된다. 필요에 따라 작문 계획을 설명하고, 해결하지 못한 문제에 대해 협의하고, 동료 학생 필자가 쓴 글에 대해서 비평하고 반응함으로써 작문의 경험을 개인적인 차원에서 고립시키지 않고 모둠 내에서 공유할 수 있게 한다. 또한 동료 평가를 위해 돌려 읽음으로써, 발표하기와 같은 활동을 통하여 작문의 결과물을 공식적으로 접함으로써 학생 필자들이 각기 가지고 있는 작문 경험을 공유할 수 있게 되는 것이다. 작문 경험의 공유는 학생 필자들이 더 나은 필자로 발전하고 도약하는 데에 밑거름이 된다. 다른 학생 필자들과 작문 경험을 공유함으로써 시행착오를 줄일 수 있고 더 나은 문제 해결의 방법을 발견하며 그것을 개인의 심리적 수준으로 내면화할 수도 있기 때문이다.

넷째, 작문 동기를 강화하여 준다. 작문의 과정은 문제 해결을 위해 고민하는 고달픈 과정이다. 그래서 작문은 어렵고 두려우며 싫증이 나는 언어 활동 중의 하나이다. 그래서 작문을 싫어하는 것이 일반적이어서 작문의 동기는 거의 형성되지 않는다. 그런데 작문 워크숍을 통한 협동적 작문 학습에서는 작문의 동기를 형성하여 주고 강화하여 주는 장점이 있다. 동료 학생 필자가 쓴 글을 읽으면서 작문에 대한 동기를 얻기도 하고 그것으로부터 자극을 받기도 하며 극복하고 경쟁하고자 하는 의욕도 불러일으킨다. 이는 자연스럽게 작문의 동기를 부여하고 강화하여 주는 긍정적인 효과를 낳는다.

■ 작문 워크숍의 통합적 언어활동에 대한 전체 언어의 이론

작문 워크숍에서는 작문을 중심적인 활동으로 삼고 있지만, 통합적인 언어 활동을 작문의 근간으로 삼고 있다는 점에서 전체 언어(whole language) 이론을 토대로 삼고 있다. 전체 언어 이론에서는 언어의 의사 소통을 강조하며 언어가 분리되지 않는다고 본다. 단어, 문장, 문단 등으로 분절화하는 것은 편의적 구분일 뿐 언어는 본래적으로 통합적, 전체적으로 운용되는 것이지 분리되어 운용되는 것이 아니라고 보는 것이다. 그래서 전체 언어를 지지하는 학자들은 언어의 사회적 가치와 유용성을 강조하고 다른 사람들과의 상호 작용을 통한 의사 소통을 강조한다. 따라서 전체 언어 이론에서는 언어 학습도 분절적, 개별적으로 이루어지기보다는 통합적이고 전체적으로 이루어져야 한다고 본다.

그런데 작문 워크숍에서는 토의 토론, 대화, 협의 등의 말하기와 듣기의 활동, 자료 읽기와 동료 학생 필자가 쓴 텍스트 읽기와 같은 읽기 활동이 작문 활동과 동일한 상황 맥락에서 중요하게 쓰이고 있으며 동등한 수준으로 중요성이 강조된다. 또한 토의·토론하기, 내용에 필요한 자료를 찾아 읽기 등이 통합된 작문 활동의 전체 언어 이론에 의해 뒷받침된다. 전체 언어 이론에 따르면, 언어 기능은 분리될 수 없고 통합적으로 운용될 때 더욱 효과적으로 학습된다. 따라서 작문 워크숍에서 토의·토론, 대화, 자료 읽기 등의 활동이 작문 활동과 연계되어 통합적으로 전개되는 것은 각 영역의 언어기능을 학습하는 데에 도움이 될 뿐만 아니라 작문 학습에도 긍정적으로 작용한다. 그래서 작문 워크숍에서는 언어 기능이 분리되지 않고 통합된 형태로 활동을 유지한다.

그리고 전체 언어 이론에서는 언어 학습이 학생에 대한 존중을 기본적인 전제로 삼을 때 효율적으로 이루어진다고 본다. 또 언어 학습이 의미를 지니고 있을 때, 학생의 흥미와 요구, 수준에 적합할 때 효과적인 학습이 가능해진다고 보는 것이다. 그래서 전체 언어의 이론에서는 학생을 단순히 빈 자리를 채워 넣는 존재가 아니라 학습자 스스로 자신의 기존 정보에 새로운 정보를 통합하고 재구성하는 능동적인 전재로 이해하는 것이다.

작문 워크숍에서는 학생 필자들을 협의의 대상으로 삼고, 작문의 사회적 성격에 따라 의사 소통을 강조하는 관점에 서 있기 때문에 기본적으로 학생 필자들을 존중하는 입장을 취하고 있다. 그래서 협의의 과정에서 학생 필자들은 자신의 글에 대해서, 자신의 입장에 대해서 적극적으로 옹호하고 반론을 제기할 수 있도록 한다. 물론 이러한 과정도 협의 활동을 하면서 조정된다. 작문 워크숍에서는 학생 필자들이 작문의 기능을 수동적으로 익혀가는 것이 아니라 작문 워크숍의 활동을 주체적으로 수행하면서 작문 능력을 상호 작용적으로 발달시켜 가는 것이다. 그래서 작문 워크숍에서는 다른 어떤 활동보다도 학생 스스로의 자발적인 참여와 능동적이고 적극적인 참여가 중요한 것이다.

이상의 논의를 바탕으로 하여 작문 워크숍이 주는 긍정적인 효과를 정리해 보기로 한다. 여기에서는 그 효과를 인지적 측면에서의 긍정적인 효과와 정의적 측면에서의 긍정적 효과로 나누어 보기로 한다.

인지적 측면에서의 긍정적 효과는 작문 능력의 발달, 사고 능력의 발달, 내용 학습 이해 능력의 발달 등으로 정리해 볼 수 있다. 작문 워크숍에서 기대할 수 있는 가장 큰 효과는 작문 능력의 빌덜이다. 작문 능력은 어느 한 요소로만 결정되지 않는다. 다양한 복합적인 요소가 작문 능력을 구성하는데, 다양한 활동을 전개하는 것이 이에 도움이 되는 것은 분명하다. 작문 워크숍에서는 문제 해결의 능력을 길러주기 위하여 활동 중심, 전략 중심, 언어 기능의 통합 중심으로 구성하고 있다는 점에서 작문 능력의 발달에 긍정적인 영향을 준다고 할 수 있다. 그리고 작문 워크숍은 개념적 설명과 원리에 바탕을 둔 활동을 전개하도록 하고 있어 활동에 이론적 근거를 부여해 주고 합리적으로 설명할 수 있는 근거를 제공함으로써 활동의 효과와 효율을 극대화하고 있다. 원리와 이론을 제공함으로써 맹목적 활동이나 목적 없는 활동이 되지 않도록 배려하고 있다. 이러한 작문 워크숍의 특징들은 작문 능력의 발달에 긍정적으로 기여한다.

작문 워크숍은 작문 능력의 발달을 일차적 목적으로 하고 있기 때문에 부수적으로 사고 능력의 발달을 얻을 수 있다. 작문은 곧 정보나 지식을 재조직하고 통합하는 인지적 과정이기 때문에 필연적으로 사고 능력과 관련을 맺는다. 그래서 정보와 지식의 조정과 통제 능력을 다루는 작문 능력이 곧 사고 능력으로 이해되기도 한다. 작문의 과정이 곧 사고의 과정이라고도 하거니와, 사고의 과정과 결과는 작문의 과정과 결과에 반영되어 나타나는 것이다.

작문 워크숍은 내용 학습 이해 능력의 발달에도 긍정적인 기여를 한다. 여기에서 내용 학습의 이해 능력이란, 범교과적 작문이나 학습 작문의 상황을 일컫는 것이다. 작문 워크숍에서 이루어지는 작문 활동은 작문 학습을 의도하기도 하지만, 그것이 궁극적으로는 학습 작문과 생활 작문으로 나아가야 한다고 보기 때문에 작문 워크숍은 내용 학습의 이해 능력과도 밀접한 관련이 있는 것이다.

정의적 측면에서의 긍정적 효과는 작문에 대한 흥미 제공, 상호 작용을 바탕으로 한 협동심의 제고, 사회적 환경에 대한 관심 제고 등을 들 수 있다.

〈참고 문헌〉

권성우(2001), 『비평과 권력』, 서울: 소명출판

김영민(1996), 『탈식민성과 우리 인문학의 글쓰기』, 서울: 민음사.

김영민(1998), 『손가락으로, 손가락에서 : 글쓰기(와) 철학』, 서울: 민음사.

김재봉(1999), 『텍스트 요약 전략에 대한 국어교육학적 연구』, 서울: 집문당.

김정자(2001), "필자의 표현 태도 연구," 박사학위논문, 서울: 서울대학교

김중신(1997), 『문학교육의 이해』, 서울: 태학사.

나탈리 골드버그, 권진욱 역(2000), 『뼛속까지 내려가서 써라』, 서울: 한문화.

노명완 외(1988), 『국어과 교육론』, 서울: 갑을출판사.

린다 플라워, 원진숙 황정현 역(1998), 『글쓰기의 문제해결 전략』, 서울: 동문선.

바이스게르버, 허발 역(1993), 『모국어와 정신 형성』, 서울: 문예출판사.

박규홍 외(2002), 『사고와 표현』, 대구: 정림사.

박영목 외(2003), 『국어교육학 원론』(2판), 서울: 박이정.

박영목(1997), 『고등학교 작문』, 서울: 한샘출판.

박영민(2003), "비평문 쓰기를 통한 작문지도 방법 연구," 박사학위논문, 충북:
        한국교원대학교.

박태호(2000), 『장르 중심 작문 교수 학습론』, 서울: 박이정

반숙희·박안수, 『갈래별 글쓰기』, 서울: 나라말.

빌렘 플루서, 윤종석(1998), 『디지털 시대의 글쓰기』, 서울: 문예출판다.

서울대학교 국어교육연구소(2000), 『국어교육학사전』, 서울: 대교.

성낙수 외(2003), 『고등학교 작문』, 서울: 신원문화사.

스턴, 심영택 외 역(1995), 『언어 교수의 기본 개념』, 서울: 하우.

스티븐 샤핀, 한영덕 역(2002), 『과학 혁명』, 서울: 영림카디널.

원진숙(1995), "작문교육의 이론적 기초와 방법론 연구," 박사학위논문, 서울: 고
        려대학교.

월터 옹, 이기우·임명진 역(1995), 『구술문화와 문자문화』, 시울: 문예출핀시.

이남희(2000), 『자기 발견을 위한 자서전 쓰기』, 서울: 교보문고.

이삼형 외(2000), 『국어교육학』, 서울: 소명출판사.

이성규(1998), 『글쓰기 전략과 실제』, 서울: 박이정.

이재승(1999), "과정 중심 쓰기교재 구성에 관한 연구," 박사학위논문, 충북: 한국

교원대학교.

이재승(2002), 『글쓰기 교육의 원리와 방법』, 서울: 교육과학사.

임재춘(2003), 『한국의 이공계는 글쓰기가 두렵다』, 서울: 마이넌.

임천택(2002), "하이퍼텍스트 기반의 작문 교수 학습 모형에 관한 연구," 박사학위논문, 충북: 한국교원대학교.

자크 데리다, 남수인 역(2001), 『글쓰기와 차이』, 서울: 동문선.

전영주(2002), 『밥하기보다 쉬운 글쓰기』, 서울: 여름솔.

정달영(1997), 『국어 단락 이론과 작문 교육』, 서울: 집문당.

조명한(1985), 『언어 심리학』(중판), 서울: 정음사.

조명한(1991), 『언어 심리학-언어와 사고의 인지심리학』(제4판), 서울: 민음사.

조희정(2002), "사회적 문해력으로서의 글쓰기 교육 연구," 박사학위논문, 서울: 서울대학교.

최인자(2001), 『국어교육의 문화론적 지평』, 서울: 소명출판.

최현섭 외(1996), 『국어교육학개론』, 서울: 삼지원

최현섭 외(2000), 『구성주의 작문 교수 학습론』, 서울: 박이정.

캐슬린 설리번, 최현섭·위호정 역(2000), 『작문, 문단 쓰기로 익히기』, 서울: 삼영사.

패트릭 하트웰, 이을환 외 역(1988), 『글을 어떻게 쓸 것인가』(재판), 서울: 경문사.

하워드 베커, 이성용·이철우 역(1999), 『사회과학자의 글쓰기』, 서울: 일신사.

한승원(1998), 『한승원의 글쓰기 교실』, 서울: 문학사상사. .

할리데이 외, 이충우·주경희 역(1993), 『언어과학과 언어교수』, 서울: 국학자료원.

Baynham, M.(1995). *Literacy Practice : Investigating Literacy in Social Contexts*, NY: Longman Publishing.

Bereiter, C.(1980). Development in writing, In Lee W. Gregg & Erwin R. Steinberg eds.(1980), *Cognitive Processes in Writing*, NJ: Lawrence Erlbaum Associates, Inc.

Berry, K.(1998). Imposed and organic structures in peer-group writing workshops, Dissertation, Texas A&M University.

Carroll, J. A. & Wilson, E. E.(1993). *Acts of Teaching : How to Teach*

Writing, CO: Teachers Idea Press.

Collins, P.(2001). *Community Writing*, NJ: Lawrence Erlbaum Associates, Inc.

Denyer, J. & Florio-Ruane, S.(1996). Contributions of literature study to the teaching and learning of writing, In Taffy E. Raphael & Kathryn H. Au(1996), *Literature-Based Instruction : Reshaping the Curriculum*, MA: Christopher-Gordon Publishers, Inc.

Dobrin, S. I.(1997). *Constructing Knowledges : The Politics of Theory-Building and Pedagogy in Composition*, State University of New York.

Dudley-Evans, T.(1995). Genre models for the teaching of academic writing to second language speakers : advantages and disadvantages, In T. Miller ed.(1997). *Functional Approaches to Written Text : Classroom Applications*, Washington, DC: United States Information Agency.

Elbow, P. & Belanoff, P.(2000). *A Community of Writers : A Workshop Course in Writing*(3rd ed.). McGrw-Hill Companies, Inc.

Flower, L., Stein, V., Ackerman, J., Kantz, M. J., McCormick, K., Peck, W. C.(1990). *Reading-To-Write : Exploring a Cognitive and Social Process*, Oxford University Press.

Gere, A. R.(1987), Writing Groups : History, Theory, and Implications, The Conference on College Composition and Communication.

Graves, M. F., Juel, C. & Graves, B. B.(1998). *Teaching Reading in the 21st Century*, MA: Allyn and Bacon.

Gunning, T. G.(1996). *Creating Reading Instruction for All Children*(2nd ed.), MA: Allyn & Bacon.

Halasek, K.(1999). *A Pedagogy of Possibility : Bakhtinian Perspectives on Composition Studies*, Southern Illinois University Press.

Harris, K. R. & Graham, S.(1996). *Making the Writing Process Work : Strategies for Composition and Self-Regulation*, MA: Brookline

Books.

Hayes, J. R.(1996). A new framework for understanding cognition and affect in writing, In Roselmina Indrisano & James R. Squire (eds.)(2000), *Perspectives on Writing*, DE: International Reading Association.

Harp, B. & Brewer, J. A.(1991). *Reading and Writing : Teaching for the Connections*, FL: Harcourt Brace Jovanovich, Inc.

Harris, J.(1989). The idea of community in the study of writing, *College Composition and Communication*, Vol.40, No.1.

Hillock, G.(1995). *Teaching Writing as Reflective Practice*, Teachers College Press of Columbia University

Johns, A. M.(1997). *Text, Role, and Context : Developing Academic Literacies*, Cambridge University Press.

Kamler, B.(2001). *Relocating the Personal : A Critical Writing Pedagogy*, NY: State University of New York Press.

Lenski, S. D. & John, J. L.(1997). Pattern of reading-to-write, *Reading Research and Instruction*, Vol. 37 No.1.

Kastman, L. M.(1998). The third space : the role of interpretation of discourse, Dissertation, Iowa State University.

Kennedy, M. L., Kennedy, W. J. & Smith, H. M.(2000). *Writing in the Disciplines : A Readers for Writers*, NJ: Prentice Hall, Inc.

Mathison, M. M.(1993). Authoring the critique : Taking critical stances on disciplinary texts, Dissertation, Carnegie Mellon University.

McComiskey, B.(2000). *Teaching Composition as a Social Process*, Utah State University Press.

Neman, B. S.(1995). *Teaching Students to Write*(2nd ed.), NY: Oxford University Press.

Noyce, R. M. & Christie, J. F.(1989). *Integrating Reading and Writing Instruction in Grades K-8*, MA: Allyn and Bacon.

Nystrand, M.(1989). A social-interactive model of writing, *Written*

Communication, Vol.6, No.1.

Olson, G. A. & Dobrin, S. I.(1994). *Composition Theory for the Postmodern Classroom*, State University of New York Press.

Oswald, R. A.(2001). The influence of audience awareness in children' s writing of different genres : a case study of second-grade class, *Celebrating the Voices of Literacy*, The College Reading Association.

Paltridge, B.(2001). *Genre and the Language Learning Classroom*, CA: The University of Michigan Press.

Park, Y. M.(1988). *The Influence of the Task upon Writing Performance*, Korea Seoul : Tower Press.

Porter, J. E.(1992). *Audience and Rhetoric : An Archaeological Composition of the Discourse Community*, NJ: Prentice-Hall, Inc.

Potts, M. W.(1988). Developing critical literacy : a case study of small reading / writing / discussion groups, Dissertation, George Peabody College for Teachers of Vanderbilt University.

Raphael, T. E. & Hiebert, E. H.(1996). *Creating an Integrated Approach to Literacy Instruction*, Harcourt Brace College Publishers.

Sanchez, R.(1993). Dialogue and post-process theory in advanced composition, *College Composition and Communication*.

Smagorinsky, P.(1992). How reading model essays affect writers, In Judith W. Irwin & Mary Anne Doyle(1992), *Reading/Writing Connections*, DE: International Reading Association.

Spatt, B.(1999). *Writing from Sources*(5th ed.), MA: Bedford St. Martin's.

Spellmeyer, K.(1989). A common ground : the essay in the academy, *College English* Vol.51, No.3.

Spivey, N. N.(1997). *Constructive Metaphor : Reading and Writing in the Making of Meaning*, NY: Academic Press.

Sulzby, E. & Barnhart. J.(1992). The development of academic competence : all our children emerge as writers and readers, In Judith W. Irwin & Mary Anne Doyle(1992), *Reading/Writing Connections*, DE: International Reading Association.

Tomkins, G. E.(2000). *Teaching Writing : Balancing Process and Product*(3rd ed.), NJ: Prentice-Hall, Inc.

Tribble, C.(1996). *Writing*, Oxford University Press.

Trimbur, J.(1994). Taking the social turn : teaching writing post-process, *College Composition and Communication*, Vol.45, No.1.

Vacca, R. T. & Linek, W. M.(1992). Writing to learn, In Judith W. Irwin & Mary Anne Doyle(1992), *Reading/Writing Connections*, DE: International Reading Association.

Vandenberg, P.(1996). Audience. In Paul Heilker & Peter Vandenberg (eds.)(1996), *Keywords in Composition Studies*, NH: Boynton/Cook Publishers.

Williams, J. D.(1989). *Preparing to Teach Writing*, CA: Wadsworth Publishing Company.

Wollman-Bonilla, J. E.(2001). Can first-grade writers demonstrate audience awareness?, *Reading Research Quarterly* Vol.6, No.2.

Zebroski, J. T.(1994). *Thinking through Theory : Vygotskian Perspectives on the Teaching of Writing*, NH: Boynton/Cook Publishers, Inc.

Zemelman, S. & Daniels, H.(1988). *A Community of Writers*, NH: Heinemann.

─작문 워크숍과 글쓰기─ **사고와 표현**

초판 제1쇄 2003년 7월 15일
재판 제1쇄 2006년 3월 15일

저 자 한 철 우 외 2 인
발행인 양   철   우

발행처 (주) **교   학   사**
주소 : 서울특별시 마포구 공덕동 105-67
  (공장) 서울특별시 금천구 가산동 319-7
등록 : 1962. 6. 26.(18-7)
대표 전화 : 02-7075-100
내용 문의 : 02-7075-214∼7
영업 문의 : 02-7075-153∼6

정가 13,000원